HOW TO READ A DRESS

서양 드레스 도감

A GUIDE TO CHANGING FASHION FROM THE
16TH TO THE 21ST CENTURY

리디아 에드워즈 지음   김효진, 이지은 옮김

AK TRIVIA BOOK

Contents

감사의 말

이 책을 완성할 수 있도록 도움을 주신 많은 분들께 깊은 감사의 인사를 드린다. 먼저, 편집을 맡은 안나 라이트에게 감사를 전한다. 전문성을 바탕으로 한 한결같은 지원과 조언을 아끼지 않았다. 집필이 막바지에 이른 수개월 간 큰 도움과 용기를 북돋우는 의견을 들려준 프랜시스 아놀드에게도 감사의 뜻을 전한다. 편집 보조를 맡은 아리아드네 갓윈 또한 유익한 조언과 정보를 제공해주신 점 다시 한 번 감사드린다.

아름다운 사진을 제공해주었을 뿐 아니라 귀중한 시간을 내서 전문 지식을 제공해주신 박물관과 역사협회가 있다. 특히, 상세한 설명과 조언 그리고 친절한 의견을 들려주신 시펜스버그 대학교 패션 아카이브&뮤지엄의 카린 보흘케 관장께 특별히 감사의 뜻을 전한다. 스완 길포드 역사협회의 메리 웨스트와 그의 팀은 감사하게도 많은 시간을 할애해 이 책의 계획에 관심을 갖고 귀중하고 아름다운 의상의 이용을 허락해주셨다. 시드니 파워하우스 박물관의 글리니스 존스는 실물 유품의 이용과 폭넓은 전문 지식을 제공해주셨다. 로스앤젤레스 카운티 미술관의 케이 스필커 그리고 퀘벡 주의 맥코드 박물관 관계자 여러분께도 깊은 감사를 드린다.

조언과 지원을 아끼지 않은 남편 애론 로보섬에게 사랑과 감사의 마음을 전한다. 그의 아름다운 사진은 이 책을 구성하는 데 굉장히 중요한 역할을 했다. 나의 훌륭하신 부모님, 크리스와 줄리아 그리고 나의 벗 루이즈 휴스, 안나 휴퍼프, 리즈 매너링, 니나 레비 그리고 수잔과 앨리스 애시에게도 사랑과 감사를 전한다.

마지막으로 귀중한 가족사진을 싣도록 허락해주신 술리스, 휴퍼프, 레비, 케스팅 가족에게 감사드린다.

머리말

드레스의 역사적 변천을 이해하는 것은 생각만큼 쉽지 않다. 서적과 논문은 대개 특별한 시대와 양식이라는 좁은 영역에 대한 관심과 시대의 요구에 따른 제작 및 정착 과정을 폭넓은 사회·정치적 분석을 통해 의복의 기능에 초점을 맞춘 것이 대부분이다. 세계 각지의 박물관에 소장된 훌륭한 컬렉션은 많은 연구자와 애호가들의 가장 귀중한 자료이지만, 대부분 불가피한 여러 규제를 피할 수 없는 상황이다. 특히, 장소와 자원 그리고 자금의 문제가 큰데 구체적으로는 수많은 의복을 늘 진열장에(대여 또는 보존상의 이유로) 진열할 수 없다는 것이다. 이런 이유로 건학자들은 기본적인 형상이나 세부의 변화를 눈으로 보면서도 양식의 연속적, 역사적인 흐름을 이해하고 의복의 변천에 대한 시야를 얻지 못한다. 그것을 해결하는 것이야말로 이 책이 의도한 바이다.

이 책의 목적은 독자들이 서양의 여성 패션을 통해 패션의 세계를 여행하는 것이다. 그리하여 1550년부터 2020년까지를, 시대별로 나누어 탐색해나갈 것이다. 1550년 이전의 의류는 현재까지 남아 있는 것도, 사용할 수 있는 것도 드물기 때문에 이 해를 이 책의 출발점으로 삼았다. 물론 이보다 더 오래된 시대의 의복에 대해 상세히 고찰한 저작도 많다. 니나 미케일라와 제인 말콤 데이비스의 저작『튜더 왕조의 양재사(The Tudor Tailor)』는 이 책의 제1장에서 소개하는 초기 의복을 정확히 복원해, 튜더 왕조의 드레스를 탄생시킨 사회 배경을 풀어냈다. 높은 평가를 받는 자넷 아놀드의『패션의 패턴(Patterns of Fashion)』시리즈는 제1권『남녀 의복의 재단과 구성 1560~1620』을 시작으로 현존하는 의복의 조사를 통해 16세기의 시대상을 보여주고 있어 당시를 깊이 이해하는 데 가장 추천할 만한 저작이다.

예술 작품을 통한 사례와 세계 각지에 있는 최고의(잘 알려지지 않은) 박물관에 현존하는 컬렉션이야말로 드레스의 세부를 어떻게 관찰하고 '읽어낼지'를 가르쳐준다. 그렇게 숙련된 안목을 기르고, 드레스를 보는 즐거움도 누릴 수 있다. 이 책에는 삽화 작품도 포함되어 있는데 이는 충분한 사례를 찾을 수 없는 경우에만 한정했다. 16세기부터 17세기 초기는 드레스의 일부만 남아 있는 경우가 많아 특히 고전한 시대였다. 다만, 회화는 신뢰할 수 있는 역사적 지표로 사용하기에는 혼란을 초래할 가능성도 있다. 훌륭한 이점과 동시에 한계도 있다는 것을 알아두어야 한다. 초상화를 왜 신뢰할 수 없는지, 그 이유 중 하나를 다음 사례를 통해 알 수 있을 것이다. 먼저 피터 렐리가 그린 1671~74년의 초상화 〈포츠머스 공작부인 루이즈 드 케루알의 초상〉을

살펴보자. 공작부인은 당시 '유행 평상복'으로 알려진 드레스를 입고 있다. '가정에서' 입는 가볍고 얇은 드레스는 여가를 연상시키기 때문에 상류층에서 초상화를 그릴 때 즐겨 입었던 의복이다. 드레스의 옷감을 핀으로 고정해 형태를 만들고, 머리 모양이나 부속품은 자유분방한 스타일이 인기였다는 것을 말해주는데 이 '평상복'과 매우 유사한 것이 실은 18세기에 있다. 존 피곳 부인의 드레스는 일반적인 **가운**과 같이 몸에 밀착되며 목둘레가 넓게 파이고 소매의 형태도 자유롭지만 17세기의 '평상복'과는 구별된다.

독자들은 이 책을 통해 유행 디테일이 전 세계 하위 및 중류 계층 때로는 노동 계층의 의복에까지 채용되었던 것을 알게 되고 그것을 자신의 패션사 탐구에 응용할 수 있게 될 것이다.

다음 장부터 다루게 될 의복은 오스트레일리아, 영국, 캐나다, 미국, 이탈리아, 체코의 박물관에 소장된 것이다. 패션의 특징이 잘 드러난 예로서, 서구 여러 지역에서 선택한 것으로 특히 유럽, 미국, 오스트레일리아에 초점을 맞추었다. 이 책에 실린 드레스, 슈트, 앙상블 중에는 지금껏 한 번도 공개되지 않은 것들도 몇 가지 있다. 예컨대, 스완 길포드 역사협회(오스트레일리아, 서오스트레일리아 주), 매닝 밸리 역사협회(뉴사우스웨일스 주)와 같은 소규모 컬렉션의 의복은 식민지에 도입된 유럽의 패션이 현지에서 개조되거나 바뀌는 경우가 많은데 이는 패션의 유동성을 보여주는 중요한 사례가 된다. 당연하겠지만, 유럽의 시각에서만 패션의 발전을 보는 것이 아니라 커다란 영향력을 지닌 다른 서구 제국에도 주의를 기울이는 것이 중요하다. 유행 경향이나 독창성을 찾아내려면 신문이나 서적은 물론 연극 평론지에 이르기까지 당시의 기록에 대한 조사도 필요하다.

구두, 모자, 지갑, 부채 등과 같은 장신구의 경향은 드레스 본체에 대한 분석과 함께 살펴보았다(특히, 장신구가 전체적인 복식에 중요한 위치를 점한다고 생각되는 경우). 하지만 이 책에서 초점을 맞춘 것은 의류로서의 드레스 즉, 역사 속에서 다양한 모습으로 변화해온 여성의 신체이다. 이 책의 목적은 보디스와 스커트의 재단 그리고 전체적인 미학·장식·혁신의 열쇠가 될 변화를 알아보는 것이다. 그러므로 전반적인 접근이 아닌 주제에 관한 일반성을 고수하며 의복의 특별한 아이템에 관한 구조적·장식적 변화를 강조하고자 노력했다. 패션이 다양화되면서 드레스는 더 이상 유일한 선택지가 아니게 되었으며 오늘날에는 가장 전형적인 의류라고도 말할 수 없게 되었다. 때로는 단순한 코트나 슈트가 드레스의 유행을 나타내는 것처럼 여겨질 때도 있다. 1936년 디자이너 엘자 스키아파렐리는 다음과 같이 말했다. '나는 대부분의 시간을 슈트를 입고 지낸다. 나는 슈트를 좋아한다. 슈트는 모든 면에서 실용적이다. 수입은 한정되어 있지만 언제 어디서든 멋진 옷을 입길 원하는 직장 여성에 대한 나의 조언은, 좋은 슈트를 사서 그걸 입고 지내라는 것이다.'[1]

이 같은 인용에서도 알 수 있듯, 이 책의 후반부에서 소개하는 사례는 상류 계층에만 한정되지 않는다. 현존하는 유품이 없어도 삽화나 문자로 남긴 기록을 통해 노동 계층의 의복도 아무리 사소한 부분일지라도 유행을 쫓았다는 것을 알 수 있다. 또 금전적으로 여유가 있는 사람은 패션 화보나 부자들의 스타일을 모방한 '좋은' 드레스를 한 벌쯤 가지고 있었을 것이다. 오늘날까지 남아 있는 의복 대부분은 당연하게도 부유층의 것들이다. 유행의 이상을 가장 잘 보여주기 때문에 이 책의 지식과 재미는 그것들로부터 얻은 것이 대부분이다. 그런 이유로 20세기까지는 그런 의복이(예외는 있지만) 이 책의 도판 대부분을 차지한다.

2020년을 마지막 해로 삼은 것은 2010년대 대부분의 여성이 "드레스"를 중심 선택지가 아니라 수많은 옷들 중 하나로 여기고 있다고 주장할 수 있기 때문이다. 특히 1970년대부터 옷을 "선택하는 능력"이 중요해졌다. 역사학자 베티 루터 힐맨은 "해방은 여성이 실제로 입기로 결정한 옷에서 오는 것이 아닙니다. 그 선택을 자신이 했다는 인식에서 오는 것이죠"[2] 라고 말했다. 여기에서는 다음과 같은 1970년대의 몇 가지 독특한 스타일에 대한 논의를 통해 이를 설명한다. 그 스타일 중에는 다이앤 본 퍼스텐버그의 상징적인 '랩' 드레스와 '쿠튀르 펑크'의 한 예인 잔드라 로즈 등이 포함되는데, 후자는 그녀의 스타일에 영감을 준 펑크 운동 뿐만 아니라 1970년대의 엘리트 패션의 지위에 대한 논의를 시작한다. 폴라 리드가 말한 것처럼 이 10년은 '오트 쿠튀르가 그 관련성에 대해 처음으로 논쟁의 대상이 되어 갈림길에 선' 시기이다.[3] 로즈의 드레스는 펑크를 화려하게 만들었고 펑크운동이 촉진한 무정부주의, 반상업주의 원칙을 명백히 무시했다는 점에서 문제가 있었다. 그럼에도 불구하고 그녀는 매끄러운 이브닝 가운에 체인과 안전핀을 혼합함으로써 드레스의 새로운 가능성을 보여주었으며, 새로운 밀레니엄을 향한 여정에서 더욱 대담하고 예상치 못한 이념을 드레스를 통해 구현해내고 널리 알릴 수 있다는 것을 보여주었다.

이렇게 복잡하고 다양한 패션사의 모든 화제들을 한 권에 담아내는 것은 당연히 불가능한 일이다. 이 책에서는 1550년부터 1970년까지 여성이 입었던 가장 중요하면서도 쉽게 인식할 수 있는 양식에 한정해 그것을 읽어내는 방법을 제시할 것이다. 그런 지식은 패션 전시회를 방문할 때 도움이 되고, 역사를 주제로 한 영화나 TV 드라마 또는 연극 연출에 대해 이해하고 더욱 즐길 수 있게 만들어 줄 것이다. 미술사와 복식사 혹은 패션 디자인이나 무대 의상을 공부하는 학생이라면 이 책을 간편한 참고서 또는 제작 연도나 기법을 이해하기 위한 입문서로 삼아 인문 과학 연구자로서의 길을 걷는데 도움이 될 수 있다면 더없는 기쁨일 것이다.

서장

패선은 유럽 사회의 역사적 풍경을 구성하는 중요한 요소이다. 드레스는 입는 사람의 성별, 연령, 사회 계층, 직업, 종교를 가장 잘 나타내며 미적 취향이나 정치적 견해 또는 혼인 여부까지 교묘히 드러내는 지표이다. 특히 여성복은 가장 초기의 문명 이래 사회·문화적으로 중요한 위치를 점하며 열정, 집념, 조소, 경멸, 반감, 매혹과 같은 감정을 다양한 형태로 자극했다. 드레스는 사물을 보는 관점이나 사고방식을 바꾸는 힘을 지녔으며 입는 사람의 감각조차도 가릴 수 있으며 새로운 의미를 부여하거나 강조 또는 약화시키는 힘을 가졌다. 이것은 사회가 기억되기 시작한 이래의 일로, 실제 기원전 1세기의 오비디우스도 다음과 같이 말했다. '우리는 드레스에 마음을 빼앗긴다. 보석과 황금이 모든 것을 감춰버린다. 여성 자신의 매력은 극히 일부에 불과한 것이다.'[1]

21세기 들어 패선은 과거와 마찬가지로 논의의 대상이 되었으며 역사상의 패선은 여전히 우리를 매료시켰다. '조금 닳고, 조금 해진 / 선반을 확인해보자, 지나간 것이 되돌아왔다'는 폴 매카트니의 앨범 '메모리 올모스트 풀(Memory Almost Full, 2007)'에 수록된 '빈티지 클로즈'라는 곡의 한 소절이다.[2] 현대의 디자이너들이 자극을 찾아 수없이 과거 패선으로의 회귀를 시도한다는 사실도 마찬가지이다. 20세기 그리고 이제 21세기를 맞아 역사상의 패선과 그 표현 방식에 뜨거운 관심이 쏠리고 있다. 역사를 소재로 한 TV 드라마나 영화의 유행은 빈티지에 대한 향수에 매료된 지금의 유행을 보여주는 증거이며, 새로운 세기가 시작될 때에는 늘 '황금시대'에 대한 회상이 나타난다는 것을 증명한다. 오늘날, 세계 각지의 복식 미술관을 찾는 방문객들이 늘고 있다고 한다. 그렇지만 패선이 어떻게 그리고 왜 시간과 함께 변화하는지에 대한 인식은 여전히 부족하고 형상의 미묘한 변화를 정확히 보여주는 역량도 미흡하다. 재단상의 사소한 변경이나 약간의 장식 요소의 추가도 착용자의 새로운 저항 또는 연대를 보여주고 착용자가 처한 사회적·문화적 환경을 나타낸다. 그리고 이런 것들을 인식할 수 있는 능력을 기름으로써 사회적·정치적·경제적 그리고 예술적 세계에서 일어나는 중요한 변화와 유행에 관해 더 깊이 이해할 수 있는 것이다.

그런 이유로 요즘 유행하는 이른바 빈티지에 대한 애호가 특히, 시대에 대한 규정 없이 표현되고 있다는 점은 우려스럽다. 무엇보다 빈티지라는 말 자체가 사용되는 범위와 용이함이 문제이다. 예컨대, 오늘날의 브라이덜 패선에서 표현하는 '빈티지'란 레이스 장식의 일부나 새틴 벨트의 중앙에 부착하는 골동품처럼 보이는 반짝이는 브로치를 가리키는 말로 쓰일 뿐이다.

'빈티지 룩'을 원하는 신부는 향수를 자극하는 레이스 오버레이(레이스를 여러 겹 겹친 장식)나 한 쌍의 소매뿐인 가운을 입을 수 있다. 그리고 이런 유행은 1930년대, 40년대, 50년대 그리고 60년대로 가면서 조금씩 합쳐지다 하나로 융합되는 경향이 있다. 이는 패션이 늘 순환하는 성질을 가졌다는 것을 보여주지만 진짜를 인식하고 즐기고자 하는 사람에게는 혼란과 오해를 일으킨다는 뜻이기도 하다. 다시 돌아온 과거의 패션을 이해하고 제대로 판별하려면 의복의 제작 연대를 특정하고 양식의 특징을 구분하는 능력이 필요하다. 혼란을 없애고, 온갖 것을 뭉뚱그려 빈티지라는 표현을 사용하는 것을 줄이는 것이 나의 바람이며 이 책의 목적이다. 독자들에게는 역사상의 패션뿐 아니라 현대의 패션도 '읽을'수 있도록 간결하면서도 함축적인 사례를 제시하고자 노력했다.

역사상의 드레스를 이해하기 위한 가장 좋은 방법을 제공해줄 훌륭한 박물관과 미술관이 세계 곳곳에 존재한다. 다만, 오래된 의복에는 세월에 따른 변화와 보존상의 문제가 있다. 이 책은 오늘날 언급하기에 충분한 의미가 있는 몇 가지 사례에 초점을 맞추었다. 미술관 중에는 유래에 관한 여러 설이 있기도 하고 간혹 조사 중인 내용을 공개하는 곳도 있지만 대개는 완벽한 조사를 실시할 자금이 없는 소규모 컬렉션이나 역사협회이다. 이 책에서 다룬 두 가지 사례 모두 오스트레일리아의 작지만 가치 있는 역사협회의 유물로, 거기에 대해서는 제작 연대와 배경에 대해서도 검토했다.

유행의 변화는 매력적이고 익숙한 스타일을 만들어냈으며 그것이 지난 천년동안 여성의 드레스를 만들어왔다. 드레스(일반적인 원피스형 의복 또는 보디스와 스커트의 조합)는 플랜태저넷 왕조와 함께 등장한 이래, 둘로 나뉘지 않는다는(다리를 각각 따로 감싸는 방식이 아닌) 기본 방식이 유지되어왔다. 그러나 사회와 의식을 바꾸려는 반동이 전혀 없었던 것은 아니다. 다양한 단계에서 **보디스**의 앞면을 납작하게 만들거나 허리를 조이기도 하고 일부러 더 여유 있게 만들거나 중성적으로 만들었으며 때로는 가슴만 둘러싸거나 목부터 허리까지 전부 옷감을 두르기도 했다. **코르셋**도 꼭 필요한 시기가 있었는가 하면 필요 없던 시기도 있었다. 또 **페티코트**는 16세기의 **파딩게일**부터(그 후 400년간 다양한 시점에 많은 변화형으로 되돌아왔다) 1930년대의 섹시한 새틴 슬립까지 어느 것 하나도 불필요한 것으로 여겨지지 않았다. 이러한 재기와 함께 드레스, 가운, 로브, **만투아**라고 불린 의상이 오랫동안 사용되었음에도 불구하고 혁신적인 변화가(스타일 또는 필요성에 의해 혹은 둘 다에 의해) 수세기에 걸쳐 강렬하고 극적인 실루엣을 만들어냈다.

실재하는 의상 한 벌을 조사하는 단순한 문제가 결코 아니다. 사회가 진보하고, 계층에 따른 차이가 더 구체적으로 나타나면서 부유층 여성은 하루를 같은 복장을 입고 지내지 않게 되었다. 예컨대, 19세기 중반 무렵 상류층 여성은(그리고 점차 중류층 여성까지도) 오전, 오후, 티타임, 디너 / 이브닝 그리고 연회나 무도회 등의 특별한 행사를 위한 의상을 소지하게 되었다. 그 목록에는 주간용 또는 비공식적인 야회 때 입는 하프 드레스, 특별한 스포츠용으로 만들어진 워킹 드레스와 산책용(가장 일반적인 것이 승마복, 18세기부터 존재했다) 그리고 여행복도 추가해야 할 것이다. 이런 각종 의상들은 대부분 상복이나 임부용 드레스 등과 같이 19세기의 여성 대다수가 인생의 한 단계에서 경험하는 의식을 위한 의상으로 사용되었다. 이 책에서는 이처럼 다양한 의복을 소개하고자 했다. 한 벌 한 벌 당시 유행하던 실루엣에 초점을 맞추어 선택하는 동시에 다양한 변화형이 존재했다는 것을 소개하며 논의의 장을 마련하고자 했다. 예컨대, 오전과 오후의 의상은 원단이나 장식에 미묘한 차이가 있을 수 있으며 그에 따른 더 깊은 분석이 필요하게 될 수도 있다.

이 개정 및 확장판에서는 몇 가지 중요한 관점을 검토할 여지를 제공한다. 추가된 다양한 스타일(1730년대의 로브 볼랑트나 코코 샤넬 초기의 '리틀 블랙 드레스'등)은 독자가 유행 스타일의 변천 과정을 이해하기 쉽도록 신중히 선택했다. 또한 이 책은 중산층뿐 아니라 하층 및 노동자 계급이 입었던 의복의 구체적인 예를 고찰함으로써 다양한 복장과 사회적 경험을 망라한 전체상을 제시하는 동시에 『슈트 읽는 법(How to read a Suit, 2020)』의 내용과 구조를 보완했다. 이는 '드레스'의 모든 형태를 온전히 탐구하는 데 중요한 요소이다. 또 '하이패션'은 수세기동안 소수의 대중에게만 허락되었다는 것을 염두에 둘 필요가 있다. 하층 계급의 의복에서는 가난과 부족한 자원에도 불구하고 평범한 드레스에 강조된 패셔너블한 측면을 읽어낼 수 있다. 이는 사회의 모든 계층에서의 패션의 가치와 중요성을 보여주는데 그 가장 감동적인 두 가지 사례가 바로 1930년대 후반 대공황 시대에 한 '이민자 여성'이 입었던 낡은 실내용 드레스와 홀로코스트 생존자와 그녀의 어머니가 처음에는 바르샤바의 게토에서, 전후에는 영국에서 소유했던 드레스이다.

이 책에 가장 많이 추가된 부분은 1980~2020년까지의 기간을 다룬 장이다. '머리말'에서도 이야기했듯, 20세기 말에는 드레스가 더는 필수품이 아니었다. 하지만 드레스는 21세기에도 꾸준히 영감과 흥미를 불러일으키는 인기 있는 선택지이다. 1999년 디자이너 배리 키셀스타인 코드(Barry Kieselstein-Cord)는 새 천년의 패션은 '늘 그랬듯 지위, 세련미, 사회적 지위 그리고 탐미주의를 가져올 것'이라고 말했다.[3] 1980년대와 90년대 여성의 패션은 늘 그랬듯 남성복, 속옷, 겉옷, 역사주의, 낭만주의 등 수세기에 걸친 테마가 되풀이되었으며 드레스에도 이러한 주제들은 여전히 강력하게 나타났다. 20년이 지난 지금, 우리는 새 천년에 대한 예측이 얼마나 들어맞았는지 혹은 그렇지 않은지를 되돌아볼 수 있다. 1999년 '모스키노 우먼(Moschino woman)'에 대해 이야기한 로셀라 사르디니아(Rossella Sardinia)는 자신의 예측을 보다 광범위한 사회 현상과 연관시켜 '앞으로 드레스는 여성들의 우선순위가 아닌 액세서리가 될 것'이라고 말했다.[4] 이 책의 마지막 두 점의 의복은 그 예언과 일치하며 여러 선택지 중 하나로서 드레스를 인식하는 일이 점점 늘었다. 이 두 점의 의복은 앞에서 소개한 다른 사례와 달리 손쉽게 입을 수 있는 의상이 아니다. 디자이너 중 한 명인 가와쿠보 레이(川久保玲)의 작품은 오랫동안 '입을 수 없는' 의상이라

는 비난을 받았다. 이는 아마도 패션에 대한 안티테제이자 불편한 엘리트주의를 시사한다. 하지만 이런 전위적인 의상은 '드레스'의 전통적인 경계가 얼마나 확대될 수 있는지 그리고 여성 패션이 어떻게 영감을 주고받는지에 대한 지적 변화를 보여주기 위해 선택했다. 21세기 최초의 20년간 서양 사회에서 '드레스'의 사용과 인식에 관한 가장 혁신적인 변화 중 하나를 볼 수 있다. 15세기 이래 처음으로 드레스는 여성복의 경계를 벗어난 것이다.

성(性)의 경계는 50년 전에 비하면 훨씬 유동적이지만 드레스는 그 외관부터 여성스러움을 상징하는 의복이었다. 무엇을 입을지에 대한 일상의 선택은 바지를 포함해 더욱 다양해졌다. 현대의 여성에게 드레스는 특별한 날에 입는 의복으로 옷장 한 구석으로 밀려났다. 대다수 여성에게 드레스는 '가장 좋은' 또는 '우아한' 의복으로, 주말에 집에서 입는 옷이라기보다는 일할 때 입는 옷일 것이다. 그리고 많은 신부들이 결혼식에 드레스를 입을 것이다. 웨딩 슈트는 제2차 세계대전 당시의 실용성이 요구되던 시대에 신부 의상의 선택지 중 하나가 되었으며 이후 1960년대 런던에서 찍힌 사진에서도 볼 수 있듯 하나의 디자인으로서 신부 의상의 선택지로 남았다.

남성도 역사적으로 늘 두 갈래로 나뉜 의복을 입었던 것은 아니다. 19세기까지 남자아이는 6~7세 무렵 '바지를 입게'될 때까지 보통은 드레스, 이후에는 짧은 튜닉을 입었다. 많은 남성의 스커트 중 스코틀랜드의 킬트가 있다(지금도 특별한 의식에 착용하며, 신랑이 선택하는 일반적인 결혼 예복이다). 중세에는 톤렛(전투 시 신체 보호를 목적으로 착용하는 갑옷의 일부로, 금속제 스커트, 지금의 드레스에서 볼 수 있는 튜닉형)이 있었으며, 고대 그리스나 로마에는 토가, 히마티온, 키톤이라고 불린 남녀가 비슷한 형태의 긴 의복이 있었다. 하지만 그 이후 수세기에 걸쳐 **가운** 또는 로브라고 불린 드레스는 유럽 세계에서 오직 여성의 의복으로 취급되었으며 여성들은 그것을 기꺼이 받아들였다. 아니면 그저 받아들일 수밖에 없었던 것인지도 모르지만. 비평가 쿠엔틴 벨은 1830년대에 '이족 동물이라는 것을 인정받기 위한 서양 여성의 긴 싸움은 19세기에 시작되었다'고 썼다.[5] 또 이 책에서는 19세기부터 20세기 '래셔널 드레스(rational dress, 합리적인 의복)'의 탄생과 영향에 대해서도 논했다. 그것은 오스카 와일드와 저명한 보헤미안(전통적인 생활양식을 기피한 예술가나 작가 등)에 의해 널리 선전된 '**에스테틱**' 드레스 운동과 궤를 같이한다.

역사상의 의복을 연구하든 그저 즐기든 특정 의복을 입는 신체적 의미를 고찰하는 것은 항상 중요하다. 사람들이 움직이고 의식적으로 행동하는 방식에 대해 그들의 의복은 성별, 계층, 표준적인 예의범절에 대한 사고방식을 말해준다. 예컨대, 17세기의 상류층 여성이 초상화 속에서 드러낸 팔을 구부려 팔꿈치는 몸에서 약간 떨어뜨려 내밀고, 손목에 다른 한쪽 손을 올려놓은 것은 미적인 이유 때문이 아니다. 물론 17세기 초기부터 여성의 팔을 내보이는 것이 허락되면서 초상화의 자세를 정할 때 큰 영향을 미친 것은 분명하지만, 빳빳한 보디스를 착용한 여성은 팔을 올리거나 몸에서 살짝 떨어뜨리는 편이 훨씬 편했기 때문이다.[6] 또 1840년대 초기부터 회화 등에서 볼 수 있었던 어깨선에 딱 맞게 재단된 드레스(소매는 어깨보다 아래쪽에 달린 경우도 많았다)는 팔을 몸에 더 가까이 붙일 필요가 있었다. 한편, 1900~05년의 **가운**은 암홀의 자연스러운 위치 즉, 어깨와 팔이 만나는 지점에 소매가 달려 있어 자연스러운 자세를 취할 수 있었다. 물론 하층 계급에서는(아기는 하인으로 그려진 경우를 제외하고, 보통은 이런 초상화에는 등장하지 않는다) 움직임이 편하고, 최대한 시간과 에너지를 아낄 수 있는 옷을 입을 필요가 있었다. 그럼에도 상류층은 계속해서 패션의 기준과 '바른' 외관을 고수했으며 하층 및 중층 계급은 가능한 범위에서 이를 모방했을 것이다.

드레스 연구는 과거를 이해하고 재구축하고자 할 때 매우 유용한 방법이다. 이 책에서는 젠더 관계에 대해 그리고 사회가 여성을 어떻게 인식했는지 뿐만 아니라 여성 스스로가 자신을 어떻게 인식하고 그들의 신체를 어떻게 세상에 표현하고자 했는지에 대해서도 조명했다. 오랫동안 여성의 주요한 관심사이자 즐거움이기도 했을 의복, 그 미학과 기능을 충분히 이해하고 드레스의 변천과 패션을 사용하는 방식의 변화 그것이 과시를 위한 것이었는지, 은폐를 위한 것이었는지 혹은 반항이나 항의의 뜻이었는지 아니면 남성이 지배하는 가부장적 세계에서 정체성을 구축하기 위해서였는지를 밝히는 것은 역사가의 의무이다.

Chapter 1
1550–1600

16세기의 드레스 실물을 볼 기회가 드문 것은 완전한 상태로 남아 있는 것이 거의 없다는 단순한 이유 때문이다. 유복한 사람들조차 아직 사용할 수 있는 낡은 드레스로 새 옷(또는 그 일부)을 만들었으며, 하층 노동자 계급의 여성이 실제 입었던 의복에 관해서는 상세한 기록이 남아 있지 않다. 우리는 초상화 등의 예술 작품이라는 운 좋은 재산으로부터 지식을 얻어(주로 유럽 기원이지만) 이번 장을 온전히 분석하고자 했다.

16세기 유럽 여성의 복장은 여러 다른 의류의 층으로 구성된다. 이는 기후에 따른 실용성과도 관계가 있는데 조사한 바에 의하면 1500년대 말의 기온은 20, 21세기보다 평균적으로 2도가 낮았다.[1] 남녀 모두 늘 적절히 옷을 갖춰 입어야 했던 현실을 생각하면 특히 옷감의 실용성과 도덕성이 중요했을 것으로 여겨진다. 동시에 중세의 여유 있는 스타일과 달리 드레스의 형태가 잡히고 몸에 맞게 변화했다. 예컨대, 가운 제작에는 다양한 원단이 사용되었으며 그 초점은 조형성과 신체의 일정 부위를 강조하는 데 있었다. 1550년대 이후, 중·상류층 여성의 일상적인 의상은 **스목, 스테이스, 커틀**(후에 **페티코트**라고 불리며, 일반적으로 **보디스**가 딸려 있다), **가운, 파딩게일, 파어파트**, 소매, **러프, 파틀렛**과 같은 파츠의 조합으로 이루어지는데 이 책에서는 이 모든 파츠에 대해 해설한다. 당시 여러 겹으로 이루어진 의복이 품위를 나타내는 증거였던 것은 **스목** 안에 드로어즈나 다른 어떤 속옷도 입지 않았기 때문이다. 스타일의 특징으로는 흔히 '**가운**'이라고 불린 의복이 주류로, 몸통에 딱 맞거나 '여유가 있는' 타입도 있었다. 프랑스, 영국, 스페인의 **보디스**는 V자형의 원뿔 모양으로 주로 양옆이나 뒤쪽에서 여미는 방식이었다. 한편, 독일과 이탈리아의 **가운**은 앞쪽에서 끈으로 묶는 방식으로, 정교하게 만든 퍼프 슬리브가 특징이었다.

1558년, 엘리자베스 1세가 잉글랜드와 아일랜드의 왕좌에 올랐다. 여왕은 정치에는 남성적인 태도를 취했지만 유럽 각국의 의상에 깊은 관심을 보이며 44년간의 치세동안 여러 유행을 탄생시켰다. 스페인풍의 드레스는 스페인 혈통인 여왕 메리 1세에 의해 장려되어 엘리자베스 여왕의 치세 하에서도 '**파딩게일**'과 '**러프**'라는 형태로 계속되었다. 삼각뿔 형태의 스페인의 **파딩게일**(farthingale 또는 verthingale, 스페인어 베르두가도[verdugado]에서 유래)에는 이내 16세기 제2의 **파딩게일**로 불리는 고리 모양의 신형 디자인이 추가되었다. 그 기원은 프랑스로 알려져 있으며, 주름을 잡은 오버 스커트를 풍성하게 만들기 위해 속을 채운 원통 모양의 파츠를 허리에 감았다. 그로 인해 튜더 왕조 시대의 납작한 삼각형의 실루엣과 달리 더 풍성한 볼륨을 연출할 수 있게 되었다. 이런 독특한 형태를 만들기 위해 옷감을 지나칠 정도로 많이 사용하는 것에 대한 풍자가 작자 미상의 판화 〈여성의 허영〉(1590~1600년경)에 나타나 있다. 한 무리의 여성이 일심불란하게 다양한 사이즈의 '범 롤(bum roll, 엉덩이 둘레에 착용하는 패드)'을 착용해보는 모습을 그린 그림이다. 원단을 대량 사용하기 때문에 사치스럽게 보이지만 **파딩게일**에서 고리 형태의 파츠로의 이

DAMOISELLE FRANCHOYSE DEGMONT

행은 일부 여성에게 더 낮은 사회적 지위로 떨어지는 것을 의미했다.

유럽 전역에서 상류층조차도 의복을 선택할 때는 사치 금지령의 영향을 받았다. 지나치게 사치스러운 의상을 억제하는 조례는 엘리자베스 1세 치세 이전부터 존재했지만 여왕은 착용자의 계층에 따라 사용할 수 있는 드레스와 옷감의 종류까지 명시했다. 이런 법규의 배후에는 수입품 제한이라는 정치적 사정도 있었다. 1574년 6월 여왕은 다음과 같이 말했다. '최근 과도한 의복과 그에 딸린 지나칠 정도로 불필요한 외국 제품이 늘고 있는 것은 왕국 대부분의 부뿐만이 아니라 크게 번지고 있는 극도의 부패를 묵인했기 때문이다.'

귀족 계급이 아니면 여성은 '금란이나 얇은 비단은 물론 검은담비 모피도'입을 수 없었으며 벨벳이나 자수 또는 '금은 몰'이나 수를 놓은 비단도 마찬가지였다. 목록에는 그 밖에도 새틴, **다마스크** 직물, 술이 달린 **태피터**, 그로그램 비단을 **가운**과 **페티코트** 또는 **커틀**에 사용해서는 안 되며, 각각의 의복에 대한 사용 방법에도 각종 규정이 있었다. '기사의 적자의 아내 또는 딸'은 착용할 수 있고, 드문 경우지만 '공작부인, 자작부인, 백작부인을 수행하는 귀족 여성'은 여주인으로부터 받은 것에 한해서는 입을 수 있었다. 이런 제약은 법적인 강제나 공식적인 이행은 어려웠지만 중류층이 간단히 귀족의 지위에 오르지 못하게 막는 역할을 했다. 의상을 통해 부를 드러내는 것이 매우 중요했으며, 의상의 분배를 제한하는 것은 사회적·정치적 통제의 효과적인 수단이었다. 유럽 지역 중에는 고대부터 의복에 관한 사치 금지령이 존재하는 곳도 있었지만 17세기 중반 무렵에는 모든 나라에서 쇠퇴했다. 저명한 인사들이 불만을 표출하기 시작했는데, 거기에는 유명한 프랑스의 작가 미셸 드 몽테뉴가 있었다. 그는 금지령 시행에 반대하며 포고한 쪽이야말로 도덕적 모범을 보여야 한다고 생각했다. '국왕 폐하는 위엄을 나타내는 이런 표식을 그만두는 것이 좋다. 위엄을 과시하는 방법은 얼마든지 있다. 이렇게 과도한 행위는 왕후 이외의 사람이라면 그나마 용서받을 수 있을 것이다.'

영국과 유럽 본토에서도 여성의 드레스는 대부분 남성복에서 영감을 얻었다. 의복을 상반신과 하반신으로 구분해 입는 방식에 대한 높은 관심과 그 필요성은 21쪽에 실린 판화 작품에서도 알 수 있듯 남성의 **더블릿**과 유사한 형태로 발전했다. 프랑스에는 빳빳한 스탠드 업 칼라가 특징인 스페인풍의 보디스를 착용하는 것을 선호하는 여성들이 있었는데, 그것은 많은 부분에서 멋지게 차려입은 남성들의 착장과 비슷했다. 당시의 주요한 부속품이었던 **러프**는 실제 남녀의 구별이 없었는데 특히, 엘리자베스 1세의 대관 직후 수년에 걸쳐 그런 경향이 두드러졌다. 그 형태는 크고 닫혀 있는 납작한 주름이었으나 16세기에는 열린 형태 즉, 러프 양쪽 끝에 주름을 잡아 착용자의 머리를 빙 둘러싸듯 세운 스탠딩 칼라도 눈에 띄었다. **러프**의 형상과 착장 방식은 각 나라별로 조금씩 분명한 차이가 있었으며 유럽 안에서도 매우 다양했다.

세기말의 가장 비실용적인 복식인 프랑스의 **파딩게일**(또는 '휠[wheel]')은 상류층의 유한계급 여성들이 입는 전형적인 의복이었다. 그 기원이 프랑스였다는 것은 프랑스가 경쟁국인 스페인보다 부드럽고 유연한 패션을 선호했던 것을 생각하면 아이러니한 일이다. 도입되기까지 오랜 시간이 걸리지 않았는데, 그때까지 많은 프랑스 여성들은 **빳빳한 페티코트**를 여러 겹 겹쳐 입는 방식으로 스커트를 풍성하게 만들었다. 그것은 여러 겹의 주름을 잡아 허리에서 바닥까지 불규칙하게 늘어뜨린 것으로, 스페인 **파딩게일**의 부드럽게 늘인 형태와는 완전히 달랐다.

등세공으로 만든 프랑스의 **파딩게일**은 여성의 허리에 광륜 형태의 틀을 둘러 허리 전체를 크게 부풀렸다. **파딩게일**은 스커트 뒤쪽을 들어 올리고 앞쪽은 살짝 늘어뜨릴 수 있게 속을 채운 패드 위에 둘러 원뿔형의 몸통 부분을 한층 더 아래로 끌어내렸다. 스커트는 원형의 지지대 끝에서 바닥을 향해 수직으로 떨어져 몸통은 가늘고 다리는 짧은 독특한 효과를 연출했으며 이것은 파딩게일 슬리브라는 소매로 더욱 강조되었다. 이 소매는 남성이 입는 **더블릿**의 초승달 모양으로 부풀린 소매 즉, 어깨 위쪽에 주름을 잡고 팔 끝까지 폭이 넓은 소매와 비슷했다. 이런 소매는 극단적으로 크게 부풀리는 경우도 있었으며 때로는 그 형태를 유지하기 위해 고래수염을 이용한 지지대가 필요하기도 했다. 또 궁정에서는 일반적으로 **보디스**에 착용자의 머리보다 높게 세운 스탠딩 칼라를 부착했다. 그 높이를 유지하기 위해 칼라 자체를 '아래쪽에서부터 지지하는' 뼈대인 '서포타스'로 고정했으며 그 복잡한 형태 때문에 받침대를 만들어 부착하기도 했다. 극단적으로 높이가 높은 경우에는 철사를 얇은 천으로 감싸고 진주나 레이스로 장식한 '위스크'를 사용했다.

표면 장식은 16세기의 유행 드레스에 중요한 요소로, **보디스**나 **더블릿**의 젖힌 옷깃 등에서 종종 볼 수 있었다. 흰색 원단에 검은색 비단실로 수놓은 자수의 일종인 블랙워크 자수는 특히 이 시대의 대표적인 장식이다. 엘리자베스 1세의 치세 하에서 장식은 더욱 정교해졌으며 문양의 추세는 1500년대 초기에 인기가 있었던 양식적·기하학적 무늬에서 꽃무늬로 바뀌고 종종 은실로 악센트를 주기도 했다. 자수뿐만이 아니라 점점 더 과잉한 장식이 나타났다. 바로 이전 세기부터 보급된 **슬래시** 장식이다. 옷감 표면에 섬세하게 또는 거칠게 칼집을 내고 그 안에 더 사치스러운 옷감이 드러나 보이도록 만들었다.

1603년에 세상을 떠난 엘리자베스 1세의 초상은 복식사 연구가들에게 **코르셋**이라는 귀중한 자료를 제공했다. 그 '페어 오브 보디스(빳빳한 보디스를 가리키는 말로, 17세기 말까지 사용된 표현)'에는 지지대 역할을 하는 **버스크**라는 수단이 추가되어 있었다. 그것은 고래수염이나 나무 또는 금속으로 만든 길고 평평한 판자로, 신체 전면에 수직으로 끼워 넣었다. 버스크는 1500년대에 널리 이용되었으며 은밀한 메시지를 새겨 연인에게 선물하기도 했다.

실크 벨벳 가운

1550~60년경, 피사, 국립 팔라초 레알레 미술관

◆

금실로 호화롭게 수놓아진 진홍색 실크 벨벳 드레스는 이탈리아 르네상스기의
보기 드문 유품으로 매우 귀중한 사례이다. 피사의 산 마테오에서 목각 조각상과 함께 발견되었으며,
엘레오노라 디 톨레도(혹은 다른 친족의 유품이라는 주장도 있지만)의 장례식 드레스(수의)와 매우 유사하다.[8]

네크라인은 앞뒤 모두 사각형으로
파여 있고 낮은 위치에 있다. 어깨
주변은 자연스럽게 주름을 잡은
얇은 천으로 감싸는 경우가 많았다.

소매 상부는 '바라고니'라고 불린
스타일로, 끈으로 묶으면 장식
퍼프가 된다. 터놓은 틈 사이로
스목을 끄집어냈다.

소매에는 장식을 목적으로 옷감의
일부를 길게 터놓았다. 이런 장식
기법을 **슬래시**라고 한다.

스커트는 앞뒤와 양옆에 깊은
주름을 잡았다.

밑단이 퍼지는 실루엣을 만들기 위해
스커트에는 삼각형 모양의 원단을 덧붙였다
(색이 바랜 솔기 부분이 희미하게 보인다). 둥근 밑단이
특징으로, 가장자리를 금실로 장식했다.

당시에는 소매가 분리되어 있었으며
'에귀예트'라는 끝에 금속이 달린 장식 끈 여러
개를 이용해 **보디스**의 암홀과 연결했다.

'임부스토'라고 불린 **보디스**는 뒤쪽의, 팔
아래부터 허리까지 세로로 배열된 두 가닥의
끈으로 엮어 형태를 잡았다. 상류층에서는
일반적인 위치였지만, 노동 계층의 여성은
도와주는 사람 없이도 빠르게 옷을 입을 수
있도록 앞쪽에서 끈을 조여 형태를 잡았다. 그
밖에 버크램(풀이나 아교 등으로 빳빳하게 만든 면이나
마)이나 펠티드 울을 겹쳐 형태를 유지하는
방법도 있었다. **스테이스**는 있었지만
고래수염은 아직 사용되지 않았다.[9]

에밀리아 디 스필림베르고

(티치아노의 제자, 1560년경, 워싱턴 국립 미술관,
워싱턴 D.C.)

젊은 여성이 진홍색 **가운**에 보석 장식이 달
린 **거들**을 두르고 스탠딩 칼라가 달린 여유
있는 형태의 의상을 걸치고 있다. 평소 이
런 드레스를 어떻게 착용했는지를 알려주
는 이탈리아의 초상화이다.

작자 미상 '젊은 여인의 초상'

1567년, 예일 대학교 영국 미술연구센터, 뉴헤이븐, 코네티컷 주

◆

초상화 속 인물이 누구인지 밝혀지진 않았지만 부유한 영국 여성이라는 것만은 분명해 보인다.
드레스는 1560~70년 무렵의 유행과 일치한다. 지난 시대의 작은 에스코피옹 캡(롤 형태의 모자)부터
아치형 네크라인(가는 허리가 눈에 띈다)까지 호화롭게 장식된 드레스는 엘리자베스 1세 초기의 최신 유행을 보여준다.

세 번이나 감을 정도로 길고 정교한 목걸이는 중앙을 늘어뜨려 **보디스** 상부를 가로지르는 방식으로 착용했다. 아래의 **거들** 디자인과 동일하다.

속을 채운 '숄더 롤' 또는 '윙'이라고 불리는 어깨 장식을 통해 어깨에 대한 관심이 커졌다는 것을 알 수 있다. 장식은 **보디스**와 앞이 트여 있는 스커트와 동일하다.

가는 허리는 **파딩게일** 위에 착용한 원뿔 모양의 커다란 스커트로 강조되었다.

드레스에는 보석으로 장식한 '**거들**'이 달려 있다. 중세 이후 **거들**은 힙이나 허리에 두르는 벨트를 가리키며, 앞쪽 중앙에서 스커트 위에 긴 사슬을 늘어뜨렸다. 사슬 끝에는 커다란 보석을 비롯해 축소판 초상화, 지갑, 소형 책, 거울 등을 달기도 했다.

사각형으로 파인 낮은 네크라인은 1570년경까지 **파틀렛**이라고 불린 사각형 천으로 덮었다. 스탠딩 칼라(여기서는 러프)를 달고, 보디스 안으로 넣어 목, 어깨, 등을 덮었다. 가슴 부분이 열려 있는 것은 이 여성이 미혼이라는 것을 나타낸다.

소매에 **슬래시**를 넣고 그 틈으로 **스목**을 꼬집어냈다.

가운은 '**커틀**' 위에 입는다. **커틀**로 안에 입은 **페티코트**를 덮고 보통은 몸에 꼭 맞는 **보디스**를 착용했다. **포어파트**라고 불린 삼각형 모양의 호화로운 천을 스커트 전면에 다는 경우도 많다. 그림과 같이 앞부분이 열린 형태의 **가운**에서는 그것을 볼 수 있으며 부를 상징했다.

크리스토펠 판 시켐 1세 '엘리자베스 여왕'

1570~80년(1601년 간행), 워싱턴 국립 미술관, 워싱턴 D.C.

◆

크리스토펠 판 시켐(1546~1624년)은 네덜란드의 목판·동판화가로, 초상화 외에도
성서와 이야기 속의 전통적인 장면을 그린 작품이 많다.
본 작품은 표면 장식, 러프, 숄더 롤이 널리 유행했음을 보여주며 여성복에 미친 남성복의 영향도 보여준다.

1570년대에는 하이 네크라인 스타일이
많았으나 70년대 말이 되면 다시 크게
파인 데콜타주가 유행했다.

'페인'이라고 불린 수직으로 터진
부분으로, 소매 윗부분에 봉긋한
숄더 롤을 장식했다.

몸통 부분이 납작한 것은
당시에는 아직 다트가 사용되지
않았기 때문이다. 여성의
보디스는 이처럼 남성의
더블릿과 비슷했다.

허리의 위치가 내려가고
앞쪽은 한층 가늘게 뻗어 있다.

1575년경, **파딩게일**의
밑단이 더 넓어지고, 보통은
힙 패드를 넣어 이 그림과
같은 형태가 되었다.

히에로니무스 스홀리어스

(헨드릭 홀치우스, 1583년경. 워싱턴
국립 미술관. 워싱턴 D.C.)

동시대의 이 초상화를 보면
남성과 여성 의복의 재단 및
장식 기법의 유사성을 확인
할 수 있다. **러프**를 단 높은
옷깃, '**숄더 윙**' '장식 소매'에
서 그 영향이 드러난다.

보디스의 소매를 따라 바닥
에 끌릴 정도로 길게 늘어뜨
린 장식 소매는 간격을 두고
나비 모양으로 묶었다. 같은
방식으로 나비 리본을 묶어
소매의 **페인**을 고정했다.

크리스핀 드 파스 1세 '잉글랜드 여왕'

1588~1603년, 워싱턴 국립 미술관, 워싱턴 D.C.

◆

엘리자베스 1세의 이 초상화에는 16세기에 잠깐 유행한(그럼에도 널리 알려졌다) 휠 또는 드럼 형태의
파딩게일이 그려져 있다. 17세기 초에 금방 사라졌지만
이 스타일을 장려한 덴마크의 앤(제임스 1세비)의 궁정에서 한동안 계속되었다.

⋯⋯⋯

진주와 보석을 엮어 목에 감고,
보디스 위에도 늘어뜨렸다.

16세기에는 남녀가 비슷한 **러프**를
부착했다. 네크라인이 넓어지면서
양옆과 뒤쪽만 가리고 가슴골을
드러내는 **러프**가 등장했다.
서포타스(또는 언더 프로퍼)나 철사를
이용한 지지대를 **보디스**에
삽입하는 식으로 고정했을 것이다.

흰색과 금색 **보디스**와 스커트
위에 **가운**을 걸쳐 허리의 형태를
만들고, **파딩게일** 스커트 뒷부분을
덮었다.

스커트 밑단에까지 닿는
긴 장식 소매가 **파딩게일**을 따라
팔 뒤쪽으로 떨어진다. 이것은
'폴스(false)' 소매라고도 불리었는데,
팔을 꿰기 쉽도록 슬릿을 터서
만든 소매였기 때문이다. 그림과
같은 긴 소매는 어디까지나 장식
목적이다.

금빛 원단에 흰 실크로 부풀린
퍼프 장식과 함께 루비, 진주,
에메랄드 등의 보석을 장식했다.

이중 광륜처럼 보이는 이것은 '나비
날개 베일'이라고 불리는 것으로,
2~4장의 둥근 '날개'를 머리 뒤쪽에서
뼈대에 고정했다. 얇고 투명한 천을
두르고 가장자리는 진주와 보석으로
장식했다. 보통은 날개 아래쪽에
흰색 베일이 달려 있고 어깨에서부터
바닥까지 늘어뜨렸다.

이 소매는 '트렁크(또는 캐논)'라고
불리며, 16세기의 마지막 사반세기에
유행했다. 어깨 윗부분이 넓고 소매
끝으로 갈수록 좁아져 손목에 딱
맞도록 속을 채우거나 뼈대 또는
철사로 만든 지지대를 사용했다.

'휠' 바깥쪽에는 프릴을 달아
장식했으며 '플라운스' 또는 '드럼
러플'이라고도 불리었다. 각진 뼈대
부분을 더 부드럽고 여성적으로
보이게 하는 효과가 있어 1590
년대부터 17세기 초까지 볼 수
있었다.

휠은 **가운** 안쪽 허리둘레에 끈으로
고정한 원통 모양의 범 롤 위에
착용했다. 앞쪽이 살짝 내려오고
뒤쪽은 앞쪽보다 조금 높은 위치가
되도록 비스듬히 착용한다.

스커트는 휠 끝에서 바로 아래로 떨어지며 보통
발목이나 그보다 약간 아래까지 오는 길이가
많다. 크기가 조금씩 커지는 뼈대를 이어붙인
초기 스페인의 것과 달리 여기서는 허리부터
밑단까지 같은 크기의 뼈대로 만들었기 때문에
폭이 일정하고 성형할 필요가 없다.

마커스 기레아츠 2세, 앤, 포프 부인과 자녀들

1596년, 개인 소장, 네빌 키팅 픽처스 관리

◆

록스턴의 윌리엄 포프 경이 앤과 결혼한 직후 의뢰한 것으로 보이는 이 초상화에는
앤이 첫 번째 결혼에서 얻은 세 자녀가 함께 그려져 있다. 이 초상화는 재혼으로 생긴
새로운 가족 관계를 기록하는 동시에 출산 중 목숨을 잃는 일이 흔했던 시대에 앤의 임신을 기념하고
다산을 기록하는 역할을 했다. 복식사의 측면에서 보면 이 초상화를 통해
상류층의 의복이 임신부를 위해 어떻게 수정되었는지 관찰할 수 있다.
이 시기의 복식은 성별 구분이 뚜렷하지 않았으며 남녀가 모두 착용했던 중세의 로브와 강한 연관성을
지니고 있다는 점을 알려주기 때문에 매우 가치가 있다(아이의 복장을 통해서도 확인할 수 있다).[14]

....

피에르 프랑슈빌의 초상(헨드릭
홀치우스, 1590~1591년경, 암스테르담
국립 미술관)

1590년대 중반부터 스커트와 대비되는 원단으로
만든 보디스와 소매가 크게 유행했다. 보디스와
소매에는 장식이 가미된 반면, 스커트는 밋밋한
디자인이어서 효과가 더욱 두드러진다.[15]

이 러프는 끈을 이용해 앞쪽
중앙에서 여미는 방식으로, 여러
줄의 진주 끈 장식으로 가려져
보이지 않는다. 진주 끈
장식은 앞쪽의 두 지점에서 매듭을
지어 당시 여성의 신체에서 가장
중요한 부분으로 여겼던 가슴을
강조했다.[16]

러프 가장자리와 네크라인 위로
드러나 보이는 슈미즈 그리고
소맷동에도 동일한 레이스 장식이
사용되었다.

앞서 설명한 것처럼, 앤은 스커트
안에 후프가 달린 파딩게일을
착용하지 않았다. 초상화를 그릴
때 모델들이 손을 얹어두곤 하는
파딩게일의 '휠' 위에 있는 원형
프릴이 이 그림에서는 느슨하게
아래로 늘어져 있다. 아마도 임신
상태를 고려하여 앤이 초상화를
위해 자신이 좋아하는 반짝이는
흰색 새틴 드레스를 입을 수
있도록 만들었을 것이다.

남자아이들은 7세 전후까지
여자아이와 비슷한 드레스를 입었다.
성년이 되어서야 '바지를 입고'
아버지가 입는 옷과 같은 스타일의
작은 크기의 옷으로 갈아입었다.
그래서 이 시대에는 남자아이와
여자아이의 성별을 구별하기가
어려운데 몇 가지 단서를 활용할 수
있다. 이 그림에서 두 소년이 입은
보디스의 재단 방식과 스타일은 성인
남성이 착용하는 더블릿과 비슷하며
왼쪽의 소년이 찬 칼과 중앙의 소년이
들고 포즈를 취한 활과 화살은 남성의
힘과 지배력을 상징한다.

이 그림에서는 남자 형제들도
치마를 입고 있기는 하지만 딸
제인은 어머니의 드레스를 그대로
따라 입었다. 유아기임에도
불구하고 몸에 꼭 맞는 보디스와
파딩게일을 착용했기 때문에
여자아이라는 것을 식별할 수
있다. 이러한 복장의 엄격함은
어린이를 그들이 어른이 되어서
맡게 될 역할과 연관 지어
묘사해야 한다는 당시의 일반적인
관점을 보여준다.[17]

잔치를 벌이는 거지들, 피터 서바우터스, 다비드 빈크본스의 작품을 모티브로 제작

1608년, 암스테르담 국립 미술관, 암스테르담

◆

16세기와 17세기 초 복식에 관한 자료는 주로 상위 3~5%에 속하는 사람들에게만 초점이 맞추어져 있다. 노동 계급의 복식을 기록한 자료가 거의 남아있지 않기 때문이다. 하지만 우리는 상류층의 경우와 마찬가지로 복장이 사회에서 개인의 지위를 강력하게 의미한다는 것을 알고 있다. 네덜란드의 노동계급은 전체 인구의 약 35~50%를 차지했으며 다른 유럽 국가에 비해 상대적으로 높은 임금 수준을 누렸다 (1580~1620년 동안 20~40% 상승).[18] 네덜란드는 식량 공급이 안정적이었고 노동력에 대한 수요가 꾸준히 있었기 때문에 판화 속 인물들은 유럽에서 상당히 운이 좋은 계급에 속했을 것이다. 그럼에도 불구하고 그들의 옷차림이 허름하고 단조로운 것을 보면 자료와는 별개로 노동자들의 현실이 가혹했음을 일깨워준다.

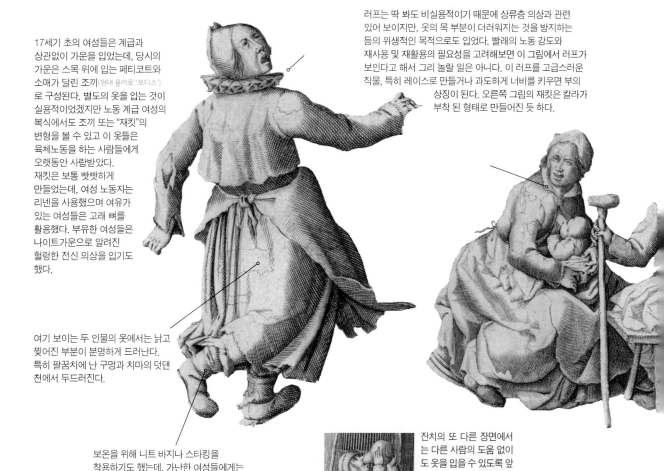

17세기 초의 여성들은 계급과 상관없이 가운을 입었는데, 당시의 가운은 스목 위에 입는 페티코트와 소매가 달린 조끼(현대 용어로 "보디스")로 구성된다. 별도의 옷을 입는 것이 실용적이었겠지만 노동 계급 여성의 복식에서도 조끼 또는 "재킷"의 변형을 볼 수 있고 이 옷들은 육체노동을 하는 사람들에게 오랫동안 사랑받았다. 재킷은 보통 빳빳하게 만들었는데, 여성 노동자는 리넨을 사용했으며 여유가 있는 여성들은 고래 뼈를 활용했다. 부유한 여성들은 나이트가운으로 알려진 헐렁한 전신 의상을 입기도 했다.

러프는 딱 봐도 비실용적이기 때문에 상류층 의상과 관련 있어 보이지만, 옷의 목 부분이 더러워지는 것을 방지하는 등의 위생적인 목적으로도 입었다. 빨래의 노동 강도와 재사용 및 재활용의 필요성을 고려해보면 이 그림에서 러프가 보인다고 해서 그리 놀랄 일은 아니다. 이 러프를 고급스러운 직물, 특히 레이스로 만들거나 과도하게 너비를 키우면 부의 상징이 된다. 오른쪽 그림의 재킷은 칼라가 부착 된 형태로 만들어진 듯 하다.

여기 보이는 두 인물의 옷에서는 낡고 찢어진 부분이 분명하게 드러난다. 특히 팔꿈치에 난 구멍과 치마의 덧댄 천에서 두드러진다.

보온을 위해 니트 바지나 스타킹을 착용하기도 했는데, 가난한 여성들에게는 특히 환영 받는 아이템이었을 것이다. 이 그림에서는 스타킹처럼 보인다.

잔치의 또 다른 장면에서는 다른 사람의 도움 없이도 옷을 입을 수 있도록 앞에 끈이 달린 보디스를 착용한 여인이 보인다.

잔치를 벌이는 거지들
(피터 세바우터스가 다비드 빈크본스의 작품을
모티브로 제작, 1608년경, 암스테르담 국립미술관)

Chapter 2
1610-1699

17세기의 드레스도 완전한 형태로 남아 있는 것이 드물기 때문에 이번 장에서도 실물 유품과 함께 예술 작품을 다수 사용했다. 실물은 당연히 훌륭한 유품이며, 예술 작품은 얼마나 상세하게 묘사되었는가에 중점을 두고 선택했다. 또 유럽 각국에서 저마다 특유의 드레스가 유행하며 다양화된 시대였기 때문에 유럽 각국에서 사례를 선택했다. 네덜란드의 드레스가 포함된 것은 다른 미적·경제적·정치적으로 중요한 지역과 마찬가지로 드레스에 관한 창조와 쇄신의 중심지였기 때문이다(번성한 하를럼의 린넨 산업과 암스테르담의 견직물업 등 특히, 직물 산업 분야에서).

먼저, 남달리 우세했던 스페인 스타일의 예를 살펴본다. 가장 눈에 띄는 특징은 긴 '스터머커(stomacher, 가슴 장식)'이다. 끝부분이 돌출되고 착용자의 복부에는 선반 널과 같은 디자인이 등장했다. 스페인과 포르투갈에서는 이 새로운 유행의 인기가 오랫동안 계속되었다(포르투갈 출신의 찰스 2세비 캐서린 브라간사는 1662년 비슷한 복장으로 리스본에서 잉글랜드 궁정에 도착했으나 얼마 지나지 않아 영국풍 가운과 머리 모양으로 바꾸었다). 한편, 잉글랜드와 프랑스에서는 엘리자베스 1세 치하에서 수십 년이나 계속된 인공적이고 빳빳한 러프와 지지대를 넣은 스커트가 자연스럽고 부드러우며 경쾌한 스타일로 바뀌었다. 다만, 17세기에도 궁정 행사에는 전통적인 휠 파딩게일이 사용되는 등 프랑스는 새로운 패션을 받아들이는데 소극적이었다. 1610년 이후, 드레스는 네크라인의 위치가 낮아지고 소매는 끝으로 갈수록 점차 풍성해져 리본 매듭이나 로제트로 고정하게 되었다. 겉감에는 슬래시(16세기 이래 흔히 볼 수 있게 된 장식)가 다시 등장했으며, 표면 장식의 포인트는 소매 끝과 네크라인의 가장자리를 장식한 폭이 넓은 레이스였다. 빳빳한 러프 대신 우아하게 어깨 위로 떨어지는 스타일이 주류가 되었다. 흔히 '**폴링 밴드**' 또는 **러프**라고 불리며, 반 다이크가 초상화에 즐겨 그렸던 데서 최근에는 '반 다이크 칼라'라고도 불린다. 1625년에는 허리선이 가슴 바로 아래까지 올라간 스타일이 1630년대 후반까지 이어졌다. 이 새로운 스타일은 소매를 더 크게 만들 수 있었기 때문에 암홀이 등 중앙에까지 올 정도였다. 1620~40년대에는 **보디스**에 '**바스크**(남성의 더블릿에서도 볼 수 있는 허리에서부터 늘어뜨린 장식 끈)'가 달린 것도 있었는데 이번 장의 사례에서도 볼 수 있듯 일반적인 스타일이었던 것이 분명하다.[1]

스커트는 항상 허리에 느슨한 주름을 잡아 무겁고 불규칙한 주름이 바닥까지 떨어지고 간혹 옷자락이 끌리기도 했다.[2] 오버 스커트는 앞면이 넓게 열려 있어 시선을 모았기 때문에 화려하고 질감이 느껴지는 고가의 소재로 만든 언더 스커트를 드러내 보일 수 있었다(고가의 소재를 앞면에 사용하고, 그 외에는 간소하고 저렴한 소재를 사용하는 경우도 있었다). 스커트 자체는 매우 여유가 있었으며, 힙 패드 또는 범 롤(말 털을 채운 원통 모양의 패드)을 사용해 볼륨을 연출했다. 둔부가 불룩해지면서 스커트를 풍성하게 부풀릴 수 있었다. 대부분의 **가운**이 허리선에 가느다란 리본을 감아 **보디스**의 앞쪽 중앙이나 약간 옆쪽에서 나비 모양으로 묶었다. 네크라인이 깊게 파인 드레스를 입을

때는 정숙한 몸가짐을 위해 네커치프를 비스듬히 접어 어깨 주변에 걸치고 아름다운 브로치로 목 주변이나 가슴 위에 고정하기도 했다.

이 시기의 가장 중요한 점은, 독립된 **스테이스**가 거의 없었다는 것이다. 보통은 뼈대를 넣은 **보디스**가 지지대 역할을 했으며 초기에는 앞쪽 옷감의 안쪽에 독립된 **스터머커**를 넣어 가슴이나 허리를 감싸는 식으로 지지했다(유행하는 실루엣으로 만들기 위해 앞쪽을 트거나 스터머커도 넣는 방식이 아닌 등 쪽에서 여미는 보디스를 착용하기도 했다). 이는 세기 초에는 성형을 위한 속옷의 필요성이 없었으며 후에 '속옷'으로 여겨지는 것이 드레스의 일부로 겉옷과 일체화되었다는 것을 말해준다. 세기 후반이 되면 **보디스**에 무거운 지지대가 들어갔으며 새롭게 채용된 고래수염이 사용되고 끈으로 여미는 방식으로 몸통을 가늘고 길어 보이게 만들었다. 이때 **스테이스**를 착용하게 되는데 1680년대 **만투아**라는 드레스가 등장하기까지는 널리 사용되지 않았다.

'페어 오브 보디스'(아마도 현대의 '보디스'를 탄생시킨 표현)라고 불린 **스테이스**는 스목 위에 착용했으며 흔히 **스목**의 소매가 팔꿈치 길이의 소매 아래까지 내려와 있었다(여성이 팔을 드러내는 것은 이 시대의 새로운 경향으로 당시의 도덕가들로부터 많은 비판을 받았다). 겉옷의 소매 끝에 전분으로 굳힌 레이스로 장식한 폭이 넓은 소맷동을 단 경우에는, 스목의 소매가 보이지 않는다. 드물게 착용된 **스테이스**는 소매가 없다는 점을 제외하면 **보디스**와 매우 비슷한 스타일이었다(특히 겨울에는 긴 소매를 달았다. 빅토리아&앨버트 박물관에 그 예가 있다). 다만, 실물 유품이 극히 적기 때문에 17세기 초기의 여성들이 얼마나 단단히 끈을 조여 착용했는지는 알 수 없는 것이 현실이다. **코르셋**의 역할은 허리를 가늘게 만들기 위한 것이었다고 생각하지만 1800년대를 맞기까지 그 기능은 주로 상반신의 체형을 가다듬는 것이었다. 몸에 맞는 **보디스**가 있으면, 몸을 겉옷의 형태에 맞추기 위해 반드시 **스테이스**를 착용할 필요는 없었다. 어깨 끝까지 오는 깊고 딱 맞는 네크라인을 만들려면 양쪽 어깨와 가슴 상부의 형태를 잡는 것이 중요했을 것이다. 1620~30년경의 초상화를 보면, 세기 초의 의상은 세기 전체에 비해 여유가 있어 신체를 속박하지 않는 스타일이었다. 여성들은 1500년대 말부터 1600년대 초의 갑갑한 패션 이후에 찾아온 자유를 민감하게 감지했을 것이다.

왕정이 폐지된 크롬웰 부자의 호국경 시대(1649~1660년), 영국의 패션이 청교도 이상에 의해 온통 어둡고 억제된 검은색과 회색이었던 것만은 아니다. 군주주의에 공감한 사람들은 일상복에서도 '기사'적인 스타일을 고수했으며 여성은 계속해서 레이스 장식 칼라와 소매 그리고 파랑색과 노란색 그리고 장미색과 같은 밝은 색조의 실크나 새틴을 사용했다. 종교, 정치 그리고 무엇보다 계급을 나타내는 것은 의상의 기초적인 구조라기보다는 소재나 장식의 차이였다. 윌리엄 돕슨의 작품은 찰스 1세의 군주주의 전복 이전의 칼뱅주의 복식을 입은 가족을 그렸다. 여성의 장식이 없는 칼라는 **가운**의 데콜타주 전체를 덮었다. 레이스는 사용되지 않았으며 모자도 간소하다. 호국경 시대의 청교도 여성은 이런 의복과 함께 이 시대에 자주 볼 수 있었던 높은 모

자를 썼다. 비슷한 드레스를 네덜란드에서도 볼 수 있는데 마찬가지로 정치적 사정에서 유래된 것이었다. 청교도 정부는 부르주아 계급의 상류층 인사들에 의해 지배되고 있었지만 주로 검은 색의 수수하고 간소한 복장으로 신앙심과 진정성을 강조했다. 네덜란드의 패션에서 **러프**는 그들에게 허락된 유일한 경망함이었으며 잉글랜드와 프랑스에서 자취를 감춘 후로도 계속 살아남았을 뿐 아니라 더욱 확대되었다.

잉글랜드와 프랑스에서는 왕정복고와 함께 **보디스**의 길이가 길어지고 허리선의 위치는 낮아졌다. **보디스** 중에는 1650년대에도 1630년대의 **탭**이 남아 있는 것이 있었는데 이는 '페어 오브 보디스'의 몸통 부분을 형성하는 데 도움을 주었다. 이제 **보디스**는 **스테이스**와 함께 널리 착용되었으나 여전히 무거운 지지대를 넣어 스커트를 보완하는 역할을 하고 외부 장식과 어울리는 소재로 만들었다.

둥글고 크게 파인 네크라인은 일상복의 경우, 보통은 칼라나 네커치프로 덮었다. 소매는 변함없이 크게 부풀려 **보디스** 뒤쪽에 달았다. 암홀과 소맷동에 풍성한 주름을 잡은 소매는 1670년대가 되면서 점차 길이가 짧아졌다. 안에 입은 **스목** 소매가 밖으로 드러나는 경우가 많고 소맷동과 데콜타주로도 프릴이 노출되었다.

자수는 당시 의상에 있어 중요한 장식으로, 다양한 기법을 사용한 수많은 문양이 탄생했다. 17세기와 그 이전의 과학적 발견이 고급 실크와 금속실로 표현되기도 했다. 특히, 동식물의 문양이 인기가 있었으며 '위대한 발견의 시대는 (중략) 다름 아닌 재산과 의복의 원단에 의해 칭송되었다.' 현존하는 여성의 재킷 그중에서도 빅토리아&앨버트 박물관과 메트로폴리탄 미술관에 소장된 사례를 통해 자수 장인들이 소재와 주제 모두에 정성을 쏟았다는 것을 알 수 있다. 은 또는 은도금한 보빈레이스로 많은 의상의 매력을 한층 끌어올린 것은 현존하는 예를 통해서도 알 수 있는데, 이런 미의 추구와 함께 기술적 혁신도 나타났다. 예컨대, 장식 기법으로 자주 사용되어온 리본 타이는 훅 단추로 바뀌기 시작했다. 실용적이고 세련된 복식품인 재킷은 이 세기에 네덜란드의 거장 베르메르나 얀 스테인 또는 헤라르트 테르 보르흐의 공방 작품에서 자주 볼 수 있다. 이런 감성적인 풍속화 속에서 여성은 **가운** 위에 여유 있는 코트를 입고 있는 경우가 많다. 보통 이런 코트는 실크 소재이며 간혹 모피로 안감을 대거나 장식을 해 호화로우면서도 친밀한 분위기를 연출했다. 한편, 재킷은 이보다 훨씬 격식을 갖춘 의상으로, 승마복의 전개와 함께 살펴볼 수 있다. 승마복은 18세기에 확실히 자리를 잡았으며 마침내 여성의 의복에도 등장했다(맞춤 제작은 19세기 말까지는 순수하게 남성의 영역이었지만). 1600년대에는 오직 남성복 스타일을 바탕으로 한 승마용 재킷이 제작되었으며 여성용은 거의 없었다. 특히, 단추가 오른쪽에 달린 남성복 스타일의 재킷에서 알 수 있으며 웨이스트 코트라고 하는 남성용 의복과 함께 입기도 했다. 1666년 새뮤얼 피프스도 그것에 대해 믿기 힘들 정도로 인상적이었다고 언급한 바 있다.

'이곳의 갤러리를 걷다보면, 궁정의 여성들이 승마 복장을 걸치고 있는 것을 보게 된다. 아무리 봐도 나와 같은 남성용 코트에 가슴 부분에 단추가 달린 옷자락이 긴 **더블릿**을 입고 머리에는 가발과 모자를 썼다. 남성용 코트 아래로 긴 **페티코트** 자락을 늘어뜨렸지만 그것만으로는 그녀들이 전혀 여성으로 생각되지 않았다. 그 색다른 광경은 내게 어떤 감흥도 주지 못했다.[4]'

17세기의 마지막 20여 년간 **보디스**와 **페티코트**와 **가운**으로 구성된 스리피스 드레스는 꾸준히 인기를 누렸다. 그 후, 많은 여성들이 원피스·가운 또는 '**만투아**'를 입게 되면서 18세기의 주요 의상으로 자리 잡았다. 심플한 T자형 원단에서 출발한 이 독특한 의상은 어깨부터 내려오는 일련의 플리츠에 의해 신체에 밀착되며 착용자의 체형에 맞게 핀을 꽂아 벨트로 고정한 것이었다. 원래는 여유 있게 입는 비공식 의상이었으나 다음 세기의 주요한 포멀 드레스의 하나인 색 또는 '**로브 아 라 프랑세즈**'의 전개에 영향을 미쳤다.

마르케타 로브코비츠의 장례식 가운

1617년경, 미쿨로프 뮤지엄, 미쿨로프, 체코

◆

17세기, 귀족 여성 마르케타 로브코비츠는 보헤미아 왕국(지금의 체코 공화국) 출신이었다. 1617년의
그녀의 장례식 의상이 2003년 복원되었다. 이 **가운**은 당시 중유럽 귀족의 복식을 보여주는
좋은 예이다. 여전히 원뿔 모양의 **파딩게일**을 사용하며 특히, 스페인의 영향을 많이 받았다.

· ·

칼라는 고급 실크 소재로, 이탈리아의
실크 레이스로 장식했다. 이탈리아의
레이스는 당시 가장 비싸고 품질이
좋았던 만큼 착용자의 지위를 알 수 있는
지표이다.[5]

실크 소재의 **보디스**는 '버즈아이' 디자인.
즉, 새의 눈처럼 생긴 작은 반점이 배열된
기하학적인 마름모꼴 문양 이다.

허리선 앞뒤로 22개의 직각형
탭이 장식되어 있다.

8장의 원단을 이어서 만든 스커트는
스페인식 **파딩게일** '베르두가도'를
이용해 원뿔 모양으로 만들었다.
파딩게일은 다른 유럽 국가에서는
이미 쇠퇴했다.[9]

장례식 드레스의 전형인 스페인풍의
장식 소매와 스탠딩 칼라가 달려
있으며 아래의 클로크(소매가 없는 외투)
가 포함되어 있었다. 화려한 실크 벨벳
소재로, 나이프를 이용해 꽃무늬를
새겨 넣었다. 이 정교한 기법은 가장
부유한 상류층 여성들의 의복에만
사용되었다.[9]

가는 소매는 남성이 착용한 **더블릿**
또는 '주봉'의 최신 재단 기법과
동일하다. 이렇게 타이트한 옷은
스탠드 업 칼라와 숄더 윙이
특징이다.

소매는 이 시대에
흔히 볼 수 있었던 곡선 형태로
재단되었는데 이런 형태는
움직임이 자유롭지 않은 경우가
많다. 이 특별한 가운을 소장한
박물관은 착용자가 움직이기
쉽도록 소매산에 쐐기 모양의
작은 천을 덧댄 것에 주목했다.[6]

길고 둥근 형태의 스페인풍
허리선은 당시 네덜란드에서
인기 있던 **스터머커**를
연상시킨다. 이런 종류의
보디스는 속을 채운 원통형 패드
위에 착용해 더 큰 볼륨을 연출할
수 있었다. 그 효과는 아래쪽
초상화에서도 볼 수 있다.

스커트는 앞쪽 중앙 부분이 열려
있어 **파딩게일**을 착용하면 양
옆면이 만나며 덮인다.

브리지다 스피놀라 도리아 후작부인(페테르 파울 루벤스, 1606년,
새뮤얼 H. 크레스 컬렉션, 워싱턴 국립 미술관, 워싱턴 D.C.)
이탈리아의 귀족 여성을 그린 이 작품에는 동유럽 귀족이 세력
가인 합스부르크가와 동등한 지위를 얻고자 열심히 모방한 스페
인 드레스의 특징이 곳곳에서 나타난다.

앤서니 반 다이크 '부채를 쥔 여성'

1628년경, 워싱턴 국립 미술관, 워싱턴 D.C.

◆

1620년대 말, 이탈리아의 부유층 여성의 전형적인 복식으로 북유럽의 강한 영향을 받았다.
지나친 장식이 유행한 엘리자베스 왕조 시대 이후의, 비교적 간소한 스타일이 환영받던 시대였지만
여성의 최신 유행 복식을 구성하는 파츠는 여전히 다양하고 많은 종류가 있었다.

여성은 스커트와 **보디스** 위에, 소매가 없는 검은색 실크 **가운**을 입고 있다 (잉글랜드에서는 '나이트가운'이라고 불렀다). 여성의 의상에 추가된 이 유행은 생각보다 오래가지 못했다. 앞쪽은 열어두고 양옆에서 리본으로 몸에 고정했다. 길이는 바닥에 닿고 간혹 바닥에 길게 늘어뜨리기도 했다.

'페인드 **비라고 슬리브**'는 아래팔에 밀착되어 있다. 같은 색의 실크 리본으로 소매를 묶어 스타일을 강조했다. 랜들 홈은 1688년 간행된 『아카데미 오브 아모리』 에서 **비라고 슬리브** 또는 '슬래시 슬리브' 를 '어깨부터 손목까지, 가늘고 긴 옷감을 잇거나 리본 모양으로 잘라 팔꿈치 부근에서 하나로 묶는다'고 설명했다.

리넨 소재의 길고 깊은 소맷단의 가장자리는 레이스로 장식했다.

사각형으로 넓게 판 네크라인(뒤쪽은 높게 올라가 있다)은 레이스 장식이 들어간 투명한 실크 소재의 칼라로 덮였다. 조금 이른 1620년대 초에는 와이어로 고정한 스탠딩 칼라(유럽에서 '리베이토'라고 불렀다)가 유행했다.

보디스 자체는 길이가 길지만 리본을 감아 하이 웨이스트 스타일로 연출했다.

1620년대 후반의 **보디스**와 어울리게 **스터머커**의 끝은 가늘고 뾰족하다(피크 라고 불린다). 여기서는 작은 장식 탭과 금사로 장식했다.

왼손에 접는 부채를 쥐고 있다. 부채는 허리띠에 금줄을 달아 매달았다.

앤서니 반 다이크 '헨리에타 마리아 왕비'

1633년, 워싱턴 국립 미술관, 워싱턴 D.C.

◆

찰스 1세의 프랑스인 왕비 헨리에타 마리아는 궁정 화가 앤서니 반 다이크가 선호하는 모델이었다.
25회나 그의 모델이 되었던 그녀는 실제로는 패션에 큰 관심이 없었다고 전해진다.
이 초상은 실크 소재의 '사냥용 복장'으로 언급되는데 17세기 초에 특별한 사냥복이 있던 것은 아니다.
그렇지만 남성복에서 영감을 얻은 승마복의 영향을 확인할 수 있다.

'폴링 밴드' 또는 칼라로 목 주변을
덮었다. 남성복과 동일한 스타일로
어깨 위까지 덮었다.

스터머커의 끝이 점차 둥근 U자형으로
바뀌었다. 전과 달리 부드러운 원단을
사용했다. 스터머커는 보디스의 앞쪽
중앙에서 핀으로 고정했던 듯하다.

남성의 더블릿과 같이, 사각 형태의
긴 탭으로 허리 주변을 감쌌다.

파란색 새틴 스커트와 보디스에는
16세기에 자주 볼 수 있었던 슬래시
장식이 들어가 있다. 이 장식 기법은
17세기에도 다시 인기를 얻게 되었다.

소매는 주름을 잡아 풍성하게 만들었다.
이런 스타일은 초기에는 봄배스트 다시
말해 울, 마미단, 아마포, 자투리 천 등을
채워 성형하기도 했다.[11]

어깨에 걸친 커다란 네커치프의 밑단은
허리에서 가느다란 벨트를 둘러 고정했다.

들쑥날쑥하게 자른 리넨을 여러 겹 겹친
탐미적인 소매 장식. 2개의 담홍색 '나비
리본'으로 보디스에 악센트를 주었다.
남녀의 의상 모두 리본이나 로제트 장식이
인기였다.

여러 줄의 금몰로 스터머커와 보디스의 탭
부분 그리고 스커트 가장자리를 장식했다.
스커트나 소매의 솔기가 있는 위치를 알
수 있다.

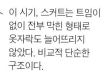

이 시기, 스커트는 트임이
없이 전부 막힌 형태로
옷자락도 늘어뜨리지
않았다. 비교적 단순한
구조이다.

러플드 칼라와 커다란 챙 모자를 쓴 여성의 전신상

1640년, 미국 의회 도서관, 워싱턴 D.C.

◆

17세기의 동판화가 벤첼 홀라(1607~1677)의 작품은 세기 초기부터 중반에 걸친 시기 남녀의 복식을 상세하고
광범위하게 보여주고 있어 복식사가에게는 귀중한 자료이다. 홀라는 의상에 관심이 많았으며
의상에 대한 기록이 중요한 증언이 될 것이라고 여겼다. 다양한 원단과 장식
그리고 액세서리를 묘사하는 솜씨는 그의 작품을 생생한 자료로 만들었다.

··

낮은 네크라인은 폭이 넓은 레이스 네커치프로 덮여 있다. 1640년대에는 둥글거나 사각 형태의 '데콜테'가 점점 커졌다(때로는 어깨 끝에 닿을 정도로 넓어졌다).

허리선은 여전히 높은 위치에 있다. 이번 사례에서는 앞쪽 끝부분이 앞치마로 가려져 있다.

앞쪽이 트여 있는 **보디스** 안에 단단한 **스터머커**를 대고 양옆에서 끈으로 조여 고정했다.

이렇게 가슴바대(bib)가 없는 앞치마는 세련된 데이 드레스와 함께 착용했다. 순수하게 장식 목적으로 착용하는 것은 주로 실크나 고급 리넨 소재로 만들었다. 잉글랜드에서는 청교도 패션과 관련이 깊은데 그 경우, 대부분 면이나 리넨 소재가 많고 장식도 없었다.

특히, 네덜란드에서는 1640년대 중반까지 기혼 여성이 타원형의 폭이 넓은 **러프**를 사용했다.

보디스의 눈에 잘 띄는 부분에 '로제트'나 나비 리본을 달았다. 이런 종류의 단순한 리본 장식은 크게 유행했다.

이 무렵, **가운**의 소매는 무척 풍성하고 소맷동의 폭이 넓었다. 넓은 소맷동은 아래쪽 초상화에서도 볼 수 있다.

허리에 깊은 주름을 잡고, 속을 채운 원통형 패드를 착용해 풍성한 볼륨을 연출했다.

여성의 초상(프란스 할스, 1650년경, 메트로폴리탄 미술관, 뉴욕)

"은직 드레스"

1660년경, 패션 박물관, 바스

◆

아름다운 은사로 지어진 잉글랜드의 이 투피스 가운은 완전한 형태로 현존하는
가장 오래된 드레스이다. 사이즈는 작지만 인상적인 드레스이다.
박물관에서는 소녀 또는 세련된 젊은 여성이 궁정이나 공식 석상에서 착용했을 것으로 추정했다.

．．

조금씩 짧아지던 **보디스**의 소매가 1670년대에 가장 짧아졌다. 등 쪽의 **카트리지 플리츠**로 볼륨을 연출했다. 아래로 드러난 레이스 장식의 **슈미즈** 소매는 소맷동을 묶어 풍성하게 만들었다.

보디스 소매에는 **슈미즈**를 끄집어 낼 수 있도록 **슬래시**를 넣었다.

보디스에는 여전히 **탭**이 달려 있지만, 작고 가늘어졌다. 허리선의 자연스러운 위치 또는 그 아래쪽에서 재단되어 스커트로 가려졌다.

스커트의 허리 밴드에 연결된 섬세한 **카트리지 플리츠**가 당시 **가운**에서 볼 수 있었던 부드럽고 풍성한 볼륨을 만들었다. **페티코트**와 허리에 착용한 패드 위에 입었을 것이다.

아름다운 원단은 견사를 사용한 날실과 은사를 사용한 씨실로 짰다. '은직 드레스'라는 이름 그대로, 반짝이는 은사는 17세기의 촛불 아래에서 빛을 발했을 것이다.

어깨보다 넓은 타원형 네크라인은 상반신을 감싸는 듯한 형태로 디자인되어 어깨와 목을 강조한다.

사각 형태로 재단된 레이스 칼라가 네크라인을 따라 삼각형으로 떨어진다. 청교도가 의복에 풀을 먹이는 것을 거부한 후로 이 방법은 특히, 잉글랜드에서 왕정복고 이전부터 보편적으로 사용되었다.

보디스는 1640~50년대에 점차 길어지다 60년대에 정점에 이르렀으며 끝부분은 뾰족했다. 2줄의 구부러진 솔기가 팔 아래부터 뾰족한 앞쪽 중앙 부분을 향해 뻗어 있다.

이 시대의 **가운**은 보통 앞쪽 중앙을 터서 언더 스커트가 보이게 만든 스타일이 많았지만 이번 사례만은 예외이다. 이런 스타일은 네덜란드의 화가 카스파르 네츠허르의 작품 〈카드 파티〉 에도 그려져 있다(아래쪽 그림). 이 작품에 등장하는 드레스의 뒷모습도 흥미롭다(왼쪽 그림의 살짝 끌리는 옷자락과 낮은 위치에 달린 소매에 주목). 오른쪽 그림의 붉은색 가운에서는 **보디스**와 소매 그리고 스커트에 장식된 비슷한 형태의 금속실로 짠 레이스를 볼 수 있다.

옷의 솔기를 따라 특색 있는 은사 니들 포인트 레이스가 달려 있다. 니들 포인트 레이스는 바늘과 실만 이용해 짠 레이스로, 다양한 스티치로 디자인을 만든다. 레이스 안쪽으로 은색 끈으로 장식된 소용돌이무늬가 보인다.

카드 파티(부분)
(카스파르 네츠허르, 1665년경,
메트로폴리탄 미술관, 뉴욕)

산파

1678~93년, 로스앤젤레스 카운티 미술관

◆

프랑스의 판화가 니콜라 보나르(1637~1718년)의 작품에는 17세기 패션의 주요한 스타일이
정교하게 묘사되어 있다. <산파>를 그린 이 작품에는 장식이 돋보이는 가운이 그려져 있으며
차세대 여성복 최대의 유행이 된 만투아의 초기 형태를 볼 수 있다.

. . . .

상류층 여성은 실외에서 머리를 가릴 필요는
없었던 듯하지만 실제로는 거리는 물론
실내에서도 다양한 모자가 사용되었다.
여성들은 보통 실외에서 베일이나 이 그림과
같은 후드를 썼으며 하프 마스크와 함께
쓰기도 했는데 이것은 사회적 요청에 따른
것이라기보다는 오히려 기후와 관련된
이유에서였다.

어깨에는 당시 '위스크'
라고 불린 폭이 넓은 레이스
칼라를 둘렀다.

보디스는 여전히 길고, 끝이 뾰족하게
뻗어있으며, 낮은 위치에 있다. 소매의 위치도
여전히 낮았으며 작은 퍼프 슬리브 밖으로
스목이 드러나 있다. 뒤에서 보이는 허리선은
보통 부드러운 곡선을 살린 둥근 형태였다.
스목이 드러나 보이는 부분이 많기 때문에
네크라인과 소맷동은 레이스로 화려하게
장식했다.

1670년대에는 오버 스커트 앞쪽의 트임이
넓어지면서 양옆에서 걷어 올려 심플한 장식
끈으로 뒤쪽에서 고정하게 되었다. 이것은
17세기 후반부터 18세기 초에 정식 의상이 된
만투아의 단계적인 발전을 보여준다.[17]

뒤쪽에서 고정한 스커트 안에는
무늬가 있는 선명한 색상의
페티코트를 입었다. 그 파란색
옷감은 소매 리본에도 사용되었다.
1688년 랜들 홈은 '오픈 스커트는
앞쪽을 터서 비싸고 화려한
페티코트를 충분히 드러냈다'
고 썼다. **페티코트**는 보디스나
오버스커트와는 완전히 다른
색상이나 소재를 사용하는 경우가
많았던 듯하다.[16]

오버 스커트의 풍성히 늘어뜨린 옷자락은
단추나 고리 또는 후크 등으로 지지했다.
시대가 흐를수록, 옷자락은 점차 짧아졌다.

아름다운 소송녀

1682~86년, 로스앤젤레스 카운티 미술관

◆

여유 있는 **만투아**(다음 페이지에서 해설)는 1680년대에 널리 착용하게 되었지만,
루이 14세가 그 비공식적인 복식을 극도로 싫어했기 때문에 프랑스 궁정에서 배제되었다.
궁정의 여성은 이전과 같은 빳빳한 **보디스** 착용을 강요당했는데
이것이 궁정의 정식 의상으로 프랑스 혁명기까지 계속되었다.[18]
이 그림에서는 과거 스타일의 **보디스**와 스커트 드레이프의 조합과 같은 새로운 스타일의 전개를 확인할 수 있다.

데콜타주는 어깨 끝부분까지 넓게
시원하게 파여 있다. '터커' 또는 '피너'
라고 불린 얇은 원단으로 장식했다.

팔에 감아 나비 모양으로 묶은 리본은
스목의 소매 가장 위나 아래쪽에 달았다.
같은 색상의 리본으로 가슴과 허리
부분을 장식했다.

오버 스커트는 더 높은 위치에
드레이프를 만들어 엉덩이 위에서
탄탄한 고리 모양을 그리며 긴 옷자락을
따라 흐른다(당시 유행의 특징). 그로
인해 장식이 달린 **페티코트**가 전면에
드러난다.

걷어 올린 오버 스커트를 지지하기
위해 '퀴 드 바리(cul de paris, 파리의 엉덩이)'
라고 불린 패드가 필요해졌다. 이것이
세기말에 유행한 **만투아**의 가장 큰
특징이었다.

길게 트인 장식용 슬릿 사이로 손수건
끝자락이 보인다. **페티코트** 안쪽에
별도의 주머니를 만들었다는 것을
보여준다.

1680년대 이후, 머리 모양이 작고
부드러워지면서 '코넷'이라는 모자가
인기를 얻게 되었다. 코넷은 1690
년대부터 1700년대 초기에 볼 수 있었던
퐁탕주처럼 높게 쌓아올린
머리 장식과 달리 섬세한 모자와 긴
'래핏(장식용 드림이나 주름)'을 얼굴과
어깨까지 늘어뜨렸다.[19]

안에 입은 '**스목**'의 소맷동은 프릴로
장식했다.

팔꿈치까지 오는 긴 장갑은 궁정의
정식 복장으로 요구되었던 듯하다.

줄무늬가 인기가 있었으며 세로 또는
가로(아니면 이 그림과 같이 둘 다) 줄무늬가
사용되었다. 이 그림에서 은색으로
칠해진 부분은 금속실로 짜 넣은
페티코트의 장식을 묘사한 것으로
생각된다.[20]

만투아

1690년대, 영국, 메트로폴리탄 미술관, 뉴욕

◆

만투아 또는 '오픈 로브'는 어깨부터 떨어지는 일련의 주름을 핀으로 몸에 밀착시켜
벨트로 고정했다. '**만투아** 메이커'라는 여성 드레스 메이커의 등장은 양재의 새로운 단계를 보여준다.
남성 양재사와 달리 그녀들은 훈련을 받지 않았으며 **슈미즈**와 나이트가운이 바탕이 된
단순한 T자형 원단을 사용했다. 처음 사용한 원단이 이탈리아의 **만투아**산 실크였던 데서 유래된 이름이다.

네크라인의 평평한 테두리는 수를 놓은
2장의 두툼한 원단을 접어 만든 옷깃으로
보디스 앞쪽에서 만난다. 당시의 많은
가운과 달리 **스터머커**는 착용하지 않았다.

옷감은 네 가지 색상의 줄무늬가 들어간
모직물로, 중앙은 은도금한 실로 수놓은
나뭇잎 문양이 들어가 있다.
가장자리는 17세기 후반의 정교한 주름을
잡아 강조했다. 이것과 비슷한 무늬의 원단을
여왕 메리의 초상화에서도 볼 수 있다
(아래쪽 그림). 소맷동도 밖으로 접혀 있고
보디스 앞쪽에 **스터머커**도 착용하지 않았다.

퐁탕주는 '프리랜지'라고도 불리며, 세기말
무렵 등장했다. 짧은 유행에 그친 이 높게
솟은 머리 장식은 보통 레이스나 거즈로
만들어 철사 뼈대로 고정했다. 1694년
출간된 『여성 사전(The ladies dictionary)』에
따르면 '프랑스 왕의 측근 퐁탕주 공작부인이
처음 시도해 유행시킨 머리 장식이었던
데서 이런 이름이 붙여졌다'고 전해진다.
퐁탕주 공작부인이 왕과 말을 타던 중,
모자를 벗으라는 요청을 받은 일화에서
유래했다. 그녀는 이마로 내려온 머리칼을
리본으로 묶어 올렸는데 이 모습에 매료된
왕이 야회에서도 같은 머리 장식을 하도록
요구했다고 한다. 이내 궁정 여성들 사이에서
인기를 끌게 된 이 머리장식은 순식간에
전 유럽에 퍼지며 유행했다.

소매의 **러플**(길이가 긴 것은 '앙가장트'라고 불리었다)
은 안에 입은 **스목**을 끄집어낸 것이 아니라
다른 부분에 딸려있던 것으로 보인다.
이 그림의 러플은 섬세한 기퓌르 레이스
소재이다.

이 무렵 대부분의 **만투아**는 스커트를 엉덩이
위쪽으로 높게 걷어 올려 안쪽의 **페티코트**를
더 많이 드러나도록 했다. 금사 자수로 덮인
원단의 분량이 많은 것으로 보아
이 **페티코트**는 분명 보여주기 위한 용도로
만들어졌을 것이다.

여왕 메리
(존 스미스, 얀 반 데르 바르트,
1690년, 워싱턴 국립 미술관,
워싱턴 D.C.)

브리지다 스피놀라 도리아
후작부인의 초상
(페테르 파울 루벤스, 1606년,
사무엘 H. 크레스 소장)

카드 파티(부분)
(카스파르 네츠허르, 1665년경,
마퀸드 컬렉션, 헨리 G. 마퀸드 기증)

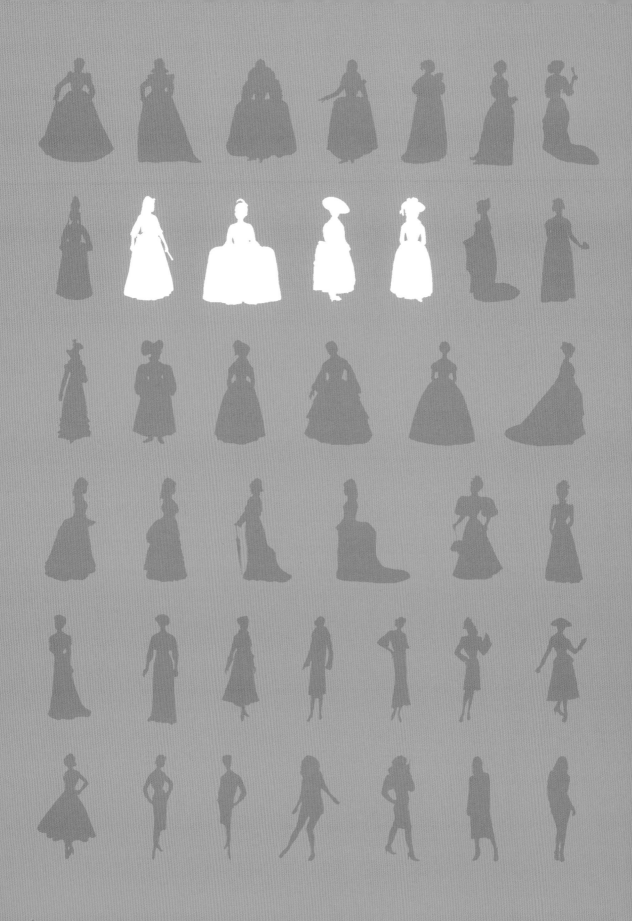

Chapter 3
1710-1790

18

세기 여성의 패션은 그것을 지배한 프랑스와 영국의 세력을 염두에 두고 읽어야 할 것이다. 이는 독일과 특히, 이탈리아와 같은 나라가 지리적 통일을 이루지 못한 탓에 드레스가 각지에 영향을 미쳐 세계를 무대로 한 위대한 역할을 하지 못했기 때문이다. 이탈리아는 르네상스에 매우 중요한 역할을 했지만 그 후 오스트리아와 스페인 세력에 좌우되면서 복장의 발신과 영향력이라는 점에서는 변두리로 밀려난 것처럼 보인다. 한편, 러시아는 오랫동안 프렌치 모드에 매료되었으며 스칸디나비아 제국도 오랜 시간 프랑스와 동맹 관계를 유지했다. 18세기의 패션용어는 거의 프랑스어의 단어와 표현이었지만 영국인은 유럽 내에서도 가장 가까운 이웃나라의 발전에 감탄과 불신을 품으면서도 독자적인 양식과 기품을 착실히 추진해나갔다. 18세기 프랑스와 영국은 수차례 전쟁 상태에 있었는데 이는 양국이 갖는 서로 간의 관심과 경쟁심을 더욱 크게 키운 듯하다. 프랑스의 패션이 인기를 끌었던 경향에서 생각하면, 18세기의 패션은 주로 세 가지 **가운** 스타일로 특징지을 수 있다. 다시 말해 '**로브 아 라 프랑세즈**(또는 색 백)'와 '**로브 아 라 폴로네즈**' 그리고 '**로브 아 랭글레즈**'이다. 이번 장에서는 이 세 가지 스타일과 여기서 유래된 주목해야 할 스타일 그리고 이 세기 여성복을 지배한 주요 유행과 영향을 살펴본다.

'색 백 또는 색'이란, 양쪽 어깨 뒤쪽으로 깊은 플리츠가 들어간 긴 **가운**이다. 원래는 앞뒤가 모두 여유 있는 실루엣에, 꿰매지 않은 플리츠가 자연스럽게 아래로 떨어지는, 형태가 정해지지 않은 스타일이었다. 1730~40년경, **가운**은 플리츠와 몸통 부분에 밀착되는 **보디스**로 구성되었다. **보디스**의 소매는 7부 길이로 소맷동에는 '**앙가장트**'라는 탈부착이 가능한 긴 레이스를 달았다. 색 가운은 폭이 넓은 '**파니에**'를 사이드 후프 위에 착용해 넓게 펼치고 앞뒤는 적당히 평평한 실루엣으로 만들었다. 이런 스타일은 세기말에 주로 궁정 의상 또는 '예복(full dress)'으로 사용되었다. 정교한 장식으로 꾸민 **가운**은 왕족과 상층 귀족들이 왕실 행사에 착용했으며 스커트는 폴로네즈와 마찬가지로 양 옆을 걷어 올릴 수 있었다. 이런 종류의 스커트는 궁정 의상으로서 극단적으로 넓어지면서 부와 여유의 극치를 나타냈다. '**로브 아 라 폴로네즈**(1772년의 폴란드 분할에서 기인한 '폴란드의' 가운이라는 뜻. 또한 왈츠의 유행도 관계가 있을 것이다)'는 오픈 로브 형태로, 한 장의 원단으로 재단된 **보디스**에 장식이 있는 **페티코트**가 보이도록 전면이 열리는 오버 스커트를 착용한다. [2] **가운**은 감추거나 드러내기도 하는 장식 끈을 사용해 걷어 올렸는데 이는 현대 프랑스어로 '레투르세(retroussé, 걷어 올리다)'라고 불리는 방법이다. 이렇게 정성껏 치장한 과장된 의상은 실은 격식을 차리지 않은 '시골풍' 드레스에 가까운 것이었다. 목가적인 화가는 로맨틱하고 한가로운 빛 속에 있는 양치기 처녀나 '시골 처녀'를 그릴 때 이 스타일을 주로 사용했다. 실제 패션은 여성 노동자들의 옷에서—매우 단순화된 형태였지만—유래되었다. 짧은 언더 스커트와 거

리의 먼지를 피하기 쉽게 걸어 올린 오버 스커트는 노동에 적합한 복장이었을 것이다. 단순히 **가운**에 달린 주머니 구멍을 통해 스커트의 일부를 걸어 올린 경우도 있었다. 패션에 민감한 젊은 여성들은 패션의 화신으로서 드레스를 걸치고 프릴과 장식을 추가함으로써 현명하고 실용적이던 당초의 드레스로부터 멀어졌다.

폴로네즈는 그 뒤를 잇는 **로브 아 랑글레즈** 이른바 '영국의' **가운**이라는 뜻의, **보디스**를 몸에 꼭 맞게 디자인한 것과 구조가 비슷했다. **로브 아 랑글레즈**는 1780년경까지 흔히 볼 수 있는 의복은 아니었다. 하지만 **로브 아 라 폴로네즈**와 구조가 비슷하고 오버 스커트도 마찬가지로 주름을 잡아 걸어 올린 스타일이었기 때문에 폴로네즈라고 부르는 것도 가능했다. 동시에 부와 사치의 상징인 불편하기 짝이 없는 색 가운의 두 가지 스타일이 프랑스 혁명기까지 함께 이용되었다. 1790년대에는 **로브 아 랑글레즈**와 섭정 초기의 엠파이어 스타일인 심플한 '**라운드 가운**'을 많이 입게 되었는데, 여기에는 고대 그리스와 로마의 호리호리한 라인이 영향을 미쳤다. 하지만 이렇게 단순하고 간소한 스타일을 촉진한 것은 아이러니하게도 패션에 관한 낭비가 심해 적자 부인(madame deficit)이라고까지 불린 마리 앙투아네트였을 것이다. 1783년부터 베르사유(프티 트리아농)에 '왕비의 마을'이라는 색다른 촌락이 만들어진 것은 '골(gaulle)'이라는 모슬린 또는 면포를 겹쳐, 허리의 심플한 띠만으로 몸의 윤곽을 강조하는 의상이 등장한 것과 관계가 있다. 이 드레스는 여성의 **슈미즈** 또는 시프트 드레스와 매우 비슷했기 때문에 '슈미즈 아 라 렌느(왕비의 드레스)'라고 불리게 되었으며 1783년 엘리자베스 비제 르 브룅의 왕비의 초상화로 유명해졌다. 초기에는 물의를 빚기도 했지만 분명히 1790년대 말에 등장한 가볍고 몸에 밀착된 스타일의 **가운**의 전신이었다.

18세기 중반까지 원피스형 **가운**과 **페티코트** 그리고 **스터머커**(흔히 안쪽에 착용한 스테이스를 덮는 삼각형의 천)가 여성의 대표적인 의상이었다. 하지만 1730~50년경 변화가 시작되며 노동자 계층 여성들의 일상복이었던 **페티코트**와 재킷을 상류층 여성들도 격식을 차리지 않은 자리에서 착용하게 된 것이다. 이 새로운 변화는 당초 **카라코** 재킷과 같은 옷이 침실용으로 다수 이용되던 것에서도 나타나는데, 시간이 흐를수록 그 실용성과 가능성으로 인해 더 다양한 자리에서 볼 수 있게 되었다. '**페 탕 레아**(pet-en-l'air)'라고 불리는 허벅지 정도까지 오는 짧은 색 가운은 **페티코트**와 함께 착용했다.[3] 이런 아이템은 여행용 의복으로도 유용했는데 바로 그런 용도로 만들어진 '**브런즈윅**(brunswick)' 다시 말해, 7부 길이의 후드가 달린 의상으로 발전했다. 겨울용 의상에는 두꺼운 퀼티드 원단을 주로 사용했는데 유럽과 미국의 추운 지방에는 실용적이고 매력적인 소재였다.

실크 만투아

1708년경, 잉글랜드, 메트로폴리탄 미술관, 뉴욕

◆

전 장의 마지막 예와 동일한 실루엣의 로브로, 만투아는 1700년에는 정장으로 받아들여지게 되었다.
초기의 의상과 마찬가지로, 이 드레스도 2장의 실크 원단을 자르지 않고
그대로 사용했으며 드레이프와 플리츠로 몸에 맞게 만들었다.

....

비자르 문직 실크라고 불리는 녹색 무늬가 들어간 핑크색 다마스크직 드레스. 비자르 실크는 커다란 문양이 특징으로, 이 드레스에는 양식화된 꽃무늬에 밝은 금·은사를 짜 넣었다. 1695~1720년에 생산된 이 기발하고 비싼 직물은 평범한 **가운**도 화려하게 만들었다. 또한 착용자가 당시의 최신 유행이었던 아시아풍을 잘 알고 있던 패셔너블한 사람이었다는 것을 보여준다. 이런 디자인은 런던의 유명한 스피탈필즈 지역 직공에 의해 영국 전역에 보급되었다.

만투아를 입은 여성이 그려진 프랑스의 판화. 스커트에는 같은 종류의 드레이프가 있고 커다란 소맷동과 부드러운 프릴로 장식한 스터머커를 착용했다. 앉아있는 여성의 허리 뒤쪽에서 풍성하게 부풀렸다 아래로 늘어뜨린 우아한 옷자락을 볼 수 있다(게티 오픈 콘텐츠 프로그램에서 제공 받은 디지털 화상).

화려한 **스터머커**는 다수의 핀으로 고정하기 때문에 복잡하고 착장에도 시간이 걸렸다. 네크라인 주변도 핀으로 고정했으며 (사진과 같이)끈과 함께 여러 곳을 느슨하게 꿰매 고정했다.

주름을 잡은 소매는 비교적 여유가 있고 **보디스**와는 분리되어 있다. 소맷동이 넓고 앞쪽 상부에는 작은 주름을 잡았다.

오버 스커트는 뒤쪽에서 **버슬** 형태로 걷어 올려 바닥까지 길게 늘어뜨렸다. 원단에 작은 구멍이 남아 있는 것을 보면, 애초에 허리 뒤쪽에서 높게 걷어 올려 꿰맨 듯하다. 원단의 드레이프를 고정하기 위해 단추와 단춧고리가 사용된 예도 있다.

주름을 잡은 **플라운스**의 가장자리는 스캘럽(부채꼴) 형태이다. 위를 향한 부채꼴 장식은 가공되지 않은 상태로 **페티코트**를 장식했다. **가운**과 같은 원단으로 만들었다.

담청색 실크 만투아 가운

1710~20년, 빅토리아 & 앨버트 박물관, 런던

◆

은으로 장식된 과일과 나뭇잎 문양이 들어간 실크 드레스.
자연적 모티브를 선호한 당시의 텍스타일 디자인을 보여주는 예이다.
색 백 또는 **로브 아 라 프랑세즈**로 발전하는 양식의 단계적 변화를 볼 수 있다.

세 여성의 습작(부분)(장
앙투안 와토, 1716년경, 게티 오픈
콘텐츠 프로그램)
색 가운 뒤쪽의 깊은 플리츠
는 와토 스타일이라고도 불
리었다. 화가 와토(1684~1721
년)가 여성 드레스의 이 부분
을 특히 좋아해 작품에 종종
그렸기 때문이다. 1716년
무렵의 이 스케치는 초기 스
타일로(이번 예의 **보디스** 뒷
부분과 비슷하다), 중간까지
꿰매져 있고 나머지는 자유
롭게 늘어뜨린 독특한 플리
츠이다.

초기 **만투아**의 사각형 네크라인은
18세기에도 여전히 인기가 있었다.

1720년경, **만투아**는 T자형의
형태에서 벗어나 더욱 복잡해졌다.
이 드레스는 별도의 소매가
만들어진 형태와 어깨에 부착된
방식을 보여준다.

네크라인 끝에서부터 평평하게
뻗어있는 구조는 이 시대의
특징으로, 복잡한 드레이프를
늘어뜨린 정식 **만투아**의 시대와
달라지지 않았다.

16세기의 **파딩게일** 이래,
처음으로 스커트용 후프가
등장해 이번 예와 같은
종 모양의 실루엣을 만들었다.

1710년경부터 **만투아**의
옷자락을 늘어뜨리는 스타일이
거의 사라지면서 스커트
뒷부분은 완전히 걷어 올려
꿰맸다.

로브 볼랑트

1730년, 프랑스, 뉴욕 메트로폴리탄 미술관

◆

1715년 루이 14세가 세상을 떠난 후, 프랑스 궁정에 편안한 분위기가 조성되자
만투아는 이제 불필요하게 격식을 차리는 의상처럼 여겨졌다. 그 결과로 등장한 품이 크고 볼륨감 있는
이 드레스는 로브 볼랑트('날아다닌다'는 뜻)라고 불린다. 로브 볼랑트 안에 반구 형태의 후프스커트를
입으면 떠다니는 듯한 움직임이 더욱 도드라졌다. 만투아와 마찬가지로 앞뒤에 풀 플리츠가 들어갔지만,
로브 볼랑트의 경우 플리츠를 꿰매거나 따로 고정하지는 않았다. 일상복 드레싱 가운과 유사하기 때문에
볼랑트는 여가 시간을 즐길 수 있는 여성들에게 인기 있는 실내복으로 자리 잡았다.
볼랑트는 18세기에 가장 잘 알려진 패션 중 하나인
로브 아 라 프랑세즈로 발전하여 이후 50년 동안 여성복을 지배했다.

....

이전 세기의 만투아에서
볼 수 있었던 삼각형 모양의
스터머커는 종종 볼랑트의
보디스 위에 착용하여 허리를
가늘게 보이는 효과를 냈다.
세기 초에는 일반적으로
스터머커의 장식이 드레스의
유일하게 겉으로 드러난
장식이었다.

로브 볼랑트는
페티코트 위에 열린
상태로 입거나,
앞면 중앙의 허리
바로 밑에서부터
가장자리를
꿰매 사진처럼
닫힌 스커트로
만들어 입었다.

볼랑트에는 양 어깨 사이로
이어지는 두 개의 이중 박스
플리츠가 들어가 있다. 이후에
등장한 로브 아 라 프랑세즈는
견갑골 사이에서 아래로 흐르는
훨씬 더 좁은 주름이 특징이다.
그 주름은 목선에서 약 3인치 아래
지점부터 꿰매어져 내려간다.

1725년에 제작된 당시의 에
칭 작품에 원단의 볼륨감이
잘 묘사되어 있다. 한 여성
이 풍성한 스커트를 걷어 올
린 모습을 표현했다.

로브 볼랑트의 가장 큰 매력이자
"여유로운" 옷으로 돋보이게 한 요소
중 하나는 큼직하고 끊어지지 않는
길이의 소재를 사용했다는 점이다.
여기에 보이는 푸른색 다마스크
직물의 패턴은 1720년대에 특히
유행했는데, 대형 꽃 모티브가 17세기
말에 처음 인기를 끈
'비자르' 원단을 연상시킨다.

이 시대에는 팔을
구부릴 수 있도록
소매에 주름을
잡은 별도의
커프스가 달린 것이
특징이다.

1720년경 꽃무늬
자수가 놓인
스터머커의 예시

1730년대에는 앞판이 평평해진 후프 스커트가
이후 50년간 유행한 넓고 납작한 실루엣으로 변모했다.

짧은 태피터 소재의 로브 아 라 프랑세즈

1725~45년경, 로스앤젤레스 카운티 미술관

◆

스커트 뒤쪽을 걷어 올린 **만투아**는 1720년에는 로브 아 볼랑트라고 불린 비교적 단순하고
여유 있는 스타일의 **가운**으로 변화했다. 이 스타일에서는 뒤쪽의 플리츠가 자유롭게 떨어지고
허리는 가늘게 성형되지 않았다. 단명에 그친 볼랑트를 이은 것이 이번 예이다.
어깨부터 바닥까지 떨어지며 착용자의 뒷모습을 만드는, 평평한, 이른바 와토 플리츠의 초기 형태이다.

만투아의 구성에 맞춰, 등 쪽의
플리츠는 허리 바로 위까지
꿰매어져 있다. 뒤에서 다룰
예에서는 보디스 안쪽에서
견갑골 위치까지 꿰매어진
경우도 있고, 아예 꿰매지 않은
경우도 있다.

이전의 **만투아**에 비해 소매가
더 타이트하고 가늘어졌다.

소매와 따로 만들어 부착한
'윙드 커프스(winged cuffs)'는
18세기 초기의 특징으로,
이후 수년간 형태가 변화하며
팔꿈치부터 단계적으로 늘어뜨려
층을 형성했다.

간소한 옷자락이 새롭게 인기를
얻은 등을 따라 흐르는 플리츠를
강조한다. 이제 플리츠는 **가운**
본체에서 만들어지고 드레이프를
이용한 연출은 사라졌다.

스터머커에는 국화와 나뭇잎
문양의 섬세하고 정교한 손 자수가
놓여 있고, 그 위에는 금색 장식
끈이 교차되어 있다. 18세기
후반, 부유층 여성의 드레스에는
더 화려하고 눈에 띄는 장식이
사용되었다.

스커트의 실루엣은 여전히 둥근
형태이지만 전형적인 색 또는 **로브
아 라 프랑세즈**와 같이 점차 앞쪽이
평평해지고 옆은 더 넓어졌다.
p.61은 폭이 넓어진 스타일이
정착한 예이다.

이 화려한 가운의 정점은 색이
변하는 호화로운 **태피터** 소재라고
할 수 있다. 18세기에 줄곧 인기를
누린 이 원단이야말로 이 드레스의
특징으로 **페티코트**도 같은
원단으로 만들어졌다.

오픈 로브

1760~70년, 잉글랜드 또는 프랑스, 파워하우스 박물관, 시드니

◆

진청색 새틴 리즈레 브로케이드(부직으로 짠 무늬 있는 직물)로 만든 오픈 로브와 **페티코트**이다.[10]
섬세한 꽃무늬와 함께 자연적이고 인공적인 모티브가 동시에 들어가 있다.
나뭇잎 문양에는 화려한 망사나 레이스처럼 보이는 디자인이 들어가 있다.
페티코트와 로브는 같은 원단으로 통일했으며 복잡한 기술이 강조되어 있다.

크림색 망사는 나중에 추가된 것으로
박물관 측에서는 이것을 떼어냈다.
하지만 당시의 유행과 깊은
네크라인을 생각하면, 네크커버를
착용한 것은 분명해 보인다.[11]

평상복의 소매는 더 길고, 가늘고,
단순해졌다. 몸에 잘 맞도록 살짝
구부러지게 재단한 2장의 원단을
사용해 만들었다.

폭이 넓고 낮은 네크라인의 형상
(뒤쪽은 높은 위치에 있다)은 깊고 네모진
허리선과 대응된다.

스커트는 '앙 포로(en forreau, 칼집과
같이)' **보디스**에 연결되어 있고
뒤쪽의 볼륨을 만들기 위해 안에는
힙 패드(범 롤)를 착용했다. 또
스커트 뒤쪽은 촘촘한 플리츠로
장식했다. 아마도 스커트 안에는
허리부터 밑단을 잇는 끈이 달려
있었을 것이다. 끈을 묶는 위치에
따라 드레이프가 있는 폴로네즈
스타일로도 착용할 수 있었을
것이다.

로브 아 라 프랑세즈(부분)
(1770~1780년경.
로스앤젤레스 카운티 미술관)

스토마커가 사라졌다는 점이 중
요하다. 이 초기 버전의 로브 아
랑글레즈는 바디스를 앞에서 여미
기 때문에 더 이상 중간 지지대
가 필요하지 않았다. 그러나 후
크로 고정된 바디스의 직사각형
태브 클로저는 기능 외에 장식
목적으로도 사용되었을 것이다.
로스앤젤레스 카운티 미술관 소
장품인 위 드레스에서 볼 수 있
듯이, 태브 오프닝을 통해 피슈
의 끝자락을 바깥으로 빼내어
드러낼 수 있다.

스커트는 6장의 원단으로
구성되며, 전면에는 같은 소재의
언더 스커트가 드러나 있다.

실크 파유 소재의 로브 아 라 프랑세즈

1765~70년경, 잉글랜드, 로스앤젤레스 카운티 미술관

옷감이나 장식도 화려하지 않고 구성도 단순하지만
여성복이 더 청결하고 번거롭지 않은 스타일로 변화하는 과정을 보여주는 미묘한 징후가 나타난다.
장식의 주된 특징은 패턴으로, 전체적으로 패턴이 일치되게 디자인되어 있다.

이 무렵의 장식 **로빙**(robing)은 **가운**과 같은
원단으로 장식하는 것이 일반적이었으나
여기서는 정교한 메탈릭 레이스를 사용했다.

1770년대에는 플리츠가 더 좁아지고
보디스 뒤쪽 중앙에 가까워졌다. 이전처럼
플리츠의 처음 수인치(1인치는 2.54센티미터)
정도를 안감에 꿰맨 것은 드물었다.

가운은 실크 '파유(faille, 가로 방향으로 골이 지게
짠 견직물)' 소재로 금속사로 수놓은 자수가
들어가 있다. 여기에는 '라멜라(lamella)'
라는 얇은 금속판과 '필레(filé)'라는 금속사
그리고 프리제(frisé)라는 실크와 금속사가
사용되었다. 보통은 **만투아** 장인
(드레스 메이커)보다 모자 장인이 주로 사용하는
장식이지만, 문직과 장식이 합쳐진 특유의
아름다움 때문에 드레스 장식으로도
인기가 있었다. 이 호화로운 조합은 부와
지위의 상징으로, 18세기의 무도회장이나
다이닝룸의 촛불 빛에 아름답게 빛났을
것이다.

바닥에 끌리는 긴 옷자락이
없는 이번 **가운**은
전체적으로 단순하고
합리적이며 아름답다.

보디스의 '컴페어(compere)'
스터머커에는 **로빙**과 장식
단추가 달려 있어 **보디스**를
중앙에서 여민 듯한 인상을
준다. 남성복에서 영감을 얻은
이런 **스터머커**는 유행이 지난
1770년대에는 기능성에 중점을
둔 디자인이었던 듯하다.

소매 끝의 3단 **앙가장트**
(engageantes)는 소매 앞쪽에서
가운과 같은 원단으로 만든
크고 납작한 나비 리본과
만난다.

더 유연해진 사이드 후프
또는 '포켓 후프(pocket hoops)'
를 착용하면서 스커트 폭이
작아졌다. 2개의 다른 후프를
끈으로 연결해 허리에 착용하면
더 작고 둥근 형태로 연출할
수 있다.

폴로네즈풍 드레이프의 실크 로브 아 랑글레즈

1775년경, 로스앤젤레스 카운티 미술관

◆

로브 아 라 폴로네즈의 **보디스**와 스커트는 본래 남성의 프록코트와 같이 통으로 재단했으며
스커트는 뒤쪽에서 걷어 올렸다. 이 드레이프 스타일이 인기를 끌면서 다른 **가운** 타입의 스커트에도 도입되었다.
이번 예는 정장에 더 가까운 **로브 아 랑글레즈**이다.
18세기 말의 25년간 유행하며 패션의 선택지가 다양해졌음을 보여준다.

....

이런 자수가 있는 삼각형 '**피슈**'는
목 부분이 깊게 파인 **가운**을 입었을
때 가슴의 노출을 적당히 가리고,
뒷모습에도 악센트를 주는 역할을 했다.

이렇게 양쪽에서 걷어 올리는 방식이
인기였지만 널리 유행하지는 않았다.
앞쪽에 늘어뜨린 부분이 없는 **로브**나
뒤쪽 중앙에 '푸프(pouf, 장식적인 부풀림)'
를 넣은 것도 있었다.

퀼팅 페티코트는 유행 **가운**을
실용적이면서도 매력적으로
만들었다. 그 패딩으로 보온성과
내구성을 높였다. 다이아몬드 형태로
누빈 디자인이 겉으로 드러나는 것이
매력적이며 질감을 연출한다.

발목 길이의 **페티코트**는 노동자
계급의 실용적인 의복에서 유래했다.
아래로 드러난 사랑스러운 꽃무늬
구두가 멋스럽다.

챙이 넓은 '**베르제르 햇**(bergère hat, 양치기 처녀의
모자라는 뜻)'은 스커트의 풍성한 볼륨과 함께 허리를
한층 가늘어 보이게 한다.

팔꿈치 바로 아래까지 오는 소매는 팔에 밀착하듯
가늘게 만들어졌다. 1770년대에는 새롭게
인기를 끈 긴소매와 함께 이런 7부 길이의 소매가
일반적이었다.

보디스와 스커트는 각각 따로 만들어 '앙 플로
(칼집과 같이)' 방식으로 결합했다. 이것은 스커트와
보디스를 1장의 원단으로 재단하는 방법이다.
이 방법으로 뒤쪽 중앙에 매끄러운 라인과 깊은
V자 형태의 매력적인 디자인이 탄생한다.
나머지는 촘촘한 플리츠를 잡아 **보디스**에
연결했다. 힙 패드를 착용해 스커트에 기호에 맞는
볼륨을 연출한다.

오버 스커트는 안쪽에서 여러 개의 끈을 당겨
형태를 만드는데 **가운** 표면에 끈이나 단추를
다는 것도 일반적인 방법이었다. 이 미술관에는
1770~80년경의 사례가 있다.

오버 스커트의 형태를 만드는
또 다른 방법으로 주머니 트임
을 통해 스커트 일부를 끄집어
내는 '로브 레트루시 당 레 포
슈(Robe Retroussee dans les Poch-
es, 주머니 트임을 통해 걷어 올린 드레
스)'는 그야말로 여성 노동자들
의 작업에 용이한 방식이었다.
이런 융통성은 스타일의 커다
란 강점이었다.

로브 아 라 폴로네즈 (또는 아 라 시르카시엔느)

1787년경, 이탈리아 의복으로 추정, 뉴욕 메트로폴리탄 미술관

◆

'폴로네즈'라는 용어는 복식학에서 다양한 의미로 사용되었는데 일반적으로는 주름을 잡은 오버스커트가 있는 가운을 의미한다. 사실 폴로네즈의 정의는 훨씬 더 구체적이다. 허리 솔기가 없는 개방형 로브에, 스커트 뒤판은 세 개의 주름을 잡고 앞쪽은 뒤집힌 'V'자 형태로 열려있다. 동시대 사람들에게 특히 젊어 보이는 의상으로 인식되면서 중류 및 상류층 여성들에게 인기를 끌었다.[14] 한편, 이번 예는 또 다른 스타일인 로브 아 라 시르카시엔느(robe à la Circassienne)를 암시하기도 하는데, 이 스타일 자체가 오리지널 폴로네즈의 변형으로 간주되었다. 이 예시들은 18세기 후반 패션에서 유행했던 여성의 스타일이 얼마나 광범위하고 복잡했는지 보여줄 뿐 아니라 철저한 분석을 위해서는 디테일에 관심을 기울여야 한다는 사실을 강조하는 역할을 한다.

박물관에는 이 가운의 보디스가 닫혀 있는 상태로 전시되어 있지만, 폴로네즈는 대부분의 경우 목 부분만 조이고 스터머커는 드러내는 뒤집힌 'V'자 형태로 입는다. 이 드레스가 시르카시엔느거나 혹은 그 변형임을 암시하는 또 다른 특징은 후크로 고정한 닫힌 형태의 보디스 앞면에 있을 것이다.

비슷한 시기의 폴로네즈 가운에서는 다양한 슬리브 스타일을 볼 수 있다. 시르카시엔느는 이번 예와 같이 짧은 '깔때기 모양'의 오버 슬리브와 길고 팔에 밀착된 언더 슬리브가 특징이다.[16] 주름 장식의 실크 밴드가 별도의 소매처럼 보이지만 실제로는 표면 장식일 뿐이라는 점이 이 스타일의 흥미로운 점이다.

이 드레스는 아마도 아름다운 고급 실크를 생산해온 풍부한 역사를 지닌 이탈리아에서 유래했을 것이다. 17세기까지 이탈리아는 각 지역마다 특산품이 있을 정도로 프랑스보다 더 많은 실크를 생산하는 곳이었다. 태피터와 같은 가벼운 실크가 일반적인 주요 수출품이었고 프랑스가 그 영향을 받아 모방품을 생산했다. 18세기에는 리옹을 중심으로 프랑스 실크 생산이 번창했기 때문에, 이 드레스의 유래에도 불구하고 사용된 실크는 프랑스 수입품일지 모른다.[15]

폴로네즈의 몸통 부분은 남성 코트처럼 재단되었으며 중앙과 양 옆의 솔기에 맞주름을 넣었다.[17]

뒤판의 세 개의 솔기에는 부드러운 청록색 끈으로 장식하고 그 중 두 개는 활 모양으로 마감했다. 소매의 솔기와 옷깃의 가장자리도 같은 장식을 사용했다.

이 폴로네즈 스커트에는 1772년 폴란드의 분할을 의미하는 것으로 여겨지는 세 개의 드레이프 장식이 있다. 이 드레이프 장식은 내부의 끈과 단추를 이용해 걷어 올렸다.

'로브 아 라 시르카시엔느'를 그린 1780년 패션 플레이트를 통해 장식의 유사성을 볼 수 있다. 특히 넓고 평평한 칼라, 스커트 밑단에 두른 넓은 장식 띠, 스커트 밑단과 비슷한 장식 띠를 두른 소맷동을 보면 1787년의 의상도 같은 스타일로 제작되었다는 것을 알 수 있다. 스커트에 있는 활 모양의 끈도 매우 비슷해서 메트로폴리탄 박물관의 의상에도 동일한 태슬 장식이 있었을 것으로 추정된다.

로브 아 랑글레즈

1785~87년, 프랑스, 메트로폴리탄 미술관, 뉴욕

이 드레스는 원래 1760년경 **로브 아 라 프랑세즈** 또는 **색 드레스**로 만들어졌다
1785년 무렵 이런 **로브 아 랑글레즈**로 다시 만든 것으로 보인다.
그 후, 오랫동안 고치고 바뀌기를 거듭하다 1971년 복원가에 의해 1780년대의 아름다움을 되찾았다.[18]

보디스는 컷어웨이(cutaway 또는 zone)라는, 당시의 멋쟁이 남성들이 입었던 프로코트와 비슷한 스타일이 특징이다.
보디스는 앞쪽 중앙에서 전체를 핀이나 단추로 여미는 방식이 아니라 위쪽만 여미고 전면은 비스듬히 재단해 안에 입은 웨이스트 코트 등이 드러나 보이게 만들었다. 그 기본적인 형태를 아래의 초상화에서 볼 수 있다.

체스터필드 백작부인 앤
(토머스 게인즈버러, 1777~78년,
게티 오픈 콘텐츠 프로그램)

보디스 안에 **탭**이 달린 웨이스트 코트를 입은 것처럼 보이게 해 남성복과 같은 분위기를 연출했다.

커다란 '**피슈**'로 상반신을 감싸고 **러플**을 달아 존재감을 강조했다. 액세서리를 착용하는 다양한 방식 중에서도 이번 예와 같은 방식은 1780~1800년 사이에 자주 볼 수 있다.

7부 길이의 심플한 소매와 같은 원단으로 만든 장식이 없고 폭이 넓은 소맷동은 소박하면서도 심플한 스타일을 강조한다.

초기의 드레스 장식을 연상시키는 **러플**은 18세기의 **로브 아 라 프랑세즈**나 폴로네즈 드레스에서 많이 볼 수 있고 그보다 이른 시기인 1680년대의 **만투아**에서도 볼 수 있다. 가장자리를 들쑥날쑥하게 자른 핑크트 기법도 여러 번 되풀이된 유행이다.

스커트 앞쪽이 약간 짧아, 굽이 높은 구두가 보인다.
이 무렵에는 구두의 발등 부분에 버클이나 **로제트** 장식을 다는 것이 유행이었다. 오버 스커트는 뒤쪽에서 비스듬히 떨어지는 부드러운 형태로 거추장스러운 옷자락은 없다.

실크와 새틴 소재의 르댕고트

1790년경, 로스앤젤레스 카운티 미술관

◆

르댕고트(redingote, 여성용 코트의 일종)의 커다란 케이프칼라와 앞에서 단추를 여미는 방식은
승마복과 남성의 그레이트 코트에서 영감을 얻었다. 그런 이유로 그레이트 코트 드레스라고 불리며
실외에서 입는 드레스로 인기가 있었다.[19] **르댕고트**는 19세기까지 계속 진화하며 견장이나
보디스 전면을 가로지르는 일련의 장식 끈 등과 같이 군복의 영향을 받은 디자인도 다수 볼 수 있다.

∙∙∙

이중으로 겹친 옷깃은 '케이프칼라'의
형태로 어깨를 덮었으며 뒤쪽은
삼각으로 뾰족하게 떨어진다.
18세기에 많이 착용했던
피슈의 기본형을 연상시킨다.[20]

뒤쪽은 앙 플로 방식으로
재단되어 있다.

스커트 뒤쪽 중앙에 달린
같은 원단으로 만든 장식
단추는 남성용 코트 허리
위치에 다는 단추를
연상시킨다.

'부퐁(buffons)'이라고 불린 풀을
먹인 네커치프는 **르댕고트**나
1780~90년대의 파임이 깊은
스타일의 네크라인을 덮듯이
착용했다. 가슴이 과장되어
'새가슴'처럼 보이는 효과가
있었다.[21]

팔꿈치 아래까지 오는
길이의 소매는 팔에 딱 맞게
만들어졌다.

앞이 트여 있어 소박한
소맷동에 어울리는 심플한
페티코트가 보인다. 스커트
뒤쪽은 깊은 허리선 전체가
보이도록 재단되었다.

실용적인, 실외용 의상 **르댕고트**에는
길게 늘어뜨린 옷자락이 없다.

코튼 드레스

1790년대, 패션 뮤지엄, 바스

◆

과도기의 의복으로 특히, 흥미로운 **가운**이다. 1770~80년대의 낮은 허리선을 유지하면서도
스커트의 양옆과 뒤쪽에는 엠파이어 라인을 도입했다. 이번 예에서는 신구의 유행이 우아하게
어우러져 있는데 1770~80년대의 드레스를 새로운 형태에 맞게 고쳤을 가능성이 있다.

....

어깨에 촘촘한 플리츠를 넣어
소매를 살짝 부풀린 이런 형태는
세기말에는 자취를 감추었다.
그 후, 수년간 똑바로 평평하게
떨어지는 소매 스타일이 인기를
누렸다.

스커트는 원래의 **보디스** 끝단이
있던 위치를 벗어나 가슴 라인
바로 밑에 달려 있다.

원단의 꽃무늬는 '동판화의 기법'을 응
용해 만들었다. 이 기법은 1750년경 개
발되어 19세기 초기에 널리 보급되었
다. 세밀한 표현이 가능하기 때문에
롤러나 블록 인쇄보다 정교한 표현이
가능했다. 일반적으로 이 드레스와 같
이 옅은 색상의 원단에 색을 입히는 디
자인이다.

네크라인의 위치가 극단적으로 낮고 파임이
깊다. '네커치프'를 착용한 후 끝자락을 **보디스**
앞쪽에 넣었을 것이다.

보디스는 앞쪽 중앙에서 꿰매거나 핀으로 고정해
여미었다.

길고 뾰족한 허리선은 1770~80년대를 떠올리게
한다. 양옆과 뒤쪽에는 최신 유행인 엠파이어
라인을 이용해 두 가지 스타일을 결합했다.
이런 종류의 **보디스**는 고래수염을 넣은 원뿔형
스테이스(오랫동안 몸통의 실루엣을 좌우했다)나 가슴을
감싸 끌어올리는 과도기에 등장한 새로운 '
하프' 또는 '**쇼트 스테이스**'를 착용해야 했다.
자연스러운 위치보다 높은 허리선이 유행하자
이런 **스테이스**의 위치가 횡격막 가까이까지
올라갔다. 어깨 끈이 달려 있고 때로는 이전
스타일과 같이 허리에 긴 **탭**을 달기도 했다.

르댕고트와 같이 **페티코트**는 청결하고 심플한
스타일로, 드레스 자체의 문양에 방해가 되지
않는다.

네크라인이 낮고 허리선이
뾰족하게 떨어지는 이 **보디스**는
이번 예의 드레스가 고쳐지기
전의 디자인에 가깝다(잉글랜드,
1780~90년, 로스앤젤레스 카운티
미술관).

슈미즈 아 라 렌느

1783~90년, 맨체스터 시티 갤러리, 영국

◆

'골(gaulle)'이라고도 알려진 슈미즈 아 라 렌느는 매우 모순적인 의상이었다. 베르사유 궁정의 화려한 패션에 대한
거부감이 커지고 있음을 보여주는 한편, 그런 상황을 초래한 마리 앙투아네트 왕비 이른바 '적자 부인'이
이 드레스를 입으면서 과시적이고 경솔하다는 평판만 악화되었기 때문이다. 얇은 모슬린을 여러 겹 겹친
비교적 단순한 구조의 이 드레스는 그녀가 궁정의 복식 규제를 피하는 데 도움이 되었지만, 비제 르 브룅이 1783년에
그린 초상화에서 공개된 여왕의 모습은 '속옷 차림'의 여왕으로 묘사되어 외설적이고 무례하게 그려졌다.
그녀 주위의 귀족들은 이 새로운 스타일을 노골적이라고 여겼으며 국민들은 '시골' 복장에 대해 깔보는 것이
분명한 그녀의 표현을 환영하지 않았다. 그럼에도 불구하고 이 스타일은 패션의 지각 변동을 보여주는 중요한 지표이며,
엠파이어 라인의 개념과 탄생에 있어 중추적인 단계를 의미한다.

....

마리 앙투아네트: 패션의 여왕

(갤러리 데 모드 패션 플레이트,
암스테르담 국립 박물관)

위 그림에서 보이는 것처럼 허리(때로는 팔뚝)에는
실크 새시를 두르고 네크라인에는 리본이나
로제트를 달았으며 챙이 넓은 베르제르 햇을
착용하는 등 액세서리를 추가했다.

초기의 슈미즈는 원통형 원단을 목 부분의
끈과 허리에 두른 새시를 이용해 고정하는
형태였다. 스타일이 발전함에 따라 목, 가슴
아래쪽, 허리, 소매에도 끈이 추가되었다.
이런 끈들은 일반적으로 이런 가운을 만드는
데 사용되는 얇은 모슬린의 형태를 고정하고
조절하는 데 도움이 되었다.

1780년대에는 목 주변에 하나 이상의 프릴 장식을
다는 것이 일반적이었다. 이후 10년 동안 이런 프릴
장식은 3/4 길이의 소매와 함께 거의 사라졌고, 이후
20~30년간 유행한 신고전주의 엠파이어 라인으로
변모했다.[23]

비교적 여유로운 실루엣의 이 드레스가 당대
사회에 충격을 주었으나 대다수의 여성은 여전히
평소대로 스테이스를 착용했을 것이다. 드레스의
구조가 빈약했기 때문에 이런 지지대가 필요했으며
페티코트도 함께 사용했을 것이다.

코르셋(스테이스), 1780년경, 미국,
메트로폴리탄 미술관

당대의 다른 스타일에 비하면 페티코트를 거의 입지
않고 가운을 착용했으나 엉덩이 패드를 사용하여
볼륨감을 더하기도 했다.

실크 드레스

1785~90년경, 로스앤젤레스 카운티 미술관

◆

18세기 후반, 여성복 디자인으로 인기를 누렸던 줄무늬는 이 무렵 새로운 국면을 맞했다.
이 실크 드레스의 제브러 스트라이프는 나폴레옹의 해외 원정으로 증가한 이국풍에 대한 강한 관심을 나타낸다.
유행은 혁명의 열기로 시작된 것이 아니었다. 국왕 루이가 1780년대에 얼룩말 한 마리를 손에 넣었을 때
그 진귀한 동물의 무늬가 이런 유행 의상에까지 널리 표현되기 시작한 것이었다.[24]

가운의 네크라인으로 보이는 **슈미즈**의 프릴이 16, 17세기의 스타일과 프랑스 앙시앵레짐기의 드레스 장식을 연상시키며 역사주의적 분위기를 풍긴다.

부드럽고 둥근 실루엣으로 인해 이런 드레스는 '**라운드 가운**'이라고 불리었다. **보디스**와 **페티코트**는 한 장의 원단으로 재단되어 **로브**, **페티코트**, **스터머커**가 각각 독립되었던 시대의 종언을 고했다. 앞쪽에서 여미는 방식이라 뒤쪽은 끊임없이 부드럽게 떨어져 하이 웨이스트를 강조한다. 네크라인은 끈으로 당기는 방식으로 주름을 잡았다. 최신 유행인 엠파이어 라인이 눈길을 끈다.

간소화와 순백의 그리스 조각상을 모방하는 경향이 시작되었지만 여전히 호화로운 장식을 볼 수 있다. 18세기 금은에 대한 부유층의 애착이 완전히 사라지지 않았다는 것을 현존하는 의복을 통해서도 알 수 있다. 이번 예와 같이 금사로 수놓은 호화로운 실크 이브닝 **가운**과 인도에서 들여온 원단은 18세기 금란(金襴)의 화려함과 엠파이어 라인의 흐르는 듯한 섬세한 스타일의 융합이다.

금은 스팽글과 속이 비치는 리넨 망사를 이용해 과할 정도로 장식한 옷자락은 불규칙하면서도 기발한 눈속임 기법(trompe-l'œil)을 만들어냈다.

스커트는 앞뒤로 주름을 잡고 허리에 작은 패드를 착용해 부풀렸다. 등 쪽의 풍성한 볼륨은 1800년 이후 유행한 하이 웨이스트 가운에서는 찾아볼 수 없게 되었다.

라운드 가운은 보통 팔꿈치 위까지 오는 곧은 소매를 달았다. 여기서는 소맷동까지 오는 긴 장갑을 착용해 팔 전체를 덮었다.

부채꼴 모양으로 장식한 밑단은 특히, **로브 아 라 프랑세즈**의 여러 단으로 겹친 소맷동 디자인으로 인기가 있었다. 여기서도 같은 디자인으로 살짝 끌리는 옷자락에 악센트를 주었다.

데이 드레스(라운드 가운)

1785~90년경, 프랑스 또는 잉글랜드제, 로스앤젤레스 카운티 미술관

—◆—

피슈와 자수가 들어간 숄 그리고 커치프의 일반적인 착용 방식을 볼 수 있는 드레스이다.
1790년대, 가슴이 불룩한 '파우터 비둘기'처럼 보이게 착용한 스타일로 20세기 초기에 재등장했다.
또한 긴 장식 에이프런과 폭이 넓은 붉은색 띠로 최신 유행인 하이 웨이스트를 강조했다. 한편으로는
18세기의 화려한 실크 원단이 가진 사치스러움을 보여주며 급진적인 새로운 실루엣과 동시에 친밀함을 표현했다.

···

피슈 아래 있는 **가운**의 둥근 네크라인은 끈으로 주름을 잡아 착용자의 체형에 맞게 조정했다.

스커트 뒤판에는 박스 플리츠를 넣고, 드레스 안쪽 허리 부근에 착용한 작은 패드로 볼륨을 연출했다.

담녹청색(duck-egg blue) 브로케이드는 1770년 무렵의 오래된 원단으로 꽃과 세로 줄무늬가 들어가 있다. 원래의 **로브 아 랑글레즈**를 고쳐서 만들었을 것이다.

피슈를 몸에 감아 앞쪽에서 교차시키는 방식으로 드레스의 특징을 돋보이게 만들었다.

가운 소매는 뒤쪽에서 팔꿈치 아래부터 소맷동까지 트여 있다. 손목 위치에 달린 단추로 트임을 여미게 되어 있고 모슬린 **러플**도 달았다. 앞쪽은 소맷동을 접어 올린 단정한 형태이다.

모슬린 소재의 긴 에이프런은 실용성이 없기 때문에 가슴 부분을 가리는 비브(bib)를 달지 않았으며 **피슈** 아래쪽에서 허리에 감았다. 백사 자수는 푸토(putto, 날개를 단 어린 아이의 모습을 한 천사)의 공격을 받는 왕관을 쓴 하트 문양으로 자주 사용되었던 사랑의 상징이다. 'IXXR'라는 문자는 성모 마리아의 모노그램.

에이프런의 가장자리는 섬세한 보빈 레이스로 장식했다.

소용돌이치는 형태의 식물 문양은 화초의 분재나 포도송이 또는 야생화 등으로, 에이프런에 색다른 정취를 연출했다.

dessiné et gravée par Octavien   et retouché par Fonbonne

마리 앙투아네트: 패션의 여왕
(니콜라 뒤팽, 갤러리 데 모드 패션 플레이트, 암스테르담
국립미술관, F.G. 윌러 폰즈의 지원으로 구매)

le Clerc delin.

Dupin Sculp.

Chemise à la Reine ouverte par le bas comme une Levite, Coëffure de nuit elegante
recouverte d'un grand Chapeau de paille rabatu

A Paris chez Esnauts et Rapilly, Rue St Jacques à la Ville de Coutances.

Chapter 4
1790-1837

18세기 말, 여성의 드레스는 극적으로 변화했다. 심플하고 '자연스러운' 실루엣으로 바뀌었는데 그것은 프랑스 혁명이라는 정치적 격변도 일부 영향을 미쳤다. 동시에 그 기원은 마리 앙투아네트와 유럽의 귀족(영국의 데번셔 공작부인 조지아나를 포함한)이 주도한 **슈미즈** 드레스였다. 여기서 말하는 '자연스러움'이란 모슬린, 코튼, 포플린, 바티스트, 리넨과 같이 가볍고 세탁하기 쉬운(그러므로 위생적인) 원단을 사용하는 것을 의미한다. 한편, 드레이프로 연출한 원기둥 형태의 드레스 구조는 그리스, 로마의 고전 문화와 고대의 순백의 조각상으로부터 영감을 얻은 스타일이었다. 섬세한 헤어 컬로 얼굴의 윤곽을 장식한 심플한 머리 모양은 표정을 돋보이게 했으며, 18세기 상류 사회의 백분을 뿌린 가발과 연지와의 결별을 나타냈다.

이런 드레스에 관한 가장 초기이자 가장 악명 높은 기술에 따르면, 파리에서는 과거 귀족이 었던 대담한 여성들(남성의 '앵크루아야블[incroyables]'에 대해 '메르뵈이외즈[merveilleuses]'라고 불리었다)이 신체에 밀착되는 가벼운 시프트 드레스를 서포트용 속옷도 입지 않고 착용했다고 한다. 하지만 선명한 색상의 스타킹이 원단의 불투명감을 더욱 높였기 때문에 상상력을 발휘할 여지는 거의 없었다. 여성들은 드레스가 몸에 더욱 밀착되도록 원단을 물에 적셔 얇은 원단과 낮은 네크라인을 통해 가슴을 드러내 보이기도 했다고 하는데 이런 극단적인 유행은 수명이 짧아 금방 사라졌다.

1804년 나폴레옹이 프랑스 황제로 즉위하자 '엠파이어 라인'이라는 말이, 집정 정부와 그 후의 이른바 제1제정과 부합하듯 널리 퍼졌다. 나폴레옹의 빈번한 해외 원정 특히, 이집트 원정은 유럽에 외국산 직물과 '오리엔탈리즘' 디자인에 관한 관심을 불러왔다(해외로부터의 직물 수입은 비약적으로 증대했다). 나폴레옹의 아내 조세핀도 저명한 쿠튀리에(또는 '모드 상인') 루이 이폴리트 르로이 와 함께 패션 리더로서 큰 영향력을 떨쳤으며 파리는 또 한 번 패션의 중심지로서 중요한 위치 를 점하게 되었다.¹ 작은 보디스, 살짝 부풀리거나 곧게 뻗은 소매, 길고 직선적인 스커트가 특 징인 원통 모양의 신고전주의 **가운**은 확고한 스타일로 자리를 잡았으며 앙시앵레짐기의 스타 일은 궁정 의상에서나 볼 수 있을 뿐이었다. 1797년 후프 스커트는 궁정의 공식 행사에서만 착 용되었다. 그때도 후프 위에 입는 드레스는 새로운 하이 웨이스트 스타일이 많아 신구의 유행 이 미묘하게 혼재되어 있었다.

엠파이어 라인은 눈 깜짝할 새 전 유럽에 특히, 영국에서 크게 유행하며 드레스의 간소화 가 한동안 계속되었다. 당초에는 순백의 얇은 드레스가 첨단 패션으로 인기를 누렸으나 서양 각국(일반적으로 유럽의 유행을 쫓았던 미국과 오스트레일리아를 포함한)에서는 처음에는 프린트 원단 그 후로는 무겁고 어두운 색조의 원단 사용이 늘었다. 엠파이어 라인은 더 확고히 정착했지만 서서히 18세기 드레스의 특징이 돌아왔다. 즉, 무거운 실크 원단, 브로케이드 직물, 더 강력한 **코르 셋**, 과거 20년간보다 화려한 장식. 요컨대, 신고전주의의 슬림 라인이 가진 간결함에 대한 반

발이다. 이런 경향은 1814~15년 나폴레옹의 실각 무렵에 시작된 것으로, 엠파이어 라인을 탄생시키고 유지해온 혁명적 기운은 꽤 전부터 패션의 최전선에서 그 지위를 잃었다. 정치·사회적으로 안정된 시대에는 패션이 더욱 화려해진다. 1826년의 한 신문에서는 '모래시계처럼 가는 허리와 양옆으로 넓게 펼쳐진 스커트'라고 표현했다. 당연하지만 '모래시계'와 같은 드레스의 유행으로 허리선은 자연스러운 위치로 되돌아가고 그 특징이 최대한 활용되었다. 이는 **코르셋**이 더 가늘고 **페티코트**가 더 많이 겹쳐진다는 것을 의미하며 비교적 자유로웠던 엠파이어 라인의 드레스는 이내 뒤로 물러났다. 이제 실루엣은 새로운 타입의 **코르셋** 즉, 고래수염으로 보강한 몸통이 길고 중앙에는 강철 버스크가 추가된 것이 되었다. 이 특징을 강조하기 때문에 1830년대에는 스커트와 어깨의 폭이 급격히 넓어졌다. 또 커다란 보닛(bonnet)과 높고 극단적인 머리 모양은 허리를 더 가늘어 보이게 했다. 낭만주의풍(1815~40년경) 드레스에는 이렇게 많은 궁리가 필요했는데, 계몽주의의 엄격한 합리성과는 대조적으로 정서적이며 몽환적인 '숭고미'에 중점을 두었다.

이 시대에는 비교적 다양한 모자가 있었다. 작은 보닛과 심플한 '자키(jockey)' 캡은 1800년경이 되면 나이에 상관없이 널리 사용되었다. 특히, 1810년대 후반에 챙이 있는 모자가 높은 인기를 누렸다. 앞서 이야기한 동방 세계의 영향에 대해 말하자면, 패션 플레이트에서 볼 수 있듯 터번이 한동안 유행했으며 야회용 정장의 일부가 되었다. 영국에서의 인기는 국왕 윌리엄 4세의 왕비 작센마이닝겐의 아델하이트가 즐겨 썼기 때문이었을 것이다(1818~49년).

1837년의 패션 플레이트에서는 1830년대 후반에 유행한 모자를 볼 수 있다(오른쪽 그림). 라벤더색, 노란색, 녹색의 보닛은 특히, 1830년대에 인기 있던 챙이 넓은 스타일로 옆에서 보면 얼굴이 완전히 가려져 보이지 않을 정도였다. 그 형태는 초기의 포크 보닛(poke bonnet, 폭이 넓고 전면에 둥근 챙이 달려 있다)의 등장을 거치며 정점에 이르렀는데 높은 머리 모양에 대응하기 위해 모자의 높이도 점점 더 높아졌다. '바볼레(bavolet)' 또는 '커튼(curtain)'이라고 불린 부속품이 보닛 뒤에 달아 목 부분을 덮는 천 조각이라는 것도 알 수 있다.[3] 그 인기는 '팡숑(fanchon, 레이스나 망사 소재로 머리를 덮고 턱 밑에 묶어 고정했다)' 스타일이 등장하는 1860년대 중반까지 계속되었다.

18세기 말 이래, 얇은 원단과 사랑스러운 액세서리가 인기를 누렸지만 1830년대 '실크 갑옷'에 그 자리를 내어주면서 초기 빅토리아 왕조 시대의 여성 패션을 이끌었다. 프랑스 혁명의 패러다임 전환 이후, 세계관은 또 다시 변화하며 이어지는 10년간 드레스의 역사는 엄격하고 보수적인 시대를 맞았다.

오른쪽
모자와 그 장식
(<르 봉 탕, 모드 저널>의 패션 플레이트, 파리, 1837년, 저자 개인 소장)

코튼 가운

1797~1805년, 빅토리아 & 앨버트 박물관, 런던

◆

이 영국제 가운은 1790년대에 시작된 심플한 신고전주의 스타일의 현존하는 훌륭한(또한 진귀한) 예이다.
표면의 장식은 '셀프 메이드(self-made)' 플리츠와 드레이프뿐으로, 간소함을 즐기는 영국인들의 스타일에 맞게
자수, 비즈, 레이스도 없다. 이것은 고전적인 우아함과 착용성 및 실용성의 결합이 실현되었음을 의미한다.

깊고 둥글게 파인 네크라인은 낮에는 **피슈**를 걸쳐 덮었을 것이다. 단정하고 실용적인 영국 스타일을 보여주는 예이다. 뒤쪽 네크라인의 위치는 비교적 높다.

'비브(bib)' 또는 '폴(fall, 또는 드롭이라고도 불린)'이라고 불린 앞쪽에서 여미는 방식은 어느 각도에서 보든 끊기지 않고 연결된 깔끔한 형태의 **보디스**를 만든다. **보디스** 앞면은 스커트와 연결해 양옆에서 단추로 여미었다. 크림색의 심플한 리넨 띠로 신식 하이 웨이스트를 강조했다.

소매를 걷어 올리는 것은 흔히 사용되는 장식 기법으로, 여기서는 소매가 이중으로 되어 있다. 걷어 올린 위쪽 소매는 단추로 고정하고, 팔꿈치 아래의 장식이 없는 소매는 끈으로 조였다.

허리선은 뒤쪽이 살짝 낮고 둥글게 떨어진다. 스커트 뒤판 중앙에는 촘촘한 주름을 잡았으며 그 안에 작은 **버슬** 패드를 착용해 약간의 볼륨감을 연출했다.

스커트는 양옆에 트임을 넣은 '에이프런 프론트(apron front)' 스타일로 '비브 프론트(bib-fronted)' **보디스**와 연결해 허리띠를 둘렀다. 이런 복합적인 조합이 심플하고 신선한 외관에 재미를 더해준다. 단추나 핀으로 여며 **보디스**의 형태를 무너뜨릴 우려도 없다.

간소함과 위생을 이상적인 스타일로 여겼던 만큼 드레스 자락이 길지 않다. 드레스 뒤쪽 중앙에서 촘촘하게 주름을 잡았다.

메리 배리(길버트 스튜어트, 1803~05년, 워싱턴 국립 미술관, 워싱턴 D.C.)

이번 예와 같은 시기의 초상화에서 비슷한 드레스를 볼 수 있다. 짧은 오버 슬리브를 팔꿈치 위까지 걷어 올렸으며, 낮고 둥글게 파인 네크라인은 이번 예와 거의 동일하다.

모슬린 드레스

1800~05년경, 인도제로 추정, 로스앤젤레스 카운티 미술관

◆

드레스에 나타난 두 가지 중요한 영향을 확인할 수 있는 예이다. 첫 번째는 의복의 형태와 그 인상에
나타난 고대 그리스와 로마의 영향(예컨대, 그리스의 히마티온[himation, 주름을 잡아 몸에 두르는 커다란 직사각형의 천]과 로마의
팔라[palla, 주름을 잡아 몸에 두르고 브로치로 여미는 망토]), 두 번째는 옷감 선택에 미친 인도의 영향이다.

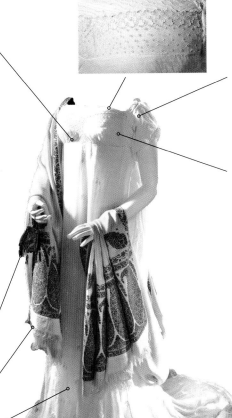

허리선은 앞서 소개한 예보다 더
위로 올라가고, 가슴 부분도 더 크게
올라갔다. 가슴을 끌어올려 상반신을
지지하도록 설계된 신식 **코르셋**으로
가슴을 풍성하게 만들었다.

이 시대, 많은 여성들이 인도산 '모슬린'
을 가지고 있었으며 그들이 소유한
의상의 중심을 점하고 있었다. 제인
오스틴의 『노생거 사원』(1818년)에서는
모슬린의 중요성에 대해 다음과 같이
희화했다.
'여자들 대다수가 남자들의 마음이
비싸고 새로운 의상에 거의 영향을 받지
않으며, 모슬린의 결에도 거의 좌우되지
않는다는 것을 알면 얼마나 분해 할까.'[1]
섬세하고 여린 질감이 매력인 이 원단은
우아한 생활방식과 잦은 세탁이 가능한
사람에게만 허락된 것이었다.

비즈로 장식된 작은 지갑 '**레티큘**(reticule)'
이 인기였으며, 다양한 형태와 디자인이
있었다.

정교한 페이즐리 문양의 숄은
인도산으로, 서양 수출용으로 생각된다.

문양이 있는 직물의 인기는 어두운
색상의 실용성 있는 모슬린도 입수할 수
있었다는 것을 보여준다. 또 원단에 직접
수를 놓거나 물방울무늬 등의 심플하고
고급스러운 문양을 넣는 것도 가능했다.
그렇지만 꽤 오랫동안 순백의 모슬린의
인기가 계속되었으며
이 스커트에도 전체적으로 '백사 자수'
라는 섬세한 수작업을 통해 치밀하고
정교한 나뭇잎문양이 들어가 있다.

보디스 앞쪽의 장식은 주로 섬세한
자수 망사로 구성되어 있다.
드레스 전체에 망사를 장식하기도 하는 등
이후 20년간 꾸준한 인기를 누렸다.

초기 스타일의 소매는 이런 **가운**의 경우,
직선으로 재단한 팔꿈치 위쪽 길이의
심플한 스타일이 많았다. **보디스**의 뒤판은
폭이 매우 좁고 소매는 일반적으로 암홀
가장자리가 **보디스** 뒤쪽 중앙에 올 정도로
깊었다.

'드롭 프론트(drop-fronted)' **보디스**는 **가운**의
뒤판으로 흐르듯 부드럽게 이어지고 장식을
했다.

**순백의 드레스를 입은 젊은
여성의 초상**
(자크 루이 다비드의 제자, 1798년,
워싱턴 국립 미술관, 워싱턴 D.C.)
유명한 〈레카미에 부인〉과
마찬가지로, 초기의 엠파이
어 라인을 볼 수 있는 좋은 예
이다.

1805~06년경, 이브닝 드레스와 마찬가지로
주간용 의상에도 긴 옷자락을 다는 것이 유행했다.
세기 초에는 스커트 안에 작은 **버슬** 패드를
착용함으로써 옷자락을 따라 부드럽게 흐르는 듯한
플리츠를 강조했다.[5]

실크 트윌 이브닝 드레스

1810년, 맥코드 박물관, 몬트리올

◆

이 우아한 이브닝 드레스는 영국 섭정 시대 초기의 장식이 없는 흰색 **가운**과
1810년대 말 이후의 **프릴**과 **플라운스** 장식 **가운** 사이의 전형적인 예이다.
색상은 당시 인기 있던 '종퀼(jonquil)' 즉, 노란 수선화 색으로 1810년대 전반에 특히 유행했다.

사각형으로 파인 낮은 네크라인은 이 무렵
가운의 대표적인 스타일로, 둥글게 파인
크로스 오버라는 형태도 인기가 있었다.
그 형태는 보디스를 여미는 '드롭 프론트'
방식에 의해 결정되었다. **보디스**는
앞뒤 모두 몸에 밀착되도록 끈으로 당겨
주름을 잡았다.

뒤쪽에서 주름을 잡아 소매의 볼륨을
만들었다. 앞에서 보면 매끄럽다.

하이 웨이스트로 끌어올린 가슴을
강조했으나 이전처럼 극단적인
스타일은 아니다. 크림색의 심플한
허리띠 뒤쪽 중앙에는 나비 모양으로
묶은 리본이 달려 있다. 허리선을
강조하며 전체적인 배색을 맞췄다.

손으로 수놓은 보빈 레이스로 **보디스**
전면과 소매에 부드러운 물결 문양을
만들었다.

보디스 전면과 소매에는 섬세한 셔닐
(chenille) 자수로 수놓은 꽃무늬가 들어가
있다. 꽃무늬 중앙에는 진주를
한 개씩 올렸으며 소맷동의 진주 장식도
꽃무늬를 돋보이게 한다.

스커트 전면은 여러 장의 장방형
원단으로 만들어졌으며, 보통 옆쪽에
있는 솔기를 뒤로 옮겨 양옆의 곡선을
살렸다. **고어드**(gored)라고 불리는 이
기법은 1813년경부터 더욱 현저해진
폭이 넓은 스커트로 이행하는 단계를
나타낸다.

이 시기 대다수 드레스와 마찬가지로 긴
스커트 자락은 보이지 않는다.

살짝 퍼지는 스커트의 플레어 효과는
뻣뻣한 실크 원단과 뒤쪽의 촘촘한
주름에 의해 생겨났다.

밑단에 두른 보빈 레이스로 장식된
가는 띠에도 소맷동과 같은 진주 장식을
했다.

크랜베리를 따는 소녀(요크셔의 의상),
로버트 하벨이 조지 워커의 작품을 모티브로 제작
1814년, 유니버설 히스토리 아카이브 / 게티 이미지

◆

노동자 계급의 복식은 지금까지 남아있는 자료가 부족해서 1814년 초기, 화가 조지 워커가 그린 작품의
묘사에 의존하고 있다. 이 인물의 의상은 단순하고 실용적이지만 앙상블의 측면에서 당시 유행하던
드레스와 쉽게 연결 지어 볼 수 있다. 드레스와 보닛은 중고품을 구입했거나 부유한 고용주로부터 물려받았을 것이다.

네커치프나 피슈는 단정함과 보온을
목적으로 모든 계층의 사람들이
착용했다. 이 그림 속 아이템은
리넨이나 양모로 만들었을 것이다.

밀짚이나 가는 나무
조각을 엮어서 만든
이 보닛은 당시의
유행 스타일이었다.

뒤쪽을 살짝 부풀린
이 짧은 소매는 주름
을 집은 넓은 커프스
를 달아 마치 비숍
슬리브처럼 보인다. 1814년 무렵 유행하던 주간용 드
레스에는 소매가 긴 디자인이 일반적이었다(맞은편 패
션 플레이트 참조).

노동자 계급의 여성들은 가능하면 허리선이 높은
엠파이어 라인을 모방하려고 노력했다.
이 드레스는 엠파이어 스타일로 재단된 것으로
보이는데 상대적으로 디자인이 단순해 18세기의
드레스에 비해 원단을 적게 사용할 수 있었다.
허리 부분이 긴 구식 보디스를 입던 사람들은
가슴 바로 아래쪽에 앞치마를 둘러 엠파이어
스타일과 비슷한 효과를 냈다. 드레스의 소재는
면이나 리넨 또는 거친 모직물 등이었다. 피슈,
페티코트, 앞치마는 물론 짧은 베드 가운이나 재킷과
곁들여 입기도 했다.[9]

17세기 이후에는 장갑, 모자, 신발과 같은
액세서리를 기성품으로 구입할 수 있었다. 손가락이
없는 장갑은 하층민은 물론 상류층에서도 인기가
있었으며 특히, 노동자 계급의 여성에게 보온성과
활동성을 모두 겸한 유용한 제품이었다.

여성 노동자들은 울이나 리넨 또는 면 소재의
페티코트를 한두 벌 갖춰 입었다. 그 중 하나는
보온을 위해 솜 따위를 넣고 덧댔을 것이다.

유행 드레스, 1815, 패션 저널
여성과 유행(Journal des dames et des
modes)

크랜베리를 따는 일은 페나인 산맥의
황무지에서 오랜 시간 동안 일해야 하는
힘든 육체 노동이었다. 긴 치마는 실용적이지
않아서 이 그림이 그려진 1814년경에는 당시
유행하기 시작한 발목 길이의 치마를 입는
경우가 많았다.[8]

밑창이 평평한 하프 부츠는 1810년경부터 모든 계층의
여성들에게 실용적인 선택지이자 크게 유행한 아이템이었다.

스펜서 재킷과 페티코트

1815년, 로스앤젤레스 카운티 미술관

◆

이 1815년의 **페티코트**와 **스펜서**의 조합에서는 1820~30년대 초기의 프릴과 **플라운스** 장식이 이미 나타났다는 것과 동시에 역사적 요소까지도 확인할 수 있다. 한편, 프랑스는 나폴레옹 전쟁 중이었음에도 영국의 간소함을 상찬했다('앵글로 마니아[anglomania]'라고 부르기도 했다). 이 시대에는 군사적 영향을 받은 스타일이 많았을 것이다.

....

나폴레옹의 왕비, 조세핀 보나파르트는 엘리자베스 왕조의 **러프**와 같은 역사적 요소를 도입했다고 한다. 이번 예는 그런 19세기 초기의 일례이다. **러프**는 '슈미제트(chemisette, 얇은 원단으로 만든 소매가 없는 짧은 블라우스)' 또는 '해빗 셔츠(habit shirt, 원래는 승마복의 일부)'를 위해 만들어진 것으로 신체 상부에서 테이프로 고정해 네크라인이 깊은 **가운**이나 **페티코트**가 딸린 **보디스** 전면을 덮었다.

또 하나의 역사적 영향은 이탈리아 르네상스의 공들인 퍼프 슬리브이다. 소맷동에는 같은 원단을 사용한 장식 단추가 달려 있다.

이 무렵, **페티코트**는 반드시 속옷을 의미하는 것이 아니라 재킷이나 **가운**과 같은 의상과 착용하는 스커트를 가리키는 말이기도 했다. 이번 예에서는 **스펜서** 안쪽의 허리 밴드에 후크로 고정되어 있다.

어깨 양옆에 나란히 단 단추와 장식적인 옷깃은 분명 군복에서 영감을 얻었을 것이다. 나폴레옹 전쟁 시기에 탄생한 유행이 여전히 진행 중이었다.

젊은 여성과 그녀의 어린 아들
(아그놀로 브론치노, 1540년경, 워싱턴 국립 미술관, 워싱턴 D.C.)
르네상스 시대의 착상.

"워킹 드레스"(1815년, 프랑스 「라 벨르 아상블르」, 저자 개인 소장)
스펜서와 **펠리스**는 인기 있는 아이템으로, 날씨가 추워지면 클로크와 케이프로 대체했다. 군복의 영향은 맨틀(mantle, 목에서 여미는 방식의 소매와 높은 칼라가 일체화된 짧은 케이프)에서도 볼 수 있다. 위 그림에서는 또 하나의 작은 스탠드업 칼라가 군사적인 영향을 나타내며 태슬(tassel)과 폼폼(pompom)도 마찬가지이다. 이런 장식은 과거 헝가리의 기병 후사르의 매력적인 제복에 대한 오랜 관심에서 탄생한 듯하다.[1]

이브닝 드레스

1815년경, 맥코드 박물관, 몬트리올

◆

이 드레스는 장식이 없는 간소한 디자인에서 실크 원단과 장식 및 리본을 단 퇴폐주의적(décadence) 디자인으로의
이행을 보여준다. 이 가운은 과한 장식을 한 드레스의 비교적 초기의 예로, 이후의 전개도 볼 수 있다.
액세서리로는 긴 키드(kid) 가죽 또는 새틴 장갑에 목걸이를 걸치고 부채를 들었을 것이다.

복잡하게 도려낸 실크 원단으로 소매와
보디스 그리고 밑단을 장식한 것은 이전
10년간의 심플하고 단정한 드레스와는
다른 커다란 변화이다.

당시에는 이브닝 드레스에 장식 띠를
둘러 뒤쪽에서 리본 모양으로 묶는
스타일이 많았다. 이번 예에서는 허리에
두른 장식 띠의 리본으로 인해 **보디스**의
장식과 스커트 허리 부분에 잡은 주름
둘 다에 눈길이 간다. 패드를 넣은 새틴
소맷동과 옷자락에도 허리에 두른 장식
띠와 같은 굵기의 띠를 둘러 장식했다.

어깨 끝에서 시작되는 스쿱형 네크라인은
앞뒤 모두 깊고 부드러운 곡선의 경사를
이루고 있다.

'랑게(languette, 혀 모양)'라고 불리는 이 실크
장식은 보디스의 앞쪽 중앙과 뒤판을
꾸미고 양옆의 가슴 라인으로 연결된다.[12]
어깨와 소맷동의 얇은 오간자(organza)
퍼프를 강조하는 역할도 했다. 르네상스와
엘리자베스 1세 시대의 소매를 연상시킨다.

등판을 따라 꿴 샴페인 색상의 장식 띠도
역사적 요소의 하나이다. 이 디자인은
보디스 앞쪽의 복잡하게 도려낸 실크 장식
사이에도 있다.

얇은 오버 스커트에 수놓아진 반짝이는
섬세한 나뭇잎 문양은 낭만주의의 몽환을
상징한다. 소매의 디자인에서도 확인할
수 있다. 1808년 보빈 레이스 직조기의
출현으로 거즈나 망사 등을 사용한
장식이나 의상을 만들기가 용이해졌다.[13]
튈과 크레이프도 새틴, 벨벳, 실크, 사스넷
(sarcenet, 얇은 견직물) 드레스에 덧대는 용도의
소재로 인기가 있었다.

납작하게 접힌 새틴과 폭이 넓은
리본으로 스커트의 밑단을 뻣뻣하게
유지하고 위에는 부드러운 거즈를
덧댔다. 이런 두 가지 효과를 조합한
스타일은 **디렉투아르**(directoire, 프랑스의
집정 정부 시대의 양식)에서 빅토리아 왕조
양식으로의 이행을 예상케 한다.

가벼운 패드를 넣어 장식한 '**룰로**(rouleau,
원통이라는 뜻)' 밑단은 1820년대에 정점을
맞은 스타일로 향하는 발전 단계를
보여주는 듯하다.

태피터 데이 드레스

1823~25년, 맥코드 박물관, 몬트리올

◆

앞선 예에서도 많은 장식을 볼 수 있었지만 이번에는 더 많은 장식으로
신체의 양옆으로 퍼지는 실루엣을 만들었다. 이 드레스는 1820년대 초기부터 중반에 걸친
유행을 보여주며 특히, 소매 장식과 허리의 위치에서 역사적 영향을 확인할 수 있다.

어깨 끝에서부터 시작되는 넓고 각진 네크라인은 테이프로 눌러 고정했다.

새틴 '랑게' 장식의 퍼프 슬리브는 역사로부터 영감을 얻은 스타일로 1830년대에는 더 넓고 길어졌다. 이렇게 크고 화려하게 장식된 오버 슬리브는 '망슈롱(mancheron)'이라고 불리었으며 세기 후반에는 '에폴레트(epaulette)'라는 명칭으로 바뀌었다.

드레스 뒤판의 장식은 더 가볍고 여성스러워졌다. 중앙에는 **로제트**와 흐르는 듯한 새틴 리본 장식으로 구성되어 있다.

초기의 엠파이어 라인과 달리 스커트 밑단이 약간 퍼진 스타일이다. 전체적으로 주름을 잡아 표면의 장식이 가장 효과적으로 보이도록 볼륨을 연출했다.

이 화려한 장식은 이른바 '헴 스컬프처(hem sculpture)'의 좋은 예로, 패드를 넣어 부풀린 '랑게'가 스커트에 견고하고 건축적인 분위기를 만든다. 당초 이런 과한 장식은 주간용 드레스에서는 볼 수 없었지만 이 무렵 스커트가 종 모양이 되면서 장식할 자리가 늘자 더욱 과도해졌다.

밑단의 가장 아래쪽에 패드를 넣어 부풀린 **태피터** 띠는 '룰로'라고 불린 장식으로, 이 시대의 일반적인 장식 기법이었다. 이 장식으로 의상을 무겁게 만들어 위쪽의 랑게 장식을 지지하고 강조했다.

활처럼 휘어진 형태로 가슴을 가로지르듯 배치한 새틴 테이프는 폭이 넓은 실루엣을 강조한다. 소맷동에도 같은 디자인을 적용해 끝이 퍼지는 긴 소맷동을 강조했다.

허리선의 위치가 약간 낮지만 당시 유행하던 스타일 정도는 아니기 때문에 나중에 새로 고친 것이거나 혹은 의도적으로 노스탤지어를 표현한 것일 수 있다. 폭이 넓은 **태피터** 띠를 둘러 허리의 위치를 나타냈다.

캐리지 비지팅 코스튬(존 벨, 영국, 1820년, 패션 플레이트, 로스앤젤레스 카운티 미술관)
1820년의 이 **펠리스**(외출복)에서도 비슷한 형태의 랑게 장식이 보인다. 밑단뿐 아니라 전면부의 위부터 아래까지 장식했다.

태피터 데이 드레스

1825년, 파워하우스 박물관, 시드니

◆

드레스의 옅은 비취색이 짙은 핑크색의 강렬한 장식을 한층 돋보이게 한다.
최신 유행 장식을 세련되게 사용한 트리밍(trimming)이다. 역사를 돌아보면,
반 다이크 또는 반 다이크 포인트 트리밍이라고 불린 17세기의 연속된 삼각형 문양을 연상시킨다.

19세기 초의 장신구는 릴리프 문양과 작은 원석이 달린 이 금목걸이와 같이 고고학에 대한 관심에서 비롯된 고대와 르네상스의 강한 영향을 받았다.[10]

자연스러운 위치로 돌아온 허리선은 뒤쪽이 약간 낮게 내려가 있으며, 천으로 된 후크와 금속 걸고리를 사용해 뒤쪽에서 여민다.
이 무렵, 대다수 드레스는 신체에 밀착되도록 안쪽에서 묶어서 고정하는 테이프가 달려 있었다.[11] 드레스와 같은 옅은 색상의 폭이 넓은 허리띠로 허리선을 교묘히 강조했다. 당시에는 허리에 두르는 폭이 넓은 띠나 밴드가 널리 사용되었다. 신식 **코르셋**과 함께 사용함으로써 더욱 가늘어진 허리를 강조했다.

스커트 밑단의 반 다이크 포인트 헴 스컬프처는 소맷동에도 쓰인 선명한 핑크색 실크를 사용해 독자적이고 명쾌한 문양을 만들었다. 반 다이크 포인트 가장자리에는 3줄의 '룰로' 장식을 달았으며 밑단 끝부분에는 폭이 조금 더 넓은 룰로 장식이 1줄 더 들어가 있다.

둥글게 파인 높은 네크라인이 폭이 넓은 어깨와 연결된다. 어깨 부분은 원단의 양옆에서 주름을 잡아 핑크색 테이프로 고정했다.

'데미 지고 슬리브(demi gigot sleeve)'라고 불린 이 소매는 끝으로 갈수록 가늘어지고 소맷동은 손목에 밀착되어 있다. 1820년대 중반 이후에 유행한 형태와 비율이다.

소맷동과 밑단의 '반 다이크' 포인트가 17세기의 분위기를 연출한다. 이런 장식이 인기가 있었으며, 같은 장식이 들어간 레이스는[11] '**프리즈**(frieze, 전 세기의 프랑스어 슈브 데 프리제[말린 머리]에서 유래했다)'라고 불리었다.

스커트 뒤쪽에 촘촘한 주름을 잡아 볼륨을 연출했으며 옷자락은 길지 않다.

여성용 승마복

1826년경, 암스테르담 국립 미술관

◆

이전 장의 르댕고트와 비슷한 스타일의 이 승마복은 승마용으로만 착용하는 옷은 아니었다.
이 시기에는 특히 여행용 의상으로 인기가 높았는데, 튼튼한 원단과 어두운 색조로 당시 유행하던 가볍고 섬세한
데이 드레스와는 달리 실용적인 선택지였기 때문이다. 시간이 흘러 승마복이 승마용으로만 착용하는 의복이 되면서
결국에는 앞치마처럼 재단된 스커트가 등장해 다리를 모아 옆으로 말을 탈 때 바지를 입은 다리를 가릴 수 있도록
디자인되었다. 19세기 후반의 승마복은 이전의 승마복과는 달리 승마 이외의 다른 용도는 고려되지 않았다.
이번 예는 19세기 초 여성들의 승마복에 흔히 쓰이던 밀리터리 스타일을 잘 보여준다.

옷깃 가장자리의 가는 브레이드 장식은 옷깃을 세워서 입을 때 부가적인 장식 효과를 제공한다.

수타슈 브레이드로 장식한 페이즐리 형태의 꽃잎 문양을 넣은 보디스가 넓은 어깨, 잘록한 허리와 조화를 이루며 풍성한 느낌을 연출한다.

1824년의 이 패션 플레이트는 승마복의 장식적 요소를 보여주는 동시에 뒷모습도 살짝 엿볼 수 있게 해준다. 그림의 예와 마찬가지로 1826년의 승마복에서도 곡선 형태의 등솔기(금색 브레이드로 보강된)와 주름을 잡은 페플럼을 볼 수 있다.

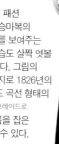

1820년대 초에 제작된 이 두 점의 펠리스 코트는 승마복과 당시 유행하던 겉옷의 유사점을 잘 보여준다. 폭이 넓은 턴다운 칼라, 소매의 퍼프와 세부 장식, 하단의 브레이드, 당시 유행하던 높은 허리선 등을 통해 승마복이 어떻게 여성에게 없어서는 안 될 다용도 의복으로 자리 잡았는지 쉽게 이해할 수 있다 (메트로폴리탄 미술관).

보디스는 비교적 몸에 밀착되는 스타일로 소맷동에는 삼각형 형태의 트임을 넣어 승마 중 움직임을 편하게 만들었다.[19]

이 옷이 승마 스커트라는 것을 즉시 알아볼 수 있는 한 가지 특징은 형태가 비교적 슬림하고 유동적이라는 점이다. 상단의 첫 번째 펠리스 코트의 이미지에서 볼 수 있듯이, 10년간 유행했던 드레스는 밑단이 빳빳하고 더 풍성하게 만들기 위해 간혹 속을 채워 부풀린 장식을 하기도 했다. 이 옷에 그런 디테일이 없는 것은 승마, 도보, 여행에 어울리는 실용성이 필요했기 때문이다.

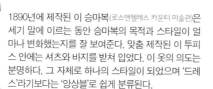

1890년에 제작된 이 승마복(로스앤젤레스 카운티 미술관)은 세기 말에 이르는 동안 승마복의 목적과 스타일이 얼마나 변화했는지를 잘 보여준다. 맞춤 제작된 이 투피스 안에는 셔츠와 바지를 받쳐 입었다. 이 옷의 의도는 분명하다. 그 자체로 하나의 스타일이 되었으며 '드레스'라기보다는 '앙상블'로 쉽게 분류된다.

치맛단이 무척 길어 말을 타는 동안 착용자의 다리를 완전히 덮을 수 있었을 것이다. 동시에 치맛자락 안쪽에 천으로 만든 고리를 달아 걸을 때 스커트를 걷어 올릴 수 있게 만들었다.[20]

여름 드레스

1830년, 로스앤젤레스 카운티 미술관

◆

특히 커다란 소매, 풍성한 스커트, 자연스러운 위치의 허리선이 1830년대의 대표적인 유행 스타일이었다.
장식이 없는 옷감이 이런 특징을 더욱 두드러지게 만든다.
흰색은 특히 주간용 정식 드레스와 이브닝 드레스로 10년간 꾸준한 인기를 누렸다.

속을 채워 풍선처럼 부풀린 17세기 중반의 소매가 극단적으로 커진 형태로 다시 돌아왔다. 1830~31에 이미 기이한 비율이 되었는데 그 형태를 유지하기 위해 여성들은 한 쌍의 '슬리브 서포트' 또는 '퍼프'라고도 불린 '플럼퍼 (plumper)'라는 것을 착용했다.[1] 이것은 코르셋 끈에 묶어 고정하고 드레스의 형태와 착용 시기에 맞게 소매 사이즈를 크거나 작게 조정할 수 있었다. 일찍이 1820년대에는 **가운** 소매 자체에 이런 기능을 도입한 양재사도 등장했다. 특히, 무도회용 드레스나 이브닝 드레스는 안쪽에 일련의 테이프와 끈을 달아 필요에 따라 소매의 크기와 위치를 바꿀 수 있었던 듯하다. 아래의 사진은 그런 속옷을 어떻게 착용했는지를 보여준다.

둥글게 파인 네크라인은 노출이 적어 주간용 드레스에 적합했다. 이브닝 드레스는 일반적으로 네크라인이 훨씬 깊고 어깨가 많이 노출된다.

앞선 1825년의 예와 같이 어깨에 주름을 잡아 장식이 없는 천으로 고정했다.

여기서 강조된 것은 커다란 풍선 모양의 '지고' 소매로, 어깨와 스커트 밑단의 폭을 동일하게 만들고자 한 바람을 훌륭히 달성했다.

가슴 위의 정교한 주름이 매력적인 부채꼴을 이루며 보는 이의 눈길을 가는 허리로 끌어당긴다.

이 무렵의 패션 플레이트에는 낮은 위치의 가는 허리선을 선호했지만 실제 많은 여성들이 꽤 오랫동안 하이 웨이스트 스타일의 **가운**을 입었다. 파리발 최신 유행만을 다루던 '하이패션'의 소식통으로서는 상상도 할 수 없을 만큼 패션은 느리게 변화했다. 가정과 지방의 드레스 메이커들은 그런 최신 유행으로부터 지체되었던 것이다.

여성의 코르셋, 페티코트, 소매의 플럼퍼(1830~40년경. 로스앤젤레스 카운티 미술관)

스커트 세부의 면 소재 영국 자수(컷워크 자수)

1830년, 로스앤젤레스 카운티 미술관

실크 새틴 웨딩드레스

1834년, 파워하우스 박물관, 시드니

낭만주의의 역사적 매력을 체현하는 이 경쾌하고 사랑스러운 스타일은
대량의 속옷에 의해 만들어졌다. 거기에는 스커트를 부풀리기 위해 착용하는 작은 **버슬** 패드도 포함된다.

....

섭정 시대의 솔의 인기가
계속되었다. 녹색의 기하학적
디자인이 특징이다.

이 웨딩 **가운**에는 역사적 요소가
분명히 나타나 있다. 먼저,
보디스의 리본 매듭과 '부채꼴'로
도려낸 장식이 **스터머커**와 에셀
(eschelle)이라고 불린 리본을
'사다리' 형태로 배열한 18세기의
관습을 떠올린다.

어깨부터 우아하게 떨어지는
배 모양의 넓은 네크라인이
펠레린(pelerine, 소매가 없는 망토식
외투)과 아래로 늘어진 소매의
볼륨을 강조한다.

소매는 팔에 밀착되는 아래쪽,
위쪽의 어깨 부분(카트리지
플리츠가 달린), 중간의 1830
년대의 전형적인 스타일인 풍선
모양의 지고 슬리브의
세 부분으로 나뉜다.

허리선은 자연스러운 위치에
가까워졌으며 앞부분이
뾰족하게 떨어지는 형태가
많았다. 이런 경향은
1840년대에는 특히
두드러졌다.

이전 예보다 폭이 넓고 빳빳한
밑단이 특징으로, 밑단이 넓게
퍼져 스커트와 어깨의 폭이
비슷하다.

**슈와죌 공작과 두 지인의
초상**(추정, 부분)

자크 위볼트, 1775년경, 게
티 오페라 콘텐츠 프로그램
에서 제공 받은 디지털 화상

1830년대 초기, 발레가 여성의 드레스에 영향을 미친 듯하다. 이탈리아의 댄서 마리 탈리오니(1804~84)가
자신의 포앵트가 잘 보이도록 입었던 짧은 스커트도 그 보급에 일역을 했을 것이다. 그녀는 〈라 실피드〉에서
풍성하게 부풀린 허벅지 중간 정도 길이의 스커트를 입어 발레 슈즈가 잘 드러나도록 했다. 당시의 많은
가운이 발레 의상과 비슷했으며 유일하게 다른 점은 발레 스커트가 더 짧고 속이 살짝 비쳐 보였다는 것이다.

실크 데이 드레스와 케이프

1830~40년경, 파워하우스 박물관, 시드니

◆

오스트레일리아의 초기 식민지 시대(1835~37년경)에 만들어져 착용된 드레스와 케이프로,
구미의 유행과 깊은 관련성을 보여준다. 케이프 또는 **펠레린**은 어깨 폭이 넓은 형태로
부드러운 곡선을 살린 실루엣을 연출했다.

이번 예는 당시 호평을 받던 패션지
〈라 벨르 어셈블〉에 실린 1831년의
기사 그대로이다. '드레스는 같은
원단으로 만든 폭이 넓은 **펠레린**과
함께 착용한다. 전면은 **피슈**와 같은
형태로 양끝은 낮게 떨어지고 뒤판은
뾰족하며 양 어깨에 깊은 삼각형 모양이
생기도록 재단했다. 실크로 (중략)
장식했다.'[25] **펠레린**은 이번 예와
같이 드레스와 같은 원단으로
만들어져 큰 인기를 누렸다.

허리선의 위치가 낮아지고
신체에 밀착되었다.
보디스에는 뼈대를 넣었는데
처음에는 앞쪽, 이후에는
양옆의 솔기 부분에
넣었다.[26] 넓은 어깨와 풍성한
옷자락으로 가는 몸통을
강조했다.

이 시기의 심플한 스커트는
여러 겹의 장방형 원단을
사용해 만들었다.

이 시대에 전개된 종 모양의
스커트는 밑단에 패드를 넣어
무게를 늘임으로써 그 형태를
유지했다. 폭이 넓어지는
동시에 길이도 길어져 발목
아래까지 올 정도였다.

케이프 아래로 어깨가 처지고,
네크라인이 넓고 얕은 스타일의
보디스가 살짝 엿보인다. 허리선
위쪽과 네크라인 아래쪽을 **카트리지
플리츠**로 장식했으며, 소매에도 같은
장식을 했다.[27]

풍성한 지고 슬리브는 이 시대의
대표적인 스타일이다. 이렇게 큰
소매를 덮을 외투를 만드는 것이
쉽지 않았기 때문에 케이프가 인기가
있었다.

어깨와 소맷동에 촘촘한 카트리지
플리츠를 넣어 소매를 부풀렸다.

허리밴드 전체에 주름을 잡아 옆으로
퍼진 풍성한 스커트를 만들었다.

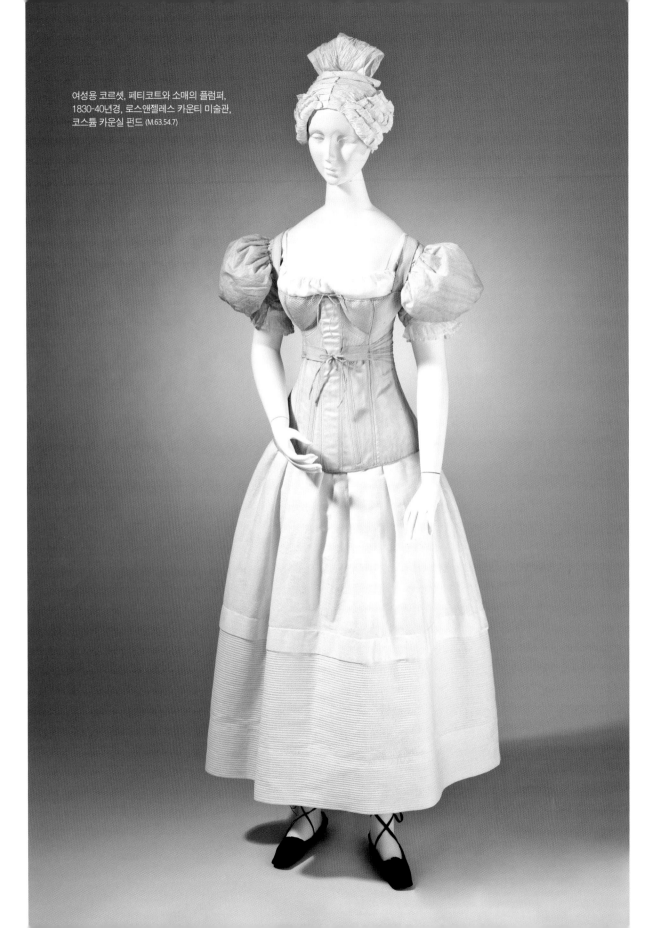

여성용 코르셋, 페티코트와 소매의 플럼퍼,
1830-40년경, 로스앤젤레스 카운티 미술관,
코스튬 카운실 펀드 (M.63.54.7)

승마복(부분), 1826년,
암스테르담 국립 미술관

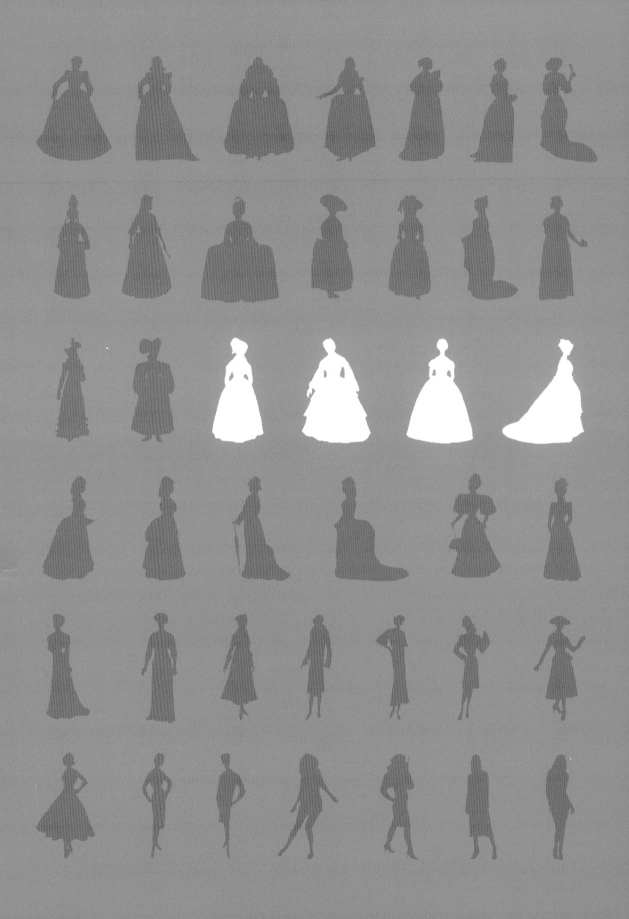

Chapter 5
1837-1869

1840

1840년대의 **가운**은 여러모로 그 전후 시기보다 훨씬 복잡했다. 길고 부드러운 스타일은 확실히 1820~30년대의 퍼프나 프릴처럼 과하진 않았지만 착용하기는 훨씬 힘들었다. 1830년대에는 발목 길이의 스커트와 허리통도 여유가 있었지만 1840년대에는 무거운 스커트와 몸에 밀착되도록 끈으로 조인 긴 **보디스**를 입었다. 이는 1850~60년대로 향하는 과도기의 특징으로, 이후 높아진 허리선과 조임이 심하지 않은 **크리놀린**의 등장으로 소멸했다. 찰스 다윈의 손녀 그웬 라베라트(Gwen Raverat)는 회상록『시대물(period piece)』에서 이렇게 회고했다.

> 어느 날, 나는 에티 숙모에게 **크리놀린**을 입는 게 어떤 느낌이었는지 물었다. 그녀는 '아, 그건 정말 좋았어.'라고 대답했다. '그게 사라진 후로 얼마나 불편했던지. **페티코트**에 갇힌 다리를 자유롭게 풀어준 덕분에 걷기가 훨씬 쉬웠다니까.'

1830년대 후반 이후, 스커트는 여러 겹으로 겹친 **페티코트**로 구성되었으며 **호스헤어**(horse-hair), 등나무, 패딩 등의 다양한 소재를 이용해 빳빳하게 만들었다. 1830년대 말이 되면 효과를 더욱 높이기 위해 **플라운스**가 사용되었다. 이렇게 부풀린 플리츠 스커트는 허리가 최대한 가늘어 보이도록 길이가 긴 **보디스**와 함께 착용하고 끈으로 단단히 조였다. 소매의 진동은 위팔 부근까지 내려갔다. 인기 있던 '팬 프론트 보디스(fan front bodice)' 디자인은 가늘게 뻗은 V자형 허리선의 끝부분까지 보는 이의 시선을 끌어당겼다. 스커트는 아래로 갈수록 종 모양으로 부드럽게 퍼지며 어깨선과 허리를 돋보이게 했다. 이런 형태가 꾸준히 이어지며 1830년대의 극단적으로 퍼지는 실루엣이 서서히 수정되었다. 결과적으로, 장식이 확실히 줄었기 때문에(특히, 주간용 의상) 1840년대의 여성복은 다소 정적으로 보일지 모른다. 하지만 1838년 런던에서 창간된 실용서 『여성 노동자들을 위한 가이드(workwoman's guide)』는 착용 가능한 의상의 변형에 대해 다음과 같이 썼다. '**가운**은 (네크라인이)높거나 낮거나 혹은 4분의 3 높이 정도일 때, 장식의 유무, 트임이 앞에 있는지 뒤에 있는지 '에 따라 '네크라인이 높고 장식이 달린 프랑스풍 **보디스**', '네크라인이 낮은 그리스풍 **보디스**', '네크라인이 낮은 장식이 없는 **보디스**' 등으로 분류했다. '품격 있는 외양을 위해 드레스의 사소한 부분 하나하나까지 주의해' 착용해야만 했다. 왜냐하면 '보기 좋은 외양을 갖추기 위한 노력에 (중략) 반드시 허영심이나 경박함이 따르지는 않기 때문이다.' 1830년대 후반부터 1840년대 초의 '보기 좋은 외양'이란 『여성 노동자들을 위한 가이드』에 따르면 ' 새틴, 실크, 거즈 (중략) 등의 띠, 룰로, 퍼프, 프릴, **플라운스** (중략) 파이핑, **가운**과 같은 원단으로 만든 끈, 퀼링(quilling, 가늘고 긴 천을 꼬아 문양을 만든다) 리본, 레이스가 사용된 것 '으로 이런 것들은 보통 **가운**과 같은 원단으로 만들었다. 짙은 색상이 인기가 있었으며 표면의 장식이 사라지고 깔

끔하고 단정한—현대적 관점에서 보면 특별하지 않고 평범한—스타일을 추구했다. 물론 『여성을 위한 에티켓 핸드북(Hand Book of Etiquette for Ladies)』(어느 미국 여성 저, 1847년)에도 쓰여 있듯 '가장 평범한 드레스가 항상 가장 품위 있는 드레스이며, 평범한 드레스를 입은 여성은 결코 유행에 뒤떨어지지 않을 것이다.' 성실하고 근면한 이미지를 높이 평가한 것은 1840년대 특유의 언설은 아니지만 이 10년간 특히, 빈번히 등장한 표현이다.

간소함을 미덕으로 여겼음에도 기술의 발전과 의복의 대량 생산에 의해 드레스 선택의 폭이 넓어진 것은 아이러니한 일이다. 영국에서는 산업혁명이 여성의 드레스와 양재사가 이용할 수 있는 선택지에 큰 영향을 미쳤다. 18세기에 이룩한 제니 방적기, 뮬 방적기와 같은 혁신은 방적기와 증기기관(섬유 제품 공장의 동력으로 사용되었다)을 포함한 19세기의 더 큰 발전으로 가는 길을 닦았다. 섬유 제품의 증산을 가져온 이런 기계의 출현은 필연적으로 새로운 패션을 대중에 퍼뜨리는 속도를 가속화시켰다. 또한 인쇄 기법의 꾸준한 개량 역시 패션지나 패션 플레이트를 일반 대중에 퍼트리는데 도움이 되었다. 특히, **코르셋**은 기술 발전의 지대한 영향을 받았는데 세기 초의 비교적 단순한 **스테이스**에서 진화해 1840년대 후반에는 프랑스에서 새로운 재단법이 개발되었다. 이 방법으로 흔히 사용하는 7~13장의 원단 중 5쌍을 양옆에 이어붙이면 가슴과 엉덩이에 천을 덧대지 않아도 허리에 딱 맞게 만들 수 있었다. 가슴은 고래수염으로 온전히 지지하고 어깨 끈은 필요 없어졌다.

잘 알려져 있듯이, 1850년대는 초기 드레스 개혁이 시행된 시기이다. 운동가 아멜리아 젠크스 블루머(Amelia Jenks Bloomer)는 그의 친구 리비 스미스(Libby Smith)와 함께 동료인 미국인 여성에게 롱 드레스를 버리고 '터키' 스타일 바지(블루머라고 불리었다)를 튜닉과 함께 입어볼 것을 권했다. 그들은 여성 대상의 신문 〈릴리〉를 통해 블루머를 널리 선전하고, 이 새롭고 멋진 '여성용 바지'를 어떻게 착용하는지 직접 해설 및 실연했다.[6] 그들의 노력은 뜨거운 관심을 불러일으키며 더 자세히 알고 싶다는 요청도 있었지만 사회는 아직 이런 극적인 변화를 받아들일 준비가 되어 있지 않았다. '사려 깊은' 여성의 대두를 제안한 블루머는 여성의 바람직한 모습에 대한 당시의 사회적 인식에 의문을 던졌지만 찰스 디킨스가 『에드윈 드루드의 비밀(The Mystery of Edwin Drood)』에 썼듯이 여성은 '가정의 행복을 위해 헌신하는 천사'여야만 했다.[7] 이런 포퓰리즘적 태도는 여성들이 블루머의 예를 따르도록 장려하지 않았다.

이런 사정에도 **코르셋**을 착용한 가는 허리는 19세기 중반의 변함없는 특징이었으며 이 시대에 끈을 이용해 신체를 단단히 조이는 스타일이 인기를 얻기 시작했다. **코르셋**은 세기 후반 드레스 개혁파에 의해 진지하게 거론되었으나 1840년대에도 이런 스타일에 의문을 던지는 이들이 있었다. 1851년 널리 인기를 얻은 『고디즈 레이디스 북(Godey's Lady's Book)』에서는 '빳빳한 **스테이스**의 시대는 지나갔고, 우리는 그때로 돌아가지 않을 것이다. 입는다 해도 현대의 우아한 드레스에 고래수염은 거의 사용되지 않는다.'고 주장했지만 '양손으로 쥘 수 있을 만큼 가는 허리에 대한 여성의 욕망은 사그라질 줄 몰랐다.[8] 몸통을 극단적으로 조이는 스타일에 동참하지 않는 여성이라도 적당한 **스테이스**를 착용했으며 그것이 미적으로 중요한 기본 요소라고 생각했다. 분별력을 가지고 착용해야 한다는 패션계와 의학적 견해에 따른 제안은 단호히 무시되었다.

이 시대, 여성은 원피스 드레스만 입지는 않았다. '드레스'를 입은 것처럼 보여도 1850년대부터 재킷과 같은 **바스크**가 달린 **보디스**는 구성상 스커트에서 분리되어 있었다. 1860년대의 분리형 스타일은 초기 레저웨어의 인기가 영향을 미친 듯하다. 스포츠웨어에도 스커트와 **보디스**나 슈미제트 또는 **칸주**(canezou)로 구성된 분리형이 제안되었다. '웨이스트(waist)'라고 불린 이 스타일은 현대적 관점에서는 블라우스와 매우 비슷하지만 블라우스라는 말은 아직 사용되지 않았다. p.95에 소개된 사진 속 미국 여성이 입은 의상이 바로 그것인데 최신 유럽 스타일의 도입이 더뎠던 미국이었지만 이 블라우스는 유행의 첨단에 있는 듯 보인다. 다만, 미국에서는 패션보다는 실용성을 목적으로 채용된 스타일이었다. 남북전쟁 시기(1861~65년), 물자가 부족했던 남부인들은 오래된 드레스의 **보디스**를 입지 못하게 되자 그 스커트를 재활용해 웨이스트로 만들어 입었다.[9] 물론 시간이 흐르면서 본래의 실용성은 패션이 되고 **가리발디**(Garibaldi)' 웨이스트(주세페 가리발디의 신봉자들이 입었던 붉은색 셔츠에서 영감을 얻은 제정 시대의 재킷과 비슷해 '스펜서 웨이스트'라고 불리기도 했다)가 특히, 젊은 여성들 사이에서 인기가 있었다. 주로 어두운 색상의 원단으로 만든 웨이스트는 일상의 다양한 기회에 이용되며 여성용 의상의 선택지를 크게 확대했다. 이런 **보디스**와 스커트의 조합에는 '스위스 웨이스트(swiss waist)'라는 앞, 뒤쪽 중앙이 위아래로 뾰족하게 돌출된 스타일의 주로 검은색 벨트가 추가되어 얇은 몸통을 강조했다.

영국에서는 당시 인기가 있던 왕태자비 알렉산드라 오브 덴마크가 몇 가지 유행을 만들었다. 그녀는 1863년 3월 10일 빅토리아 여왕과 앨버트 공의 장남 에드워드와의 결혼식 당시 찰스 프레드릭 워스(Charles Fredrick Worth)가 디자인한 영국 실크 소재의 흰색 **가운**을 입었다. 호니튼 레이스(honiton lace)와 은사 자수로 화려하게 장식된 이 섬세한 소재의 드레스는 **크리놀린**(crinoline)을 착용해 그 매력을 최대한으로 활용했다. **크리놀린**이라는 말은 **페티코트**를 빳빳하게 만들기 위해 사용된 말의 꼬리털 '크린'에서 유래되었으며 이윽고 고래수염으로 만든 크기가 각기 다른 후프를 수평으로 겹쳐 밑단에 넓은 원주를 만드는 구조를 의미하게 되었다.[10] 10년간, **크리놀린**의 구조와 형태는 유행에 따라 변화했지만 기본적인 '케이지(cage)'는 1860년대 그대로 남았다. 여성의 패션은 극단적이고 비실용적으로 변했지만 **크리놀린**은 그 일부에 그치지 않고 19세기 중반의 가장 영속적이고 매력적인 이미지 중 하나로 남았다.

오른쪽
여성용 케이지 크리놀린
(영국제, 1865년경.
로스앤젤레스 카운티 미술관)

드레스

1836~41년경, 맥코드 박물관, 몬트리올

◆

바레주(barège, 프랑스 바레주에서 생산된 얇고 가벼운 모직물) 소재의 이 주간용 드레스는 가는 허리와
위팔까지 내려온 암홀이 특징으로, 1840년대의 제한적인 여성복의 전조를 보여준다. 한편, 목판으로 인쇄된
경쾌하고 로맨틱한 나뭇가지 문양은 세기 초 수년간 인기를 끌었던 부드럽고 자연스러운 디자인을 떠올린다.

넓고 깊은 네크라인은 1830년대의
일반적인 디자인으로, 끝부분이
어깨를 벗어날 정도였다(이브닝용은
어깨에 걸친 스타일이 많다). 바로 아래에
있는 깊은 플리츠 장식이 눈길을
끈다.

끝이 뾰족하게 떨어지는
웨이스트가 1840~60년대
보디스의 커다란 특징이다. 녹색과
보라색으로 파이핑된 이중 장식이
돋보인다.

보디스 본체의 이 부분에 지지대를
넣어 형태를 보강했다. 스커트
앞쪽은 박스 플리츠, 뒤쪽은
촘촘한 **카트리지 플리츠**로 볼륨을
연출했다.

스커트 측면에 실크로 파이핑한
부채꼴 장식을 넣고 실크 리본으로
장식했다. 이런 장식은 1830년대의
유산으로 1840~50년대에는 점차
사라진다.

소매는 위팔부터 손목까지 풍성하게
부풀렸다. 어깨에서부터 미끄러지듯
떨어지는 커다란 지고 슬리브는
1836년 이후 자취를 감추기 전의
마지막 모습이다. 양옆 모두 팔에
딱 맞게 촘촘히 넣은 플리츠는
다가올 새로운 소매의 위치를
시사하는 듯하다. 이렇게 비스듬히
떨어지는 효과는 1840년대
여성복의 형태를 예측하는데 있어
중요한 요소이다. 아래의 1835년의
초상화에서도 커다란 퍼프가 중앙에
위치한 비슷한 형태를 볼 수 있는데,
이런 형태도 점차 단순하게 바뀌었다.

여성의 초상
(프레데릭 랜돌프 스펜서, 미국,
1835년, 로스앤젤레스 카운티
미술관)

녹색 실크 드레스

1845년경, 패션 아카이브&뮤지엄, 시펜스버그 대학교, 피츠버그

◆

최근 복원된 이 데이 드레스는 짙은 녹색과 밝은 핑크색의 양면으로 제작된 실크 새틴 소재로
원단의 색이 아름답게 변화한다. 1845년 무렵부터 선택할 수 있게 된 무척 세련된 스타일이다.

스탠딩 칼라가 달린 높은 네크라인은
1848~52년에 유행했다. 그 후,
1850~60년대의 주간용 의상에는
둥근 칼라가 주류가 되었다. 이번 예는
1840년대에 넥밴드를 떼어냈다가
뒤쪽에서 여미는 방식을 앞쪽에서 여밀
수 있게 고친 후, 다시 달았다. 현존하는
의복에서 흔히 발견되는 개조 방식으로,
일반인이 패션의 변화에 맞게 의상을
어떻게 재이용 및 재활용했는지 알 수
있다.[13]

매우 짧고 장식적인 '자키(jockey)'
오버 슬리브. 소매 위치의 **셔링**(shirring)
이나 플리츠를 덮기 위한 장식의 토대로
사용하기에 적합했다.

길게 늘인 원뿔형 몸통 부분이
잘 드러난다. 불과 수년 전
하이 웨이스트 **가운**으로부터의 극적인
변화이다.

폭이 넓은 '부채꼴 앞판'은 어깨부터
허리까지 점차 좁아지는 형태로 가는
허리와 처진 어깨의 **보디스**를 돋보이게
만든다. 뒤쪽에서 여미는 방식이라
가슴 부분의 유려하게 흐르는 디자인이
완성되었다.

소매의 위치가 낮고 어깨의 솔기는 약간
뒤쪽에 있다.

1840년대의 드레스는 장식이 거의 없는데
이번 예에서도 장식은 대부분 **가운** 자체의
플리츠와 개더(gather)이다.
1840년의 『여성 노동자를 위한 가이드』
에는 실크 드레스, 파이핑, '가운과 같은
소재의 장식이 보기 좋다'고 쓰여 있다.
[14] 이번 예 역시 이런 방식으로 단색의
매끄럽고 우아한 드레스를 만들어냈다.

손목에 밀착된 소맷동. 후크를 이용해
여미는 방식이다.

견사로 감싼 작은 도토리로 단추
하나하나를 장식했다. 도토리는 희망,
가능성, 힘, 남녀의 섹슈얼리티, 다산 등과
같은 다양한 의미를 담고 있다.[15]

스커트는 보통 7장 이상의, 간혹 폭이
무척 좁고 긴 옷감을 이어 붙여 만들었다.
앞쪽 중앙에서 솔기가 보이지 않게
재봉하는 것이 이상적이지만 그게 어려울
경우에는 장식을 달아 솔기를 가렸다.
대부분 순수한 장식이었다.

1845년의 이 다게레오 타입
사진 속 여성은 자키 슬리브,
높은 네크라인, 플리츠를 넣
은 **보디스** 등 이번 예와 유사
한 드레스를 입고 있다(게티 오
픈 컨텐츠 프로그램에서 제공 받은 디
지털 화상).

담청색 모슬린 드레스

1854~55년경, 맥코드 박물관, 몬트리올

◆

이 시기의 드레스는 보통 **보디스**와 스커트로 구성된 투피스이다. 이번 예에서는 **보디스**에
당시 유행하던 바스크가 달려 있는 것을 확인할 수 있다. **보디스**는 허리 부분이 가늘고 엉덩이 위쪽이
넓게 퍼지는 재킷처럼 재단되어 있다. 이런 종류의 **보디스**는 1850년대 후반 유럽은 물론 미국에서도 인기가 있었다.
원단은 모슬린으로, 본래 프랑스에서 발달한 고급 우스티드(worsted) 소재이다.

∙∙∙

탈부착이 가능한 코튼 칼라와 언더
슬리브가 달려 있다. 드레스의
오염이나 마모를 막기 위해 따로
세탁이 가능했다.

폭이 넓은 '**파고다 슬리브**(pagoda sleeves)'
는 이번 예보다 더 넓은 것도 있었으며
장식과 마감 방식도 다양했다. 1853년
패션 월간지 〈라 벨르 어셈블〉에는
'**파고다 슬리프**는 사라지지 않았다.
다양한 종류가 있는데 개중에는 폭이
무척 넓은 것도 있고 (중략) 레이스나
자수로 장식한 것도 있다. 언더
슬리브와 함께 착용한다'고 쓰여 있다.
이번 예와 일치하는 설명이다.

보더 프린트(border print, 하단 해설
참조)로 소매의 **플라운스**와 층층이
나뉜 어깨 부분을 장식했다.

주름을 잡은 **플라운스**로 만든 3
단 스커트는 1850년대의 전형적인
스타일이다. **플라운스** 가장자리는
'아 라 디스포지션(à la disposition,
자유롭게라는 뜻의 프랑스어)'이라고
불리는 보더 프린트로 장식했다.
한쪽에 커다란 보더 프린트가 들어간
원단은 이렇게 장식적으로 사용해
1850년대 드레스의 실루엣을
결정하는 중요한 요소를 강조할 수
있도록 정확히 제조되었다.

여성의 초상화

(다게레오 타입, 1851년, 로스앤젤레
스 카운티 미술관)
이번 예와 같은 종류의 프린
지가 층층이 장식된 파고다
슬리브 스타일의 드레스를
입은 여성

스커트는 3단의 **플라운스**와
1855년경 파리에 등장한
'**크리놀린** 또는 후프 스커트'의
발전으로 크게 부풀려졌다.

투피스 드레스
1855년경, 로스앤젤레스 카운티 미술관

◆

1852년, 빅토리아 여왕이 밸모럴 성을 사들이자 스코틀랜드의 것이라면 무엇이든 열광의 대상이 되었다.
많은 여성들에게 드레스는 중요한 표현 수단 중 하나였기 때문에
이번 예와 같은 타탄체크에서 영감을 얻은 원단이 유행의 중심이 된 것은 당연했다.
폭이 넓은 스커트는 소재의 새로운 유행을 보여주기에 안성맞춤인 자리였다.

보디스는 전면의 후크를 이용해 여미는 방식으로,
앙증맞은 녹색의 실크 태슬 단추는 단순히
장식용이었다. 1850년대에 인기가 있었으며
이 무렵 같은 종류의 **가운**에서도 볼 수 있다.

로브 아 라 프랑세즈의 로빙
(부분)(1760년대, 로스앤젤레스
카운티 미술관)

어깨의 낮은 위치에 달린 '**파고다 슬리브**'
는 이 시기에 등장한 스타일. 커다란
사각형 원단으로 만들었으며 간혹 소매
안쪽이 트여 있거나 어깨부터 내려오는
것도 있었다.

스커트 표면에 장식은 없지만 대담한
체크무늬가 색상을 더욱 돋보이게
만든다.

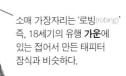

소매 가장자리는 '로빙(robing)'
즉, 18세기의 유행 **가운**에
있는 접어서 만든 태피터
장식과 비슷하다.

안에 입은 **크리놀린**이 돔 형태이기
때문에 스커트의 밑단은 원을
그리듯 퍼지고 앞뒤로 살짝
돌출되어 있다. **크리놀린**의
형태가 변화하면서 스커트
앞면이 평평해진 것은 1860년
무렵으로, 1850년대 중반까지는
그렇지 않았다. 1860년 무렵에는
지지대를 넣어 밑단 둘레가
9미터가 넘는 것까지 있었다.

웨딩드레스

1850~60년경, 스완·길포드 역사협회, 서오스트레일리아주

◆

가정에서 직접 만든 발레주 소재 웨딩드레스. 드레스의 특징으로 보아
1850~60년 중반 무렵 만들어졌을 가능성이 높다. 몇 번의 보수와 개조를
거친 미술관 소장 유품으로는 좋은 예로, 그 점에 대해서도 짚어보았다.

복제 레이스(replica lace, 오른쪽 설명 참조)
위의 밝은 녹색 단추는 후에 전시용으로
추가된 것이다.

매우 낮은 위치의 어깨선(거의 팔
끝부분까지 내려왔다)은 1850~60년대의
뚜렷한 특징이다. 허리선과 어깨선 모두
같은 원단으로 파이핑되어 있다.

스커트 앞쪽과 양옆은 박스 플리츠,
뒤쪽 중앙에는 **카트리지 플리츠**가
들어가 있다. 오른쪽 솔기에 주머니를
달았다.

종 모양의 소맷동은 커다란 **파고다
슬리브**가 유행하기 전의, 초기의 미묘한
크기로 스커트의 형태와 실루엣과 잘
어울린다. **바이어스 컷**(bias cut)된 같은
원단의 프릴로 소맷동을 장식해 소매의
형태를 강조했다.

폭이 넓은 레이스 칼라는 나중에 추가된
것이다. 1850년대와 60년대 초에는
탈부착 가능한 칼라를 달았을 가능성이
있다. 다만, 이것보다는 작고 폭이 좁은
칼라였을 것이다.

1840년대 이후, **보디스**는 앞면에
풍성한 볼륨을 만드는 식으로
재단하거나 별개의 원단을 사용해 가슴
전체에 장식용 플리츠를 달았다. 이번
예에서는 볼륨을 넣어 재단하는 방식을
사용했으며, 장식 스티치로 플리츠를
박았다.

끝이 깊고 뾰족하게 떨어지는
허리선과 같은 원단으로 두른
파이핑은 스커트에서 분리된
보디스의 경계를 강조하기 위한
기법이다. 보기에는 분리되어 있는
것처럼 보이지만 실제 스커트는
보디스 안감에 달려 있다.

브레이드(braid)는 아마 나중에
달았을 것으로 보인다. 스커트 앞쪽
중앙에 달린 원래의 단추 가장자리를
둘러싸듯 달았다. 밑단에 가장 가까운
아래쪽 단추는 후에 교환된 단추이다.
앞쪽 중앙의 원단은 전체와 같은
원단을 사용했으며, 처음 그대로의
원단으로 보인다. 뾰족하게 떨어지는
허리선 바로 아래의 끊긴 부분은
양재사가 원단을 다 써버렸거나
혹은 손상되어 교체되었을 것으로
추정된다.

스커트 전체에 안감을 넣고
플리츠를 이용해 형태와
볼륨을 유지했다.

갈색 실크 무아레 태피터 소재의 애프터눈 드레스

1865년경, 파워하우스 박물관, 시드니

폭이 무척 넓은 스커트이지만 과거 여러 겹으로 된 **페티코트**에 비하면 상당히 개방적이었을 것이다.
가벼운 케이지 **크리놀린**으로 옷감을 지지하고 그 위에 2, 3장의 **페티코트**를 겹쳐 입어 스커트의 실크 원단을 통해
크리놀린이 비쳐 보이지 않도록 했던 듯하다. 세탁할 수 있게 칼라와 소맷동은 탈부착이 가능하다.

소매는 낮은 위치에 달려 있고 가장자리를 기계로 짠 레이스로 장식했다. 어깨 쪽 장식은 당시의 유행으로 이번 예에서는 느슨하게 달았다. 드레스 세부의 오래된 스타일은 남기면서 어깨를 강조하기 위해 추가된 것으로 보인다.

보디스는 세로 방향으로 지지대를 넣어 형태를 고정했다. 지지대는 리넨으로 감싸 양옆과 뒤쪽에 부착했다.

소맷동에도 어깨와 같은 레이스 장식을 달았다. 투톤 컬러의 **로제트**를 단 벨트에도 검정색을 사용했다.

스커트는 1850년대의 둥근 돔 형태에서 1860년대의 타원형 스타일로 다시 만들어진 듯하다. 앞쪽은 평평하게 만들기 위해 원단 2장을 끼워 넣었다. 손바느질과 재봉틀을 이용한 스커트를 통해 패션 산업의 커다란 변화를 엿볼 수 있다.

스커트 안에는 거칠게 마감된 면 소재의 독립형 버슬(bustle) 패드를 착용했다. 이것은 나중에 추가된 것으로 2줄의 짧은 끈으로 허리 밴드에 고정했다. 드레스 뒤쪽을 크게 부풀리는, 간소한 **버슬**의 시작을 알렸다.

마드무아젤 시콧(오귀스트 르누아르, 1865년, 워싱턴 국립 미술관, 워싱턴 D.C.)

이번 예와 매우 유사한 드레스를 입은 여성의 초상화. 레이스로 장식된 낮은 소매, 높은 네크라인과 흰색 칼라, 앞쪽에서 단추로 여미는 방식, 눈에 띄는 벨트를 볼 수 있다. 이런 드레스는 장식성과 기능성을 겸하고 네크라인의 오염이나 마모를 방지하기 위한 탈부착 가능한 흰색 칼라 또는 프릴과 함께 착용했다.

이브닝 드레스

1868~69년, 파리, 맥코드 박물관, 몬트리올

◆

버슬에 의한 드레스 스타일의 큰 변화를 확인할 수 있는 예이다.
스커트에는 여전히 **크리놀린**에 의한 종 모양의 실루엣이 남아 있긴 하지만 앞면은 점차 평평해지기 시작했다.
1869년 캘리포니아 주 <메리스빌 데일리 어필>지의 한 기사에서는 같은 종류의 드레스에 대해 '흰색 드레스에는
같은 소재의 **파니에** 스커트를 달고 **셔링**과 프린지로 장식했다'고 썼다.[24]

매우 짧은 퍼프소매는 플리츠를 단 '튈(tulle)'
로 장식해 **보디스**에 색다른 질감을 더했다.
실크 등을 그물처럼 얇고 가늘게 짠 '튈'은
형태와 볼륨을 만들기 위해 겉감 안쪽에
넣는 식으로 주로 사용했다. 이번 예와 같이
겉으로 드러나는 장식용으로 쓰이기도
했지만 대량으로 사용되는 경우는 거의
없었다.

트임을 넣은 '에이프런 프론트' 오버
스커트는 허리와 양옆 부분에 주름을 잡고
뒤쪽으로 갈수록 풍성하게 부풀렸다.[25]
이 형태는 **크리놀린**에서 스커트 뒤판을
강조한 **버슬**로의 이행을 보여준다는 점에서
중요하다. 이런 오버 스커트의 풍성한
스타일은 18세기에 **파니에**(panier)'라고
불리었으며 앞쪽이 트인 스타일은 '마리
앙투아네트' 오버 스커트라고도 불리었다.

플리츠와 실크 프린지에 단 같은 원단으로
만든 리본이 오버 스커트의 주름에 포인트를
주었다(뒤쪽도 동일).

주름을 잡은 **태피터**로 밑단에
단일한 **플라운스**를 만들어
옷자락이 바닥에 끌리게 했다.

어깨와 목에 드리운 넓은 옷깃 '**버사**
(bertha)'는 1830년대 이후 보디스에
달면서 인기를 모았다.

이번 예의 **버사**는 스커트의
플리츠와 프린지 장식과 같은
것을 사용해 장식이 없는 보디스를
돋보이게 만들었다.

스커트와 동일한 리본을 네크라인의
앞쪽 중앙 그리고 양쪽 어깨에도
달았다.

세로 줄무늬의 실크 태피터 웨딩드레스

1869~75년경, 스완·길포드 역사협회, 서오스트레일리아 주

◆

이 드레스가 1880년대 제작된 것이라는 몇몇 기록이 있지만 1870년대 초기의 **버슬** 스타일에 훨씬 부합한다.
파이핑된 드롭 숄더와 풍성한 실크 프린지로 장식한 것은 폭이 넓은 '코트(coat) 슬리브'를 달았기 때문이다.
1860년대의 드레스를 개조했다는 것을 보여주는 세부적인 부분도 있어 이번 장에서 다루었다.

....

칼라에 달린 '테네리프 레이스(teneriffe lace)'는 미술관에서 유실된 칼라 대신 단 것이다.

폭이 넓은 코트 슬리브는 풍성한 초기 '파고다 슬리브' 스타일을 응용했을 것이다. 1860년대 중반에 등장한 코트 슬리브는 팔꿈치 부분에서 곡선을 이루고 있는데 직선으로 재단된 2장의 원단을 잇대어 만들었다. 남성용 코트 소매와 매우 유사하다.[31]

앞에서 여미는 방식의 **보디스** 뒤판은 3장의 원단으로 구성되며 양옆으로 깊은 곡선을 그리는 솔기가 보인다. 이것은 1860년대의 특징으로, 1870년 이후에는 직선으로 박힌 솔기가 많고 그 수도 많아졌다.[32] 이 드레스는 오랫동안 여러 번에 걸쳐 개조되고 재이용된 듯하다.

이번 예는 서오스트레일리아 주 남서부 샤이어 오브 하비에 살았던 한 신부가 만든 드레스였다고 전해진다. 결혼식 날 아침, 신부는 교회로 향했지만 신랑은 물론이고 사제나 손님들도 보이지 않았다. 집으로 돌아간 그녀는 예배가 거행되는 다음 일요일 다시 한 번 교회로 향했다. 그제야 그녀는 하비 강이 범람해 신랑과 사제 모두 예정된 날에 올 수 없었다는 사실을 알게 된다. 이 눈물겨운 이야기를 통해 드레스와 같은 유품이 과거의 패션 이상의 의미를 담고 있다는 것을 깨닫는다. 그 옷을 입었던 사람의 이야기를 전하는 것뿐 아니라 생활방식의 차이며 무엇을 선택하고 기대했는지까지 생각하게 해준다.[38]

이런 드레스는 일반인이 어떻게 자신의 옷을 만들었는지 알아보는데 도움이 된다. 이번 예는 전문 양재사가 만든 것도 아니고 상점에서 구입한 것도 아니다. 이 드레스가 가정에서 만들어졌다는 증거는 여러 가지가 있다. 예를 들면 **페플럼** 바로 위, 허리의 박스 플리츠 가장 위쪽에 마감이 되어 있지 않은 점. 또 원단의 가장자리가 노출된 채 불규칙하게 대강 꿰매어져 있는 점 등이다.

태피터의 일부가 스커트의 면 안감과 꿰매지지 않은 부분이 있다. 그것은 한데 뭉쳐 옷단 아래로 늘어져 있다.

세로 줄무늬 디자인의 가벼운 원단은 신문의 패션 칼럼에서 자주 언급되었다. 〈사우스 오스트레일리안 어드바이저〉 지는 이 물망초의 청색처럼 연한 색상을 사용하면 '고상한 취향을 표현할 수 있다'고 썼다.

다게레오 타입 사진, 1845년, J. 폴 게티 박물관, 로스앤젤레스

녹색 실크 드레스, 1845년경,
패션 아카이브 & 뮤지엄,
시펜스버그 대학교, 피츠버그

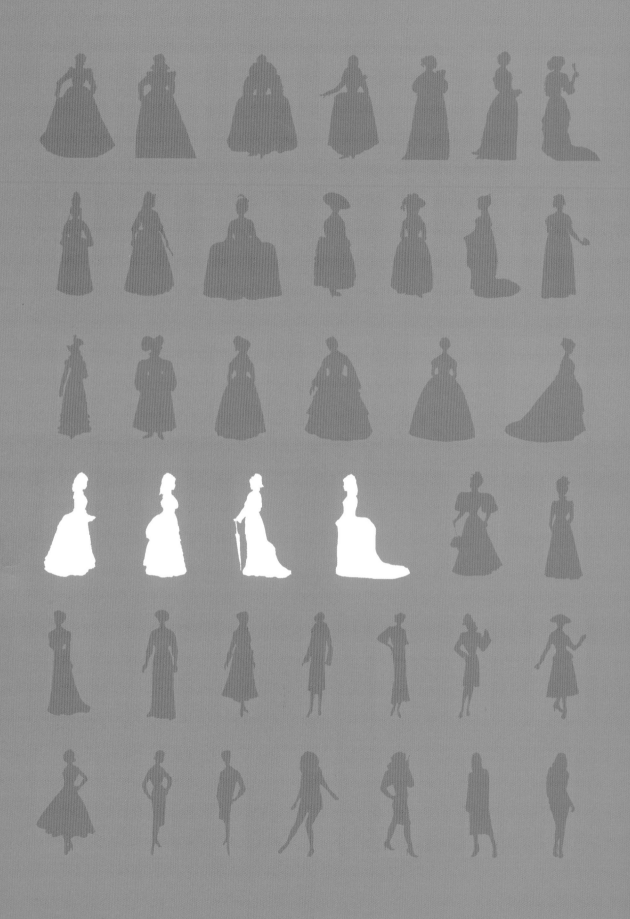

Chapter 6
1870-1889

1870

~89년은 3가지 확연히 다른 실루엣이 나타났다는 특징이 있다. 1870~75년은 최초의 **버슬**이 등장한 시기이며 1876년경부터 82년은 '자연스러운 체형'이 유행한 시기 그리고 대략 1883부터 89년은 **버슬**의 유행이 마지막 단계에 이른 시기에 해당한다. 이 20년간 **버슬**은 처음 등장한 이래 일시적으로 유행의 무대에서 물러났지만 다시 부활하는 과정을 겪었다. 그 과정은 상반되지만 다채롭고 매력적인 시기였다.

1860년대 후반, **크리놀린** 형태의 변화로 스커트 뒤판에 대한 관심이 점차 높아졌다. 머지않아 등장한 **버슬**의 위치에는 예컨대, 장식적인 **페플럼**이나 허리선 뒤쪽 중앙의 리본 장식(오른쪽 그림의 1870년대 르누아르의 작품에 그려진 스타일과 비슷한) 등을 볼 수 있다. 그런 장식은 공들여 만든 스커트의 드레이프에도 나타났다. 점차 뒤쪽으로 올라간 드레이프와 축소된 **크리놀린** 대신 채용된 **버슬**은 풍성한 스커트 뒤판의 남는 원단을 처리하는데 필요한 수단이었다. **버슬**은 하반신에 착용해 허리에 고정함으로써 스커트 뒤판을 부풀려 허리의 잘록한 부분에서부터 스커트를 마치 선반처럼 돌출시켰다. **버슬**의 사용으로 스커트 원단을 접어 넣은 정교한 드레이프와 주름을 만드는 것이 가능해지면서 긴 옷자락이나 복잡한 장식이 탄생하는 계기가 되었다.

1860년대 말, 스커트 뒤판과 양옆에 후프를 넣은 소형 **버슬**이 흔히 사용되면서 개더 형태의 드레이프를 유지하기 위한 지지대가 추가되었다. 이것은 '크리놀레트(crinolette)' 또는 '하프 후프(half hoop)'라고 불리었다. 또 호스헤어로 만든 패드를 허리에 착용하는 방식이 버슬이 유행한 두 시기에 이용되었는데 이것은 드레스 임프루버(improver) 또는 '투르뉘르(tournure)'라고 불리었다(싸움을 뜻하는 버슬은 고상하지 못한 표현으로 여겨졌다). 이런 기구는 1870년대 초기의 더 높고 둥글고 부드러운 **버슬**의 형태를 만드는데 적합했다. 그리고 1880년대 **버슬**의 마지막 단계를 특징짓는 수평으로 된 선반 형태의 '셸프(shelf)'를 만드는데도 도움이 되었다. 이 셸프는 p. 113의 사진과 같은 구조로 지지되었다. 다양한 형태와 크기가 있었는데 이미 **크리놀린**을 연상시키는 형태에서 벗어났으며(지지대 일부를 다리 뒤쪽으로 늘어뜨리는 경우가 있기는 했지만) 그 이외의 스커트 부분은 이전에 비해 상당히 가늘고 좁아졌다.

1870년대 후반, 일시적으로 자연스러운 형태로 돌아갔을 때는 모든 타입의 버슬이 사라져 대부분의 드레스가 신체에 밀착되었다. 칼집과 같은 형태의 드레스는 원피스형 '프린세스 라인' 드레스이든 신체에 밀착된 퀴라스형(cuirass) **보디스**라고 불린 것과 함께 착용했던 분리형 스커트이든 엉덩이에 밀착했다. 스커트 뒤판과 밑단에는 여유가 있었지만 측면에서 보면 드레스 원단이 다리를 감싸듯 덮었다. **페티코트**와 스커트 안쪽에 달린 끈으로 옷감을 최대한 신체의 측면에 밀착시켰다.

1883년경 **버슬**의 유행은 마지막 단계로 들어섰다. 셸프 **버슬**이라고 불린 스타일로, 그 이름 그대로 착용자의 허리 부근에서 뒤쪽으로 90도 각도로 돌출된 것이었다. 대체로 이 부분에는

오른쪽
프롬나드(산책로)
피에르 오귀스트 르누아르,
1870년,
J. 폴 게티 박물관,
로스앤젤레스

아주 적은 장식이 사용되었으며 1870년대 초기 스타일에 비하면 훨씬 경직되고 건축적인 인상을 준다. 유행은 오래가지 못하고 1880년대 말에는 자취를 감춰 간소한 **버슬** 패드만 남게 된다. 이 패드는 1890년대에 유행한 **고어드 스커트**(gored skirt) 뒤판에 작은 볼륨을 만들기 위해 이용되었다. 이 변화에 패션계는 안도한 듯 했다. 1887년 오스트레일리아의 한 신문은 다음과 같이 보도했다. '투르뉘르의 유행이 이제야 이성을 되찾았다. 수년간 크게 돌출된 터무니없는 투르뉘에가 참을 수 없이 거슬렸는데 이제는 거의 잊히고 있다.'²

풍자 작가들은 대중지에서 초기의 **버슬** 스타일을 달팽이나 딱정벌레 등의 둥근 외골격에 빗대며 조롱했다. 새로운 프린세스 라인도 조소를 면치 못했다. 〈펀치〉지와 동종의 출판물은 여성들이 늘씬한 실루엣 때문에 마치 고치에 싸인 것처럼 옴짝달싹 못한다고 평했다. 조르주 뒤 모리에(George Du Maurier)는 그의 풍자화 〈비토(거부권이라는 뜻)〉(1876~77년경)에서 유행 의상을 입고 무도회에 모인 젊은 남녀를 다음과 같이 묘사했다. "한 신사가 '자리에 앉으시겠어요?'라고 묻자 상대 여성이 대답했다. '저도 그러고 싶지만, 드레스를 만든 양재사가 절대 앉지 말라고 했어요!'"

이 스타일이야말로 이 무렵 싹튼 합리복 운동(rational dress movement)에 불에 기름을 붓는 듯한 자극을 주었을 것이다. 1850년대 아멜리아 블루머가 시도한 개혁 노력이 좌절되면서 여성의 해방은 약 50년이 지난 후에야 가능해졌다. 그런 의미에서 아티스틱 드레스 운동(artistic dress movement)과 **에스테틱 드레스** 운동(aesthetic Dress movement)은 어느 정도 진보를 이루었으며 자연적 소재와 장인 정신에 대한 선호는 공통되는 부분이기도 했다. 하지만 둘 다 주로 지식 계급과 '보헤미안' 서클을 대상으로 전개된 움직임이었기 때문에 건강과 쾌적함을 우선시하는 개혁을 본격적으로 선전한 것은 1881년에 설립된 합리복협회였다. 개혁가로 유명한 메리 하위스(Mary Haweis, 1848~98년)는 드레스의 실용성뿐 아니라 아름다움에도 관심을 기울였으며 그 두 가지가 양립될 수 있다고 여겼다. 그녀는 단지 여성 신체의 '자연스러운 라인'을 감추지 않는 심플한 의복을 중요시했던 것이다. 자신의 저서 『미의 예술(The Art of Beauty)』(1883년)에서 '오랫동안 감추어졌던 신체의 형태를 드러냈다는 점에서 높이 평가할 만하다'고 썼듯이 그녀가 이의를 제기한 것은 유행 드레스의 형태가 아니라 유행의 극단성에 대해서였다. 그녀는 또한 '무겁게 늘어뜨리거나 움직임을 제한하는 옷자락이 유연하고 활발한 움직임을 방해해, 걸음을 내딛을 때마다 신체를 들어 올리며 움직이는 여성들의 모습은 그야말로 족쇄가 채워진 소나 다를 바 없어 보일 정도였다.'라고도 썼다.

이런 기사를 읽은 일반인들의 열띤 투고가 이어졌다. 1877년 한 여성은 당시의 **가운**에서 볼 수 있던 고도의 장인 정신이 유행의 물결에 휩쓸려 타협을 선택하게 되지 않을까 하는 우려를 다음과 같이 나타냈다.

'세심한 주의를 기울인 스커트의 드레이프와 트리밍을 비스듬히 잡아당겨 걷어 올리면서 원래의 디자인이 완전히 망가졌다. 무거운 옷자락이 팔다리의 자유롭고 우아한 움직임을 억제하고, 방해하면서 내내 갑갑한 상태로 지낼 수밖에 없다.'14

합리복 운동의 제창자들은 드레스의 아름다움을 해치지 않도록 '건강한' **코르셋**과 가벼운 속옷을 개발하고, 장려했다. 그리고 착용자가 눈총 받는 일 없이 유행 의상을 건강을 해치지 않는 방식으로 개량할 것을 기대했다. 이런 혁신적인 의상을 입는 사람은 소수에 불과했지만 드레스 개혁가들이 체육 활동에는 실용적인 옷을 선택하도록 여성들에게 장려한 후로 스포츠나 레저 웨어 등의 한정된 영역에서는 계속해서 꾸준한 성공을 거두었다.

길고 호리호리한 형태의 '퀴라스' **보디스**와 프린세스 라인이 등장해, 몸통의 실루엣이 주목받기 시작한 1870년대 말에는 대부분의 여성들이 **코르셋**을 포기할 수 없었다. 그런 이유로 **코르셋**은 몸통 부분을 길게 재단하고 지지대로 이용한 고래수염도 이전보다 더 많이 넣어 단단한 형태로 만들었다. 이 시기 **코르셋**의 형태와 구속력에 큰 변화를 가져온 것은 새롭게 개발된 두 가지 기술이었다. 첫 번째는 1860년대 말 도입된 증기 성형 기술로 1870~80년대에 특히 인기가 있었다. 이 기술은 마네킹 표면에 **코르셋**을 입혀 성형한 후 단단히 굳을 때까지 건조시키는 방법이다. 두 번째는 스푼 **버스크**(spoon busk)라는 성형된 버스크가 제공된 것이었다. 위쪽은 가늘고 아래로 갈수록 퍼지는 스푼 모양의 코르셋으로⁵ 복부를 지지할 뿐 아니라 더 강하게 조여 **보디스** 전면을 납작하게 만들었다.

이 무렵이 되면 유행 드레스는 복잡한 구조에도 불구하고 많은 여성들이 간단히 입수할 수 있었다. 과거와 달리 유행하는 물품을 전부 갖출 필요(현대적 표현으로는 앙 스위트[en suite, 한 세트를 뜻한다])도 없어졌다. 이것은 주로 역직기와 재단과 봉제의 효율을 높인 기계의 도입에 의해 섬유 공업의 범위가 크게 확대된 덕분이었다(플리츠 가공기가 좋은 예로, 1880년대 가운 제작에 있어 그 기능이 주목을 받으면서 수요가 크게 늘었다). 가정에서는 재봉틀이 널리 보급되면서 의복을 더 빠르고 많이 생산할 수 있게 되었다. 패턴지는 최신 유행 의상의 제작 방법과 그 착용법에 대한 정보를 질적·양적으로 크게 높였으며 백화점의 발전은 기성복과 액세서리 구입을 가능케 했다.

1880년대 말, 당시의 신문은 **버슬**의 유행이 계속되는 것에 대한 의문과 불만이 표면화되기 시작하자 **버슬** 제조업자들이 그 추이를 불안한 심정으로 주시하고 있다고 보도했다. 이 기구의 인기가 뉴욕의 한 기자의 호기심을 자극하면서 여성들의 **버슬** 착용 여부를 다양한 장소와 시간에 따라 조사해 기사로 발표했다. 그 기자가 처음 이끌어낸 사실은 스커트를 지지하는 어떤 기구도 착용하지 않은 여성의 수가 한 손으로도 충분히 꼽을 수 있을 정도였다는 것이었다. 하지만 그가 조사를 마친 후, 이 조사 결과를 검토하자 1880년대 말의 느리지만 결정적인 변화를 읽어낼 수 있었다. 많은 여성들에게 **버슬**은 여전히 필수적인 기구였지만 소형 버슬(드레스에 고정된 리드[reed]나 와이어)을 착용하는 여성 또는 전혀 착용하지 않는 여성이 늘었던 것이다.

'키가 크고 몸집이 큰 여성, 푸른색 맞춤 클로크(cloak)를 입고 있다. (중략) 어떤 중량 기구도 착용하지 않은 그녀의 등의 윤곽. 그녀는 매력적이고 스타일리시하다. 조사관은 그녀의 모습을 보고 안도했다.'⁶

유머러스한 어조의 이 기사는 드레스가 진화하는 현실적인 과정을 연상시킨다는 점에서 중요한 가치가 있다. 우리는 다수의 패션 플레이트와 미술관에 전시된 유산을 통해 모든 여성이 예외 없이 1870~80년대의 세 가지 다른 스타일로 볼 수 있는 극적인 변화를 채용했다고 믿을지 모른다. 런던과 파리의 최신 유행을 쫓고 집착한 추종자라도 일상적으로 착용하는 드레스에 그렇게까지 큰 변화는 없었을 것으로 여겨진다. 대부분 동시대 사람들에 비해 뒤처지거나 앞서가는 식으로 새로운 유행을 채용하거나 폐기했을 것이다. 그 중에서도 **버슬** 드레스는 인상적이고, 도발적이며, 일목요연한, 특별한 의상으로 현대 디자이너들의 영감의 원천이 되었다.

실크 태피터 소재의 산책용 드레스

1870년, 미국, 로스앤젤레스 카운티 미술관

◆

이번 예는 스포츠용 의복 개량이 널리 전개된 시기의 의상이다.
이번 장에서 가장 먼저 해설할 이 드레스는 활동복으로서 허용된 약간의 개량이 적용된 예이다.
1870년대 초기의 드레스로는 드물게 어떤 형태의 긴 옷자락도 달려 있지 않다.

이번 예와 같은 작은 스탠딩 칼라는 1870년대 초부터 인기를 끌었다.

1860년대의 특징이었던 낮은 위치의 소매가 아직 남아 있다. 직선형 소매는 2장의 원단으로 구성되어 있다. 소맷동은 프린지를 단 3단의 박스 플리츠로 장식했다.

1860년대 말 무렵에는 눈에 띄게 높은 위치의 허리선이 대부분 사라졌다. 이번 예에서는 허리선이 자연스러운 위치에 있다.

이 드레스는 **버슬**이 처음 유행하기 시작한 시기에 만들어졌을 가능성이 있으며, 화려한 장식을 즐긴 1870년대의 특징을 볼 수 있다. **버슬**에는 핑크색 실크 마크라메 프린지가 교차하듯 배치되어 있으며 이 장식이 드레스 전면까지 이어져 허리선 아래에서 두 갈래로 나뉘어 아래로 떨어진다.

스커트의 볼륨과 형태는 이전 그대로이지만, 돌출된 **버슬**의 형태를 확인할 수 있다. 이번 예에서는 드레스 안에 끈으로 고정하는 **버슬** 패드가 달린 '크리놀레트'를 착용했을 것이다.

원단 가장자리의 올을 풀어낸 **태피터** 플리츠는 이 가운의 풍성한 장식에 또 하나의 특징을 더했다. 이런 디자인은 확실히 1871년에 발표된 '유행 복식이란, 퍼프, 크로스 컷 스타일의 주름, 루슈(ruche, 칼라나 소맷동의 주름 장식), **러플**, 리본과 플루팅(fluting, 물결 모양의 작은 주름 장식), 킬트풍의 세로 주름(plaiting), 측면 주름(side plaiting), 프린지, 레이스, **플라운스** 등이 조합된 풍성한 장식'이라는 내용에 부합하는 최신 유행을 도입한 것으로 보인다.

긴 옷자락을 달지 않은 점이 걷기나 산책(promenade)을 위한 의상이었다는 것을 나타낸다.

드레스

1870~73년경, 캐나다, 맥코드 박물관, 몬트리올

◆

이번 예는 드레스 한 벌에 여러 색상이 혼재하던 당시의 유행 앙상블과 달리 통일감 있는 배색을 보여준다.
서로 대비되는 원단을 사용한 것도 멋진 인상을 준다.
이 드레스는 두 가지 색조의 **태피터**와 실크 파유를 이용해 만들어졌다.

보디스 앞·뒤판의 장식 부분은 길고 좁은 형태로 덧붙인 요크(yoke)처럼 보이지만 단순한 장식이다.

짧은 **바스크**가 달린 **보디스** 뒷부분에 추가된 '포스틸리온(postillion)'이 돌출된 버슬 스커트 위로 펼쳐져 있다. 이 디자인은 포스틸리온(4두 마차의 마부를 뜻하는 말)이 착용한 제복에서 영감을 얻어 탄생한 것으로, 제복 상의의 꼬리 형태가 보디스 장식에 응용되었다. 1870년대 초에 인기 있던 디자인으로, 미국의 한 신문은 '(유행 보디스의) 뒷부분에는 예외 없이 포스틸리온 장식이 달려 있다.'고 단언할 정도였다.

오버 스커트 뒤판의 원단은 길이가 짧은 앞판 양쪽 끝에서 주름을 잡아 고정했다. 그로 인해 스커트 뒤판에 볼륨이 만들어졌다. 또 오버 스커트 안쪽에도 세로 방향의 끈을 추가해 스커트를 부풀림으로써 전체적인 볼륨을 유지했다. 스커트의 볼륨은 착용자의 기호에 맞게 조정이 가능했다.

이런 재킷 형태의 **보디스**는 20년 전인 1850년대에도 인기가 있었다. 이번 예에는 길이가 짧고 허리선이 비교적 높은 위치에 있으며 짧은 '**바스크**'가 달려 있다. 단추가 나열된 끝 부분에서 좌우로 갈라지고, 스커트의 연장 부분이 허리선 바로 아래까지 올라와 있다.

소매에는 끝이 살짝 뾰족한 장방형 커프스가 달려 있고, **보디스**와 에이프런 형태의 오버 스커트와 같은 진청색 띠 모양의 장식이 들어가 있다.

당시 인기있던 '타블리에(tablier)' 또는 '에이프런' 스타일의 오버 스커트로, 두 부분으로 나뉘어져 있다.

세로로 긴 **플라운스**로, 언더 스커트 밑단이 더 넓게 퍼지도록 만들었다. 왼쪽은 평평한 플리츠와 개더 그리고 리본으로 장식해 드레스에 서로 다른 질감과 인상을 연출했다.

이브닝 드레스

1873년경, 파리, 맥코드 박물관, 몬트리올

◆

버슬의 실루엣을 풍자한 이들은 종종 공들여 만든 정교한 이브닝/디너 드레스를 외골격에 비유하곤 했는데,
이번 예에도 해당되는 표현일 것이다. 드레스의 세부는 **가운** 제작자로서 부유층에서 높은 평가를 받았던
프랑스의 쿠튀리에 콜베 벤첼(A. 콜베)이 만든 장식의 전형이다. 유행이 충실히 반영된 이 드레스는
버슬이 유행하기 시작한 초기의 열쇠가 된 미학을 구현했다.

....

보디스 전면의 사각형 네크라인과
대량의 레이스 장식 등 대부분이
18세기에 착상을 얻은 디자인이다.
7부 길이의 소매와 소맷동의 플리츠
장식은 역사주의의 발현으로 볼 수
있다.

박스 플리츠로 장식된 '**페플럼**'의
양 끝은 인위적으로 무게를 추가한
푸른색 실크 원단을 이용해 아래쪽으로
늘어뜨렸다. 이런 디자인이 **버슬**
중앙의 **셔링** 위에 곡선 형태의 '프레임'
을 만들어, 그 특징을 더욱 돋보이게
했다.

태슬이 달린 짙은 베이지 색상의
폭이 넓은 노티드 트림(knotted trim,
원단 가장자리의 올을 풀어 엮은 장식)으로
이중으로 된 스커트 앞쪽 가장자리를
장식했다. 이런 장식이 층층이 겹친
스커트와 드레이프를 결합시키는
유행을 더욱 두드러지게 만든다.
드레스 자락과 네크라인에도 같은
장식을 했다.

담청색으로 접힌 스커트 부분이
이중으로 겹친 스커트 앞판과 **버슬**
스커트의 연통 모양의 실루엣을
분리하는 역할을 한다. 이 부분에는
더욱 풍성한 장식을 했는데, 이번
예에서는 밑단의 납작한 플리츠에 맞춰
실크 원단을 소용돌이치는 부채꼴
형태로 장식했다.

독특하면서도 절제미가 느껴지는
체크무늬의 실크 원단은 소매와
스커트의 담청색 장식과 조화를 이룬다.
체크무늬는 패션 칼럼에도 자주 등장하는
다양한 상황에 사용할 수 있는 매력적인
선택지였다.

보디스는 몸통에 밀착된 형태로 점차
자연스러운 허리선보다 아래쪽으로
내려갔는데 1874년에는 엉덩이 위치까지
내려갔다.

버슬의 중앙은 자체의 프레임 이외에도
스커트 안쪽에 달린 끈을 이용해 독특한
형태를 만들고, 지지했던 듯하다. 스커트는
비교적 늘씬한 실루엣으로, 자연스러운
신체 라인에 가까워지는 새로운 유행의
동향과도 부합한다.

실크 태피터 소재의 애프터눈 드레스

1876년경, 오스트레일리아, 파워하우스 박물관, 시드니

◆

1876년에는 호리호리한 프린세스 라인과 퀴라스형 보디스가 확실히 자리를 잡았지만
이번 예는 1870년대 초기의 돌출된 **버슬**형 드레스를 계승했다. 그렇지만 이미 **버슬**은 허리보다 낮은 위치로 내려가고
이내 1877~80년 무렵 인기를 누린 칼집 형태의 프린세스 스타일에 자리를 내주게 된다.

높고 둥근 네크라인은 7개의
단추가 달린 앞섶으로 이어지고,
단추는 자연스러운 허리 위치까지
내려왔다. 허리선에서 좌우로 나뉜
페플럼은 같은 원단의 프릴로
장식해, **보디스** 뒤쪽의 버슬 위에
둥글게 펼쳤다.[10]

스커트와 **보디스**의 장식, 특히
띠 형태의 소맷동과 스커트 양옆에
늘어뜨린 장식에 모두 단추가
달려있는 것을 보면 신사복과
밀리터리 스타일의 영향을
받았다는 것을 알 수 있다.

1870년대 드레스 전체에
단추를 다는 것이 유행하다 이내
쇠퇴했는데 당시 뉴질랜드의
한 신문 여성 칼럼에는 '스커트
장식에는 소매와 주머니 그리고
옷깃 등과 동일한 작고 둥근 금속
단추를 달았다.'[11] 는 내용이 쓰여
있었다.

보디스와 스커트는 연보라색
실크 **태피터** 소재이며, 장식은
그와 대비되는 어두운 라벤더
색상이다. 드레스 한 벌에 비슷한
색조를 혼합해 사용하는 방식은
1870년대 초부터 중반 무렵에
유행했다.[12]

1870년대는 이렇게 길고 둥근 형태의
옷자락이 인기가 있었다.

이 시기의 대부분의 스커트와
마찬가지로 삼각형의 옷감을
잇대어 만든 뒤판에 주름을 잡아
완성했다. 이번 예에서는 과도한
볼륨이나 드레이프 없이 **버슬**
위를 덮은 원단이 그대로 바닥까지
떨어진다.

**록사나 앳워터 웬트워스의
초상**(부분)

(조지 힐리, 미국, 1876년, 워싱턴
국립 미술관, 워싱턴 D.C.)

이 초상화에서는 이번 예와
비슷한 높은 **러플** 칼라를 볼
수 있으며, **보디스**에는 꽃
코사주가 달려 있다. 머리
모양은 1870년대에 유행한
전형적인 스타일이다. 1872
년 컬링 아이론이 등장해
간단히 헤어 컬을 만들 수
있게 되자 웨이브나
헤어 컬이 크게 유행했다.
이 초상화에서는 머리칼
아랫부분을 구불구불하게
말아 등에 늘어뜨렸다.
윗부분은 세 갈래로 땋아
머리에 얹고 앞가르마를 타
앞머리를 살짝 내렸다.[13]

실크와 새틴 소재의 리셉션 드레스
1877~78년경, 신시내티 아트 뮤지엄

◆

파리의 유명한 쿠튀리에 샤를 프레데릭 워스가 제작한 스리피스 드레스로,
그가 운영한 패션 하우스의 우수함과 화려함을 보여주는 좋은 예이다. 또한 착용자의 출신지인 신시내티와의
연관성도 엿볼 수 있다. 이브닝용 **보디스**는 스커트에 맞춰 이 지역에서 따로 제작한 것이다. 그만큼
이 드레스에는 풍성한 역사와 흥미로운 이야기가 담겨 있으며 당시 여성 패션의 트렌드를 알 수 있는 좋은 예이기도 하다.

．．

주간용 **보디스**의 7부 길이 소매는 저택에서
손님을 맞을 때 입는 의상으로서 어느 정도
격식을 갖춘 세미포멀 **가운**에 적합했다.

이번 예는 원피스 즉, 프린세스 라인의 시스
드레스(sheath dress, 슬림한 실루엣의 드레스)로의
이행을 보여준다. 별도로 제작된 **보디스**는
길이가 더 길고, 허리와 엉덩이에 밀착된
스타일이다. 이 형태는 몸통에 꼭 맞게
걸친 중세의 갑옷에서 유래된 '퀴라스'라는
명칭으로 불리게 되었다.

역사주의에 대한 워스의 열정은 18세기
파니에 형태의 오버 스커트의 부활을
촉진했다. 엉덩이에 밀착하듯 재단된
스커트는 앞쪽이 좌우로 나뉘고 뒤쪽은
낮은 위치의 **버슬**을 따라 끌어내렸다. 이런
파니에의 인기가 1880년대까지 계속되면서
여성들은 자리에 편하게 앉지도 못했는데
1880년의 한 신문은 이를 두고 '실제 워스의
파니에는 혹처럼 볼록하지도 기괴하지도
않다.'라고 평했다.[14]

'발라유스(balayeuse)'라고 불린 탈부착
가능한 모슬린 프릴 위에 2중의 나이프
플리츠(knife pleats)를 겹쳐서 장식했다.
이런 레이스 장식으로 드레스 자락이
지면에 닿지 않게 들어올려 드레스의
보호와 미관의 양립을 꾀했다.[15]

자수를 넣은 레이스와 리본으로
장식한 깊은 사각형의 네크라인은
18세기 **가운**의 데콜타주와 유사하다.
이번 예는 리본 장식을 계단
모양으로 배치한 화려한 **스터머커**를
연상시킨다. **보디스**의 리본을
소맷동의 플라운스에도 사용했다.

로브 아 라 프랑세즈(부분)
(1750~60년경, 로스앤젤레스
카운티 미술관)

신시내티에 사는 메리 토머스 부
인은 파리를 방문했을 때 유명한
쿠튀리에 샤를 프레데릭 워스의
이 스커트와 주간용 **보디스**를 구
입했다. 후에 신시내티의 양재사
셀리나 헤더링턴 캐드월러더가
이 스커트에 맞춘 이브닝용 **보
디스**를 만들었다. 레이스 장식과
낮은 네크라인 디자인으로 언더
스커트와 같은 꽃무늬 실크 원단
이 사용되었다. 드레스를 구입할
당시, 워스로부터 이 드레스와
같은 18세기풍 원단을 추가로
구입했던 것이다.[16]

체크무늬 실크 드레스

1878년, 잉글랜드, 로스앤젤레스 카운티 미술관

◆

스코치 플래드(scotch plaid, 스코틀랜드풍의 격자 줄무늬) 드레스는 소녀들에게 인기가 있었다.
이 드레스는 한 소녀가 성인이 되는 시기에 만들어진 것으로, 어쩌면 그녀가 입은 첫 '성인용' 가운이 아니었을까.
대담하고 생기발랄한 프린트 원단은 최신 유행이 반영된 성인의 스타일을 볼 수 있다.
프린세스 라인으로 재단되어 스커트와 퀴라스형 **보디스**를 갖춘 당시의 유행 스타일이다.

카메오, 18~19세기
(게티 재단 오픈 콘텐츠 프로그램에서
제공 받은 디지털 화상)

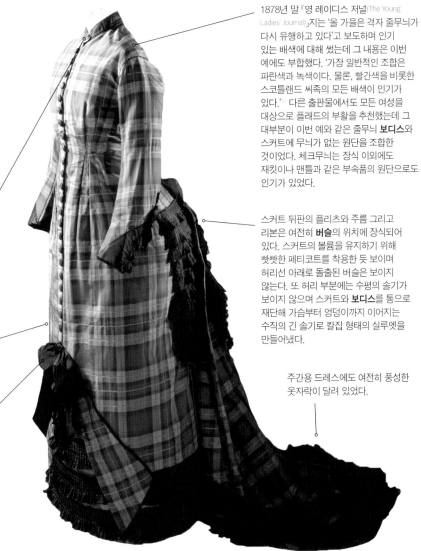

1878년 말 『영 레이디스 저널(The Young Ladies' Journal)』지는 '올 가을은 격자 줄무늬가 다시 유행하고 있다'고 보도하며 인기 있는 배색에 대해 썼는데 그 내용은 이번 예에도 부합했다. '가장 일반적인 조합은 파란색과 녹색이다. 물론, 빨간색을 비롯한 스코틀랜드 씨족의 모든 배색이 인기가 있다.' 다른 출판물에서도 모든 여성을 대상으로 플래드의 부활을 추천했는데 그 대부분이 이번 예와 같은 줄무늬 **보디스**와 스커트에 무늬가 없는 원단을 조합한 것이었다. 체크무늬는 장식 이외에도 재킷이나 맨틀과 같은 부속품의 원단으로도 인기가 있었다.

페이스트(paste) 브로치는 카메오(cameo)와 마찬가지로 패션 칼럼에서 종종 언급되는 액세서리로 인기가 있었다. 카메오는 조개껍데기, 원석, 용암 등의 소재에 주로 고전 속 인물이나 장면 등을 새겨 넣은 것이 많았다.

세로 방향으로 길게 배열된 단추는 드레스 전면의 디자인으로서도 매력적인 동시에 앞쪽 중앙을 여미는 기능도 했다.

앞쪽 중앙, 무릎 아래에 단 커다란 리본이 이 드레스의 주요 장식이다. 여기서 체크무늬 스커트가 좌우로 열리며 안쪽의 다른 층이 드러난다. 이차원의 '커튼' 효과가 교묘히 사용되었다.

스커트 뒤판의 플리츠와 주름 그리고 리본은 여전히 **버슬**의 위치에 장식되어 있다. 스커트의 볼륨을 유지하기 위해 빳빳한 페티코트를 착용한 듯 보이며 허리선 아래로 돌출된 버슬은 보이지 않는다. 또 허리 부분에는 수평의 솔기가 보이지 않으며 스커트와 **보디스**를 통으로 재단해 가슴부터 엉덩이까지 이어지는 수직의 긴 솔기로 칼집 형태의 실루엣을 만들어냈다.

주간용 드레스에도 여전히 풍성한 옷자락이 달려 있었다.

태피터 드레스

1880년경, 프랑스, 로스앤젤레스 카운티 미술관

◆

1880년대 초기에는 부드럽고 옅은 색상이 인기가 있었다. <퀸(The Queen)>지는 '가운의 색상은 옅을수록 우아해진다.'고 썼다.[18] 이번 예와 같은 파우더 블루 색상의 **태피터**는 **가운**에 생동감을 불어넣고 섬세한 드레이프 장식을 돋보이게 만들었다. 섬유 산업의 발전으로 이 드레스의 밑단과 소맷동에서 볼 수 있는 정교한 세로 주름도 쉽고 빠르게 만들 수 있었으며 역직기와 그 밖의 기계의 도입도 의상 재단을 효율화했다. 그로 인해 수작업 또는 기계 공업 모두 정교한 장식 제작에 더 많은 시간을 들일 수 있게 되었다.

1880년에 인기를 누린 스탠딩 칼라는 후에 고래수염을 넣어 형태를 지지하게 되었다. 이 드레스의 칼라는 아직 비교적 납작한 상태로 달려 있다.

이번 예는 원피스 드레스로, 정면에서 실크로 감싼 단추를 이용해 여미는 방식이다. 이런 드레스는 최대한 신체의 선에 밀착되도록 일반적으로 안쪽의 허리 밴드를 이용하는 것이 특징이다.

정면의 단추는 주로 드레스를 여미는 기능을 위한 것이지만 커피색 **태피터** 소재의 **로제트** 2개는 기능적인 의미 이상의 장식적인 면이 추가되었다. 양쪽 소맷동의 **로제트**는 역사로부터 영향을 받은 디자인으로 17세기의 유행 스타일을 연상시킨다.

드레이프 형태의 원단으로 무릎 주변을 비대칭적으로 감싸 일종의 오버 스커트와 같이 연출했다. 정면에서는 그 형태가 확연히 드러나지만 점차 **태피터**, 태슬, 밑단의 플리츠 장식에 흡수된다.

칼라와 진동은 같은 원단으로 파이핑했다.

허리에 수평의 솔기가 없는 **가운**은 '프린세스 라인'의 확실하고 좋은 예이다 (우아하고 늘씬한 영국의 왕녀 알렉산드라에서 유래되었다고 전해진다). 위아래가 연결된 디자인으로, 신체에 밀착되어 체형이 잘 드러나도록 재단되었으며 재봉선은 가슴부터 엉덩이까지 양옆의 라인을 따라 길게 박혀 있다.

이 작은 트임은 회중시계를 넣기 위해 만든 주머니이다. 실용적인 디자인은 교묘히 감추어져 있다.

이전의 드레스에서 볼 수 있었던 '전통적인' **버슬**은 이제 흔적조차 사라졌다. 이번 예에서는 드레스의 남는 원단을 대퇴부 위쪽에서부터 아래쪽으로 완전히 접어 넣었다.

날로 발전하던 '합리복' 운동의 추진자 메리 하위스는 여성의 '진정한' 신체 라인을 드러내는 유행 드레스를 상찬했다. 하지만 한편으로는 길고 번잡한 드레스 자락이 팔다리의 자유를 빼앗고 우아한 움직임을 저해하는 것을 우려했다. 또한 그녀는 길게 늘어뜨린 스커트 자락이 더러운 거리를 쓸고 다니다 집안에까지 흙과 먼지를 가져온다는 위생상의 이유로도 우려를 표했다.[19]

임부용 드레스

1880년경, 모드 뮤지엄, 앤트워프

◆

19세기의 많은 여성들이 성인기 대부분을 임신한 상태로 보냄에도 불구하고 임신은 공공연하게
논의하거나 드러내기에 적절치 않은 주제로 여겨졌다. 하지만 임부용으로 개조되거나 특별 제작된 의복은
모든 여성이 임신 막바지를 감추려고만 한 것은 아니었다는 사실을 보여준다. 1880년에 제작된 이 주간용 앙상블은
부풀어 오른 복부의 형태를 상당 부분 수용하고 드러내면서도 세련된 라인을 유지하고 있다.
하지만 아마도 임신 경과를 최대한 감추고 위장하기 위해 형태가 잡힌 코르셋과 함께 착용했을 것이다.

이 드레스의 실루엣은 1880년대
초의 전형적인 형태이다. 당시는
프린세스 라인이 지배적이었던
'자연스러운 형태'가 유행한 마지막
시기였다. 이런 점에서 앞서 살펴본
사례들과 매우 유사하게 허리에는
수평 솔기가 없고 허벅지 주위는
드레이프 장식이 사용되었다.
이 디자인은 허리선을 약간 높은
위치로 끌어올려 시스 드레스와 같이
힙과 스커트가 복부 주변에 밀착되는
형태이다.

이 스커트는 가로로 주름을 잡은 프릴,
단추로 가장자리를 장식한 역삼각형
패널, 점점 좁아지는 실크 셔링,
밑단에 세로로 배열된 나이프
플리츠 등의 여러 가지 디자인 요소로
구성되어 구조가 매우 복잡하다.
1883년 새크라멘토의 한 신문은
'치마 전체가 퍼프와 셔링으로
장식되어 있고, 밑단에는 나이프
플리츠 장식, (그리고) 뒤판 전체에
드레이프를 늘어뜨린 단색의 드레스
한 벌'을 10달러에 판매한다고
광고했다.[20]

이 드레스는 원래 웨딩 드레스였던 것을 임부용으
로 수선한 것이다. 두 줄로 배열된 단추가 달린 앞
판의 넓은 패널은 한 줄로 여미는 방식을 사용할 수
없게 되면서 새롭게 디자인된 것일 수 있다. 직사각
형의 칼라는 이 디자인을 완성하면서 순전히 장식
용으로 단 것이다. 칼라 아래로 보이는 원래의 하이
네크라인 스타일의 여밈 방식에 주목할 것.

이 드레스가 제작될 무렵, 버스크가 없는 임부용 코
르셋이 만들어졌으며 고어드 디자인과 끈을 이용해
형태를 조절할 수 있도록 했다. 또 모유 수유를 위한
개방부도 포함되었다. 하지만 임부용 코르셋은 널
리 사용되지 않았으며 많은 여성들이 의학적 조언
과는 상관없이 임신 전의 스타일을 고수하기도 했
다. 이 날씬한 프린세스 라인 드레스는 박물관이 지
적한 대로 일종의 코르셋용 지지대와 함께 착용되
었을 것이다. 함께 착용한 코르셋은 뒤로 젖혀진 어
깨와 '부드러운 굴곡의 등'과 같은 당시 유행하던 체
형을 억지로 유지하는 데 도움이 되었다.[21]

임신 후기에도 패션
에 민감한 다수의 여
성들은 코르셋을
입지 않고는 집
밖으로 나가지
않았다. 1880년
대 코르셋 제조
업체인 시밍턴스
(Symingtons)는 당
시 '게스테이션 스
테이'라는 이름으로
불리었던 '임부용 코
르셋'을 고안했는데
여기에는 형태 조절이 가
능한 고어드 디자인과 모유
수유를 위한 개방부가 포함되어 있었다.[22] 위 그림
의 코르셋은 앞에서 여미는 방식으로 측면에는 레
이스 장식이 추가되었다.

실크와 울 소재의 웨딩드레스

1882년, 오스트레일리아, 파워하우스 박물관, 시드니

◆

실제로 보면, 매우 섬세하고 은근한 금색 울 소재를 사용해 부드러운 노란빛을 띠는 드레스이다.
이런 옅은 색조는 혼례용으로 인기가 있었으며 실용성을 고려하지 않은 만큼 더욱 호화롭게 연출했다.
거의 완벽한 상태로 보존된 이 드레스는 아마도 신부가 결혼식 당일에 단 한 번 몸에 걸쳤을 것이다.
부유층 여성용 드레스는 아니지만, 그 의미와 추억에 담긴 가치를 소중히 여겨,
소득 수준이 낮거나 중간 정도인 가정의 결혼식 의상에서 흔히 볼 수 있는 개조나 수선 등은 하지 않았던 듯하다.[23]

셔링과 루슈로 장식된 2장의 실크 원단으로 가슴 라인의 역V자형 디자인을 만들었다. 이 디자인이 가느다란 허리로 시선을 끌어 모은다.

보디스 상부에 달린 오렌지 꽃 장식은 왁스로 만든 것으로, 이 꽃을 다산의 상징으로 몸에 지녔던 고대의 혼례 방식을 연상시킨다. 왁스로 만든 꽃 장식은 모자에도 이용되었으며, 기념품으로도 인기가 있고 현존하는 혼수 물품에서도 종종 볼 수 있다.

원피스 **가운** 정면에 달린 18개의 새틴 단추로 여미는 방식이다. 또한 새틴 장식이 달린 플리츠 형태의 넓은 울 소재 띠가 스커트 정면을 가로지르며 비대칭적으로 뻗어 있다. 이 띠는 드레스 뒤판까지 이어져 같은 새틴 장식을 한 **버슬**과 조화를 이룬다.

매우 긴 퀴라스형 **보디스**는 9개의 다트로 몸에 밀착되도록 만들고, **가운** 뒷부분을 루슈 장식을 한 **버슬**로 변화를 주고 납작하고 큰 리본을 달아 강조했다. **버슬** 아래쪽의 세로 주름을 잡은 옷자락은 스커트 밑단의 장식과 같은 디자인이다.[24] 이번 예에서 볼 수 있는 복잡한 구조와 기교는 앙상블의 대부분을 로크 스티치용 재봉틀을 사용함으로써 더 쉽게 구현할 수 있었다.[25]

세로로 배열된 나이프 플리츠가 균일하게 겹쳐져 있다. 이런 주름 장식을 만드는 특별한 기계가 새로 개발되면서 간단히 이용할 수 있게 되었다.

1882년 11월, 시드니의 한 신문은 '게이징 (gauging) 또는 가장 흔하게 사용되는 호칭인 **셔링**은 지금도 드레스의 스커트에 널리 사용된다.'고 썼다. 울 원단에 촘촘하게 잡은 셔링 장식이 층층이 배열된 이 디자인이 스커트의 가장 주요한 장식이다. 이런 장식 기법은 1880년대 초에 인기가 있었지만 **보디스**에까지 적용된 예는 많지 않다. 기사에도 언급되었듯 더욱 광범위한 사용은 '어깨와 가슴의 윤곽선을 해칠 수 있어 적합지 않다.'[31]

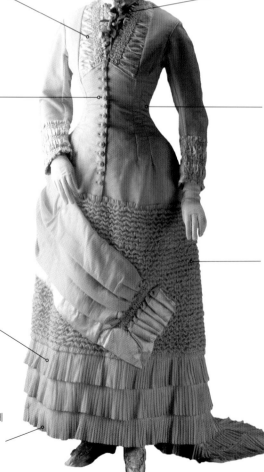

발목 길이의 스커트는 1880년대 초에 자주 볼 수 있었는데 아마도 18세기 중반부터 후기의 폴로네즈 스타일을 참고한 듯하다.

웨딩드레스

1884년, 맥코드 박물관, 몬트리올

━━◆━━

당시 인기 있던 레드 와인 색상의 맞춤 웨딩드레스이다. 당시의 한 패션지는
'버건디와 클라레 색상(둘 다 레드 와인에서 유래된 적자색)이 여성복 양재사들이 가장 추천하는 색'이라고 썼다.[27]
등나무나 고래수염을 사용해 성형한 **페티코트** 위에 착용한 듯하며
현대에도 통용되는 수직 형태의 윤곽을 볼 수 있다.

타블리에(에이프런) 형태로 연출한 오버
스커트는 뒤쪽에서 세 부분으로 나뉘어
걷어 올렸다. 이때까지 스커트의
드레이프는 밑단이 넓게 퍼진 파운데이션
스커트 위에서 각각의 파츠로 구성되어
뒤쪽 중앙에서 한데 모으는 방식이었다.
1883년 한 신문의 패션 칼럼에서는 이번
예와 같은 **보디스**와 스커트의 구조를
'끝이 뾰족하게 떨어지는 **보디스**는
엉덩이 위쪽에서 짧게 재단되고, 타블리에
윗부분에는 파니에풍 드레이프를 달았다.
(중략) 무척 세련된 스타일이다.'라고 썼다.[28]

보디스 전면에 배열된 단추는 이 시기의
드레스에서 흔히 볼 수 있는 디자인이다.
한 일족의 문장이 새겨진 18개의 금속
단추로 버건디 색 드레스에 변화를
주었다.

끝이 깊고 뾰족하게 떨어지는 **바스크**의
허리선은 1880년대 초기의 특징으로,
엉덩이 위쪽에서 부드럽게 밀착되며
퀴라스처럼 엉덩이 아래쪽까지 내려가지
않는다. 허리선 뒤쪽은 깔끔하게 정돈된
버슬 셸프를 덮을 만큼 충분히 돌출되고
박스 플리츠로 장식된 **페플럼**이 달려 있다.

에이프런의 드레이프는 이 위치에서
파운데이션 스커트에 꿰매어져 있다.
길고 비스듬히 돌출된 부분이 한쪽
측면을 덮고, 스커트 밑단 장식의 가장
윗부분까지 내려왔다.

각종 **버슬** 중에서도 이 무렵에는
장방형 또는 초승달 형태의 통처럼
생긴 패드에 머리칼을 넣어 채운
버슬이 인기였다. 미국의 한 신문
패션 칼럼에는 '스커트의 (중략) 형태'
를 유지하고 '흔들리는 현상'이
희화화되는 것을 피하려면 '충전물은
가벼울수록 좋다'고 썼다. 얇은
원단으로 만든 드레스나 파운데이션
스커트 밑단의 무게가 충분치 않은
경우에는 균형을 유지하기 어려워
버슬이 드레스의 실루엣을 무너뜨릴
위험이 있었다.[29]

스커트 앞면과 옆면이 다리에
밀착되고, 남는 원단은 뒤쪽으로
이동해 새로운 수직형 버슬을
형성했다.

태피터 소재로 만든 3단의 세로 주름
위에 리본 장식을 달았다. 드레스
앞뒤로 단 리본 장식의 가장자리는
스커트의 드레이프 배치와 대응한다.

스커트 자락이 짧다. 1880년대에는
이브닝용 의상 이외에는 길게 드리운
옷자락을 거의 볼 수 없게 되었다.

태피터 드레스

1885년경, 프랑스, 로스앤젤레스 카운티 미술관

◆

이 드레스는 1880년대 중반부터 후반에 볼 수 있었던 '분리형' 스커트의 대표적인 예로,
각각의 부속을 조합해 당시 유행하던 스타일을 완성했다. 또한 장식용 끈과 **브레이드**의 인기뿐 아니라
버슬의 상세한 실루엣도 확인할 수 있다. 드레스 전체에 각기 다른 색조의 보라색을 사용함으로써 라인에 악센트를 더했다.

....

1880년대에는 이번 예와 같이 밀착된
보닛이 유행했지만 1890년대가 되면
챙이 달린 모자로 바뀌었다.

길이가 긴 **보디스**는 엉덩이 위쪽까지
내려오는 퀴라스형으로 재단되어 드레스
앞면과 옆면에 늘씬한 라인을 형성했다.

스커트의 주요 장식인 **보디스** 전면의 장식
끈과 같은 장식을 버슬과 그 아래쪽에서도
볼 수 있다. 이것은 1880년대에 인기 있던
장식 기법의 하나로, 당시의 한 패션
칼럼에서는 그 보편성에 대해 다음과 같이
평했다. '장식 끈과 태슬은 (중략)
모든 가능한 방식으로 의상에 도입되었다.
허리에 묶거나 **바스크** 앞쪽을 끈으로 엮어
고정하기도 하고 목 주변에 묶거나 스커트
측면을 끈으로 엮어 여미는 등
(중략) 이 드레스에도 실제 이런 방법들이
사용되었다.[30]

옷자락이 끌리지 않도록 보라색
끈으로 걸어 올렸다. 이것은
이 **가운**이 다른 **보디스**와 함께
이브닝용이나 디너용 드레스로
착용되었을 가능성을 나타낸다.

왼쪽 그림: 이번 예의 드레스 세부(1885년)
오른쪽 그림: 스터머커의 세부, 로브 아 라 프랑세즈
(1745년경, 모두 로스앤젤레스 카운티 미술관)

보디스 전면에 '플래스트런(plastron)'이라고 불린 가슴
장식이 있는 것이 특징으로, 스커트와 같은 꽃무늬
브로케이드 소재다. 18세기의 **스터머커**와 유사한
이 장식은 보라색 끈을 십자로 교차시켰다(제3장에
서 해설한 1725~45년 무렵의 **로브 아 라 프랑세즈**와
거의 같은 방법). 이 끈은 탈부착이 가능하며 **보디스**
는 전면에 달린 13개의 금속 장식 단추로 여미었다.

무릎 주변을 감고 있는 비대칭적인 '새시
(sash, 신체에 두르는 리본 또는 끈의 일종)'는 1870
년대 후반부터 1880년대 초기 드레스의
과도한 장식을 계승했다.

밝은 보라색 브로케이드로 안감을 댄
밑단은 타이트한 주름을 잡아 착용자가
움직일 때마다 라일락 빛깔로 반짝였다.

검은색 샹티 레이스와 핑크색 새틴 소재의 드레스

1888년경, 캐나다, 맥코드 박물관, 몬트리올

◆

검은색 샹티 레이스(Chantilly lace)는 1880년대에 인기가 있었는데 특히, 이번 예의 핑크색과 같은 부드러운 파스텔톤 원단에 겹친 경우 평판이 좋았다. 레이스와 이 **가운**에 사용된 장식용 부속인 흑옥(원래는 상복용 주얼리로 사용되었던 보석)은 의복은 물론 특히, 모자의 액세서리로 널리 인기를 누렸다. 이 디자인은 모든 점에서 1887년 봄, 캘리포니아의 신문에서 언급된 '검은색 레이스 드레스는 새로운 디자인에 대한 시도가 잇따르고 있는 단계로, 아직 인기의 절정기에 도달하지 않았다.'라는 내용에 부합한다.[31]

살짝 부풀린 소매 상부는 1890년대의 소매를 짐작하게 한다. 이번 예에서는 소매의 가장 윗부분의 검은색 흑옥 장식 '에폴레트'가 악센트가 되었다.

이 **가운**이 만들어진 직후, **버슬**은 인기를 잃기 시작했다. 1880년대 말에는 스커트 안쪽에 착용하는 소형 패드로 약간의 볼륨을 만들었다. 이 드레스에는 안쪽에서 끈으로 고정한 3개의 지지대로 구성된 빌트인 **버슬**이 사용되었다.

스카프(벨기에, 1870~90년대, 로스앤젤레스 카운티 미술관)
샹티 레이스는 모자, 칼라, 솔 그리고 위 사진과 같은 스카프 등의 액세서리 제작에도 이용되었다.

길게 늘어뜨린 두 개의 리본 끝에 장식 끈이 달려 있다. 이 과도한 장식으로 보디스 전면의 여밈과 **버슬**을 강조했다. 이런 리본(특히, 끝부분의 태슬 장식)은 15~16세기 소매를 결합하는데 이용했던 '에귀예트(aiguillette, 끝부분에 금속 술이 달린 장식 끈)'를 연상시킨다. 1887년의 잡지 〈데모레스트(Demorest)〉는 이런 장식의 인기에 대해 '드레스의 풍성한 리본 장식이 때로는 허리부터 스커트 밑단에 이를 정도였다.'고 언급했다.[32]

에이프런형 레이스를 단 언더 스커트 안쪽, **가운** 앞부분은 레이스 **플라운스**가 특징으로 그 위치는 핑크색 새틴 스커트의 트임 부분이다. 층을 이룬 핑크색 새틴 스커트는 샹티 레이스 **플라운스**로 장식했다. 1870~80년대의 드레스는 이런 종류의 레이스로 **플라운스**를 잡아 장식하는 것이 일반적이었다. 이런 레이스는 별도 구입이 가능해 기존의 드레스를 유행에 맞게 개조할 때 사용할 수 있었다. 1886년 뉴욕 블루밍데일즈 백화점의 카탈로그에는 폭이 넓은 검은색 샹티 레이스의 광고가 실려 있었다. 12~36인치 너비까지 길이 단위로 재단해 판매했으며 가격은 79센트부터 2달러 10센트였다.[33]

드레스, 마드모아젤 지루,
1880년경, 프랑스,
로스앤젤레스 카운티 미술관

태피터 드레스, 1885년경, 프랑스,
로스앤젤레스 카운티 미술관

Chapter 7
1890–1916

1880년대 말, 인기를 끈 실루엣은 과거 20년간의 유행과는 완전히 달랐다. 스커트를 지지하는 다양한 부속품으로부터 해방되면서 (허리에 착용하는 작은 버슬 패드를 제외하고) 1890년대의 여성복은 적어도 하반신에 관해서는 심플하고 자연스럽게 떨어지는 라인으로 바뀌었다. 다시 말해, 고도로 구조화된 모래시계 형태의 **보디스**와 긴 옷자락이 달린 **고어드 스커트**로 이루어진 의상이다. **버슬**이 사라지면서 스커트 뒤판에는 다량의 원단이 남았다. **버슬**을 덮을 복잡한 주름 장식이나 원단을 추가할 필요가 없게 된 것이다. 이런 변화는 이 시대의 패션 동향을 '읽는다'는 점에서 가장 중요한 요소 중 하나이다.

주목해야 할 것은 이제 스커트의 변화가 아닌 '**레그 오브 머튼 슬리브**(leg of mutton)'에 한동안 관심이 집중되었다는 점이다. 이 소매는 1890년대 여성용 보디스를 특징짓는 디자인이다. **레그 오브 머튼**이라는 명칭은 이 소매의 구조가 양의 다리 모양과 비슷한데서 유래했다. 소매 윗부분을 풍성하게 부풀리고 아래로 갈수록 서서히 좁아지다 소맷동에서 밀착되는 디자인으로, 이브닝용 드레스는 팔꿈치 또는 팔꿈치 윗부분까지 오는 길이로 만들어졌다. 소매의 볼륨은 1895년 무렵 최대 크기에 달했는데, 초기의 사례를 보면 1890년대 초부터 꽤 크게 부풀렸던 것을 알 수 있다. 이런 거대한 소매는 플레어 형태의 A라인 스커트와 매치하면 허리를 더욱 가늘어 보이게 하는 효과가 있었다.

세기 말로 갈수록 '**레그 오브 머튼 슬리브**'는 점차 축소되었다. 급기야 소매 가장 위쪽의 '킥 업(kick up)'이라고 불린 아주 작은 퍼프만 남게 되었으며 이브닝용 의상에는 어깨에 다는 별도의 **러플**이 제안되었다.

이런 소매와 모래시계 형태의 상체 디자인을 대신할 새로운 실루엣이 개발되었다. 그 'S자 곡선(S-bend, 흔히 스완 빌[swan bill, 백조의 부리]이나 서펜타인[serpentine] 혹은 스트레이트 프론트[straight fronted]라고 불리었다)'은 착용자의 가슴은 앞쪽, 엉덩이는 뒤쪽으로 돌출시키는 새로운 **코르셋**에 의해 실현될 수 있었다. 이 스타일은 허리선을 최대한 가늘게 만들기 위해 도입되었는데, 여성이 몸을 앞으로 숙이면 고꾸라질 것처럼 보이는 극단적인 경우도 있었다. 이 스타일은 '모노 보솜(mono bosom)' 효과를 가져왔다. 즉, 이 새로운 유형의 **코르셋**으로 가슴 부분을 납작하고 단단하게 만들 수 있게 된 것이다. 이런 불균형은 커다란 모자와 높이 틀어 올린 머리 모양으로 균형을 맞추면서 신체 상부가 커보이는 이미지를 만들었다. 한편, 하체는 무릎부터 넓게 퍼지는 스커트로 풍성하게 겹쳐진 옷자락을 만들고 다량의 프릴로 밑단이나 **페티코트**를 장식하기도 했다. 이런 스타일은 시폰이나 **크레이프 드 신** 등의 가볍고 통기성이 좋은 원단이 인기를 얻으면서 실현되었는데 그 형태를 유지하려면 빳빳한 **태피터** 또는 면 소재를 이용해 보강할 필요가 있었다. 이 스타일은 찰스 다나 깁슨(Charls Dana Gibson)의 풍자화에 등장하는 '깁슨 걸'이 인기를 얻으면서 이 시대의 가장 유명한 스타일 중 하나로 손꼽히게 되었을 뿐 아니라 여배우 카밀 클리포

드 등에 의해 널리 알려진 초대 '잇 걸'을 탄생시켰다. **S자 곡선 코르셋**은 1908년경 엠파이어 라인의 부활과 함께 하복부와 엉덩이에 부드러운 유선형 곡선을 만드는, 가슴 아래부터 엉덩이를 덮는 스타일이 등장하기까지 사용되었다.

이렇게 고도로 이상화된 체형을 추구하는 한편 여성을 위한 보다 '캐주얼한' 의상의 개발도 크게 진보한 시대였다. 자전거를 타는 여성은 스포츠용 또는 활동하기 편한 새로운 형태의 의복을 입을 수 있게 되었다. 당시 널리 알려진 사이클링용 블루머가 바로 이런 새로운 타입의 스포츠웨어였는데, 당시로서는 극단적인 예로 악명이 높았으며 종종 풍자의 대상이 되었기 때문에 대다수 여성은 이것을 착용하지 않았다(그 악평 때문에 흔적을 남기기는 했지만). 당시 자전거를 타는 여성들은 일반적으로 테일러드 재킷(tailored jacket)과 약간 짧은 스커트를 착용했는데 안전을 위해서는 타는 사람의 복장보다 오히려 자전거를 개조해야 한다는 주장이 있었다. 자전거 제조사는 블루머나 디바이디드(divided skirt, 치마바지) 혹은 무릎 아래 길이의 스커트조차 자전거를 탈 때에는 긴장을 초래한다고 판단해 프레임을 낮추고 스커트 가드를 단 복수의 모델을 제조했다.

1890년대에는 여성의 사회적 역할이 다양화되면서 아내나 엄마로서만이 아니라 일부이지만 학생이나 직업인(주로 점원, 교사, 비서 그 밖의 사무원)도 나타나 여성들이 재봉 등의 전통적인 '여성의' 일에 할애할 시간이 줄어들었다. 또 파리의 최신 패션 플레이트를 바탕으로 만든 합리적인 가격의 기성복 패턴을 이용해 설령 원단이나 장식이 이상화된 판화만큼 화려하진 않더라도 누구나 유행 의상을 만들 수 있게 되었다. 이런 사회에서 여성의 역할이나 감각의 변화는 서양 세계에서 19세기 말과 결합된 '세기말'이라는 개념과 부합한다. '세기말'이란 익숙한 시대의 종말에서 비롯된 침체와 불안감 그리고 그 밖의 심리적 동요를 특징짓는 표현이다. 1899년 영국 〈버밍엄 데일리 포스트〉지의 한 기사에는 그런 불안감이 잘 정리되어 있다.

'1900년이라는 해를 특별할 것 없는, 새 시대의 개막으로 만들자. (중략) 우울하고, 낙담하는 사람도 있겠지만 (중략). 지난한 이 세기가 끝나고 죽음만이 남아 있는 듯 보이겠지만(중략). 세기의 종언은 얼마나 슬픈 일인가! 오늘의 질서를 세운 자들이 마침내 무대 뒤로 사라지는 것을 실제 목격하는 것이다. (중략) 다음 세기는 새로운 이들의 얼굴(새로운 역경)을 보게 될 것이다. (중략) 이전처럼 오랜 이들에 의지해 안주하지 못할 것이다.'[2]

이런 막연한 불안의 표현과 융합한 것이 스포츠에 참가하고(때로는 남성과의 혼성팀으로), 직업을 갖고, 대학에 다니는 '신여성(new woman)'이 늘어나면서 필연적으로 결혼이나 자녀에 대한 여성의 흥미가 사라지는 것에 대한 보편적인 우려였다. 이런 전통적인 가치관을 대신해 나타난 것은 합리적인 이론과 극단적인 이론 둘 다에 좌우되었다. 즉, 이 시대의 의복은 이전과 같은 역

제적인 실루엣을 형성하는 한편, 전위와 주류 모두에 침투하는 다양한 영향력이 나타나 그 균형을 유지했다.

한편, 여성의 노동 시장 진출은 남성 양재사들의 영향을 받은 실용적인 의복의 인기를 뒷받침했다. 재킷과 스커트로 구성된 투피스 슈트는 블라우스(셔츠 웨이스트라고도 불린다)와 함께 착용했다. 여기에 빳빳한 칼라 또는 넥타이가 포함된 의상이 독립적인, 신여성의 의복이었다. 아무리 전통적인 젠더 규범을 고수하는 사람이라도 매우 다양한 의복을 갖추게 되었으며 교육이나 직업에 대한 열의와 무관하게 거의 모든 여성에게 독립된 스커트와 블라우스를 착용하는 것이 흔한 일이 되었다.[3] 이런 실용적인 선택지에 비해 명백히 '여성적(feminine)'으로 보이는 프록도 계속해서 인기를 끌었으며 입수도 가능했다는 사실을 통해 당시 여성들의 의상 선택의 특징을 확인할 수 있다. 레이스와 시폰을 겹쳐 꽃처럼 풍성하게 만든 이번 장의 한 예는 패션으로 표현된 아름다움과 우아함 그리고 여성의 불변의 미덕이 계속되길 바라는 염원이 드러난다.

1900년까지 드레스 개량이나 에스테틱 드레스(aesthetic dress) 등의 특수한 예와 마찬가지로 개혁가들조차 드레스 개량 문제에 관심을 잃었다는 것이 현실이다. 유행 드레스는 바뀔 필요가 있다는 공통의 인식은 결코 사라지지 않았지만 더 넓은 영역에서의 해방이라는 진지한 문제로부터 '경박한' 문제로 눈을 돌리는 것은 위험하다고 여겼다. 패션은 시간의 경과와 함께 개선되어가는 방향으로 자연스럽고 단계적인 과정을 거치는 듯 보였다.

제1차 세계대전이 발발하기 이전까지는 정치 정세의 변화에 대해 뜨거운 기대와 불안이 고양되던 시기였다. 전쟁의 결과, 여성들은 의상 개량에 있어 아마도 가장 큰 진보를 맞이하게 되었다. 전쟁 수행을 위해, 절대적 필요성과 공리주의적 사고방식에 의해 여성들이 특히, 군수품 제조 등의 노동 현장에 투입되었기 때문이다. 이런 일은 위험한 작업이 많기 때문에 안전상의 이유로도 실용적인 의복이 필수였다. 하지만 이런 필요성이 정착하기 전에 하이패션 세계에는 자크 두세, 마리아노 포르투니, 루실과 같은 최고의 혁신가들이 나타났다. 그 중에서도 오늘날까지 이름을 남긴 디자이너는 폴 푸아레일 것이다. 사람들은 그를 새로운 형태를 탄생시킨 디자이너라고 기억한다. 그의 '램프쉐이드형' 튜닉과 하렘(harem) 팬츠에 대한 애착은 전위적인 디자인을 선호하는 사람들 사이에 단단히 뿌리내렸다. 또 발레 뤼스와 〈세헤라자데〉의 성공으로 영향력이 커지면서 그의 새로운 튜브형 실루엣과 '이국적인' 정서에 대한 선호는 패션 전체에 널리 영향을 미쳤다.

웨딩드레스

1890년경, 맥코드 박물관, 몬트리올

◆

캐나다의 한 신부를 위해 제작된 투피스 **가운**이다. 골이 지게 짠 무아레(moiré) 실크 소재로,
첨단 유행 디자인과 함께 낯선 요소가 추가되어 있다.
이번 예는 19세기 후반 졸업증서와 학위를 취득한 사람들이 착용했던, 새롭게 고안된 '졸업식 **가운**'과도 관련이 있다.
흰색 또는 크림색 원단이 주로 사용되며 후에 웨딩드레스로 다시 한 번 등장하기도 했다.

....

보디스 위쪽에 장식된 네 줄의 '**셔링**'
은 빳빳한 실크 원단에 생동감을 주는
동시에 칼라 부분의 구조를 규정하고
대각선의 복잡한 드레이프를 만든다.
1893년 뉴질랜드의 한 신문 패션
칼럼에서는 이런 디자인 기법의 보급에
대해 '**셔링**이 널리 사용되면서 요크를
만들거나 소맷동 장식으로도 쓰였다.'
라고 썼다. 이 유행은 세기 중반
이후부터 자주 눈에 띄기 시작해 1890년
내내 계속되었다. 이번 예는 그 마지막
시기의 **가운**이다.

보디스는 앞쪽이 겹쳐진 '서플리스
(surplice)' 스타일로, 원단을 오른쪽
방향으로 교차해 드레스 뒤쪽 중앙에서
후크로 여미는 방식이다. 〈뉴욕 타임스
〉는 이 스타일의 인기에 대해 다음과
같이 언급했다. '**서플리스**형 웨이스트는
다양하게 변경되어, 각종 소재의 의상에
다양한 용도로 등장한다.' 이 드레스의
작은 V자형 네크라인 역시 **서플리스**에
의해 만들어졌으며 1890년대 초기에
특히 자주 볼 수 있었던 디자인이었다.
이런 디자인에 대해 〈뉴욕 타임스〉는
다음과 같이 말했다. '왼쪽에서 오른쪽
아래로 겹친 옷깃이 목 가까이에서
교차하면서 작은 V자형 네크라인이
만들어졌다.'

1890년대 초, 스커트는 허리에 딱
맞게 밀착되고 옷자락은 '종'이나
'튤립' 모양으로 퍼졌다.

이 드레스의 특징은 한쪽 옆면이
트여 있고 앞판에는 천을 덧대었으며
뒤판은 마치 작은 **버슬**을 착용한
것처럼 주름을 잡은 오버 스커트라는
것이다. 1890년대가 되면 **버슬**은 차츰
작아진다.

보디스 뒤쪽 중앙에서부터 시작된
대각선의 주름은 어깨를 지나 가슴까지
이어진다.

레그 오브 머튼(지고 스타일로도 알려졌다)
소매는 1895년경 최대 크기에 이르렀다.
이번 예는 조금 이른 1890년대 초기의
모습을 보여준다.

1890년대는 브라이덜 패션에 있어 중요
한 10년이었다. 이전에는 웨딩드레스에
흰색, 크림색, 아이보리색이 사용되지 않
았는데(19세기 대부분 갈색과 보라색이 인기였다)
이제 이번 예와 같은 부드럽고 옅은 색상
이 브라이덜웨어의 대명사가 되었다. 베
일, 장갑 또 아래쪽 그림과 같은 구두 등
의 액세서리에도 흰색, 크림색, 아이보리
색상이 사용되었다.

여성용 옥스퍼드 슈즈(결혼식용)
(미국, 1890년경, 로스앤젤레스 카운티 미술관)

데이 드레스

1893~95년경, 스완 길포드 역사협회, 퍼스

◆

이번 예는 저명한 유럽 개척민의 아내가 착용한 드레스로, 서오스트레일리아 주의 중요한 유물이다.
현지 드레스메이커에 의해 제작된 검은색 **다마스크** 실크 드레스로, **보디스**와 스커트에서 구미의 최신 유행에 관한
분명한 지식을 확인할 수 있다. **레그 오브 머튼 슬리브**는 이 시대의 가장 알기 쉬운 특징으로
1890년대 초기의 한층 '늘어진(drooping)' 스타일과 크게 유행한 모래시계형 실루엣도 볼 수 있다.

보디스는 앞쪽에서 여미는 방식으로,
보석처럼 빛나는 팔면체 섕크 버튼
(shank button) 16개가 달려 있다.
화려한 장식을 하지 않은 드레스는
단추의 중요도가 높았을 것으로
보인다.

보디스는 뒤판에 4개, 앞판에 2개의 고래수염을 넣어 강화했다.
각각의 지지대는 면 원단으로 감싸 안쪽 솔기에 꿰매었다.
유럽에서 유행한 비슷한 의상에 비해 고래수염으로 만든 지지대의
수가 적다는 점에 주목해야 할 것이다. 또한 유럽에서 흔히
사용되는 것보다 가는 고래수염에 대응하는 형태로 제작되었다.
이는 주로 서오스트레일리아의 기후와 관계가 있었다.

보디스 앞뒤에는 기계 자수로
만든 검은색 망사를 덧대고
중앙은 V자형으로 디자인했다.
목 주변을 두른 원형의 요크에도
망사를 덧대 장식했다.

레그 오브 머튼 슬리브는
팔꿈치 아래쪽에서
밀착되고 손목 부근의
바깥쪽 솔기에는 망사로 된
작은 천을 달아 살짝 퍼지게
만들었다.

보디스 뒤판 중앙의 가장
긴 부분은 앞판보다 3인치
가량 길다. 망사를 덧댄
부분이 조금씩 달라지며
보는 사람의 시선을 아래로
끌어내리며 허리선 위쪽의
실루엣을 강조했다.

원래는 스커트 뒤쪽이
퍼지도록 허리에 작은
버슬 패드를 착용해
'실크 **다마스크**(무늬가 있는
견직물)' 원단의 장점을
최대한으로 표현하려
했을 가능성이 있다.

6장의 원단을 이용해
스커트의 심플한
실루엣을 만들어냈다.
측면의 '플래킷(placket,
스커트나 바지 상부의 트임
부분)'을 통해 여미는
방식이다.

짧은 옷자락이 살짝
퍼지는 형태이다. 밑단에
프릴을 단 **고어드
페티코트**를 착용해
형태를 유지했을 것이다.

소매 교체형 드레스

1895~96년경, 파워하우스 박물관, 시드니

◆

이 적갈색 데이 드레스는 데이비드 존스 백화점에서 구입한 것이다. 이 백화점은 세계에서
가장 오래된 점포의 하나로, 런던이나 파리와 같은 패션의 도시에서 멀리 떨어져 있었음에도 패션의
발신지로서 역사적으로도 오스트레일리아 전역에 좋은 지표가 되었다. 1896년 <시드니 모닝 헤럴드>지는
당시의 전시실과 상품을 소개하며 '취향이 까다로운 사람들의 만족을 보장한다.'고 썼다.[8]

3겹으로 겹쳐진 **보디스** 앞쪽의 여밈
부분에는 실크 브로케이드 소재의 넓게
젖힌 옷깃이 소매를 덮고 있다. 이렇게
플리츠 형태로 젖힌 옷깃은 '브르텔
(bretelle)'이라고도 불리었다.

재봉틀의 보급으로 복잡한 구조의
드레스도 쉽고 빠르게 만들 수 있게
되었다. 그로 인해 이번 예에서 볼 수
있는 실크 **로제트**와 브론즈 비즈 장식과
같은 수작업을 통한 표면 장식에 더
많은 시간을 할애할 수 있게 되었다.

이 **고어드 스커트**는 앞면은 평탄하지만
뒤쪽은 주름을 잡아 살짝 끌리게
만들었다. 이런 디자인이 당시의
특징이었다. 밑단에 프릴 장식과
플레어가 있는 **고어드 페티코트** 위에
착용했다.

이 시기, 소매의 크기가 정점에
달했으며 스커트도 넓게 퍼지는
스타일로 5미터가 넘는 원단이
사용되는 일도 종종 있었다.

1890년대 중반, **레그 오브 머튼 슬리브**의 크기가
현저히 커지면서 이전보다 폭이 넓고 뻣뻣해졌다.
이런 형태를 유지하려면 1830년대의 벌룬
슬리브와 거의 동일한 방법으로 안감을 뻣뻣하게
만들기 위한 추가적인 구조(지지대를 이용해 소매
형태를 유지하는)가 필요했다.

1890년대 중반 무렵의 한 패션 잡지는
바스크의 '길이'와 '날렵한 **페플럼**'의 유행에
대해 언급하는 동시에 오버 스커트를 향한
새로운 열정에 대해서도 이야기했다. 이번 예를
통해 그 두 가지를 모두 확인할 수 있다.[9]

이런 유행 스타일은 더 이상 유한계급에만
허락된 것이 아니었다. '기성복'이 널리
보급되면서 재력을 지닌 상류층과 고급
유행 의상과의 상관관계가 사라지기
시작한 시대였다. 이런 변화는 유럽, 미국,
오스트레일리아의 백화점의 발전을 계기로
시작되어, 새롭게 출현한 도시 지역 중산 계급의
니즈와 요청에 의해 파급되었다. 드레스메이커
(일반 재봉사와 달리 의상 디자인도 한다)에 대한 수요는
여전히 높았지만 기성복의 편리하고 구하기
쉬운 특성은 가속되는 생활 속도와 높아지는
소비자의 수요에 대응이 가능하다는 점에서
사람들의 관심을 모았다.

드레스

1897년, 로스앤젤레스 카운티 미술관

◆

이 투피스 데이 드레스는 유명한 파리의 패션 하우스 루프(rouff)에서 만들었다.
한 신문에서는 '규칙에 따른 틀에 박힌 **가운**이 아닌 표현력이 담긴 그의 작품에 주목해야 할 것이다.'라고 평했다.[10]
혁신적인 재단 방식은 물론 당시 인기 있던 밝고 어두운 연보라색의 명암을 이용한 **보디스**의 배색이 돋보인다.
이번 예에서는 드레스의 뒷부분을 실었다.

....

높게 세운 칼라는 1897~98년 이후
인기를 끈 트렌드를 선구적으로 도입했다.
가장자리의 길고 뾰족한 형태는
소맷동에도 사용되었다.

이 드레스에서 눈여겨보아야 할
것은 복잡하고 건축적으로 배치
된 **보디스**의 플리츠 장식이다. 어
깨를 지나 앞판으로 이어지며 완
만한 V넥 형태를 만든다.

스커트는 1890년대에 유행한, 장식을
배제한 스타일의 좋은 예이다. 표면
장식이 아닌 구조에 중점을 두었다.
스커트 뒤판 중앙의 깊은 플리츠가
부드럽게 흐르는 듯한 실루엣을 만들어
볼륨을 더해준다.

이 드레스는 1890년대 중반의 극단적인
비율의 소매가 1897년 무렵에는 이전과
같은 과장이 사라지고 점차 작아진
것을 보여준다. 이번 예는 지고 스타일
소매의 소형 버전으로 아래로 갈수록
점차 가늘어져 아래팔과 손목 부근에서
밀착한다.

같은 검은색 **로제트**로 장식한 실크
벨트로 잘록한 '와스프 웨이스트(wasp
waist, 말벌의 허리라는 뜻)'를 강조했다. 1860
년대 중반 비슷한 형태로 제작된 '**스위스
웨이스트**(swiss waist, 당시는 메디치 웨이스트
[medici waist] 또는 스위스 보디스[swiss bodies]
라고도 불리었다)'를 연상시킨다.

이 시대에는 드레스의 소매를 본체와는
별개의 원단으로 만들기도 했다.
여기서는 짙은 보라색 벨벳을 사용해 그
기법을 잘 알 수 있다. 벨벳은 1890년대
말에 유행했다. 다른 부분은 능직 실크
소재이다.

이번 예에는 1890년대 후반
스커트의 특징인 삼각형의
원단을 잇대어 만든 **고어드**
재단 방식이 분명히 나타난다.
곡선적인 형태와 나팔꽃
모양으로 퍼진 밑단은 이후 10
년간 더욱 눈에 띄는 특징이
되었다.[11]

데이 드레스 또는 애프터눈 드레스

1900년경, 맥코드 박물관, 몬트리올

◆

검은색 테이프 레이스가 특징으로, 안쪽의 옅은 핑크색 실크 스커트를 덮어 드레스를 더욱 돋보이게 만들었다.
1901년 한 신문은 레이스의 뛰어난 패션성에 대해 '지금도 레이스는 다양하게 사용되고 있다. (중략)
레이스로 뒤덮은 블라우스와 **러플** 그리고 레이스로 만든 소맷동과
길고 가늘게 늘어뜨린 레이스 장식을 단 소매'라고 썼다.[12]

1900년대 초에는 지지대를 넣은 높은
칼라가 크게 유행했다.

소매에는 1890년대 후반에 볼 수
있었던 작은 어깨 퍼프가 들어가 있다.
주름을 잡아 살짝 부풀린 정도로,
이전처럼 어깨보다 더 크게 부풀리지
않았다. 1900년대가 진행될수록
퍼프는 점차 낮고 아래로 처졌다. 어깨
윗부분이 슬림하고 밀착되는 경우에는
팔꿈치 아래쪽에서 처지게 만드는
경우도 많았다.

레이스가 배치된 방식에 따라 원단의
일부가 노출되는 부분이 있다. 그 중
한 곳이 스커트의 가장 윗부분으로,
원단을 덧댄 것처럼 연출해 허리의
위치를 강조하고 가슴과 엉덩이의
굴곡을 만드는 새로운 S**자 곡선**
실루엣을 돋보이게 한다.

속이 비치듯 얇은 오버 스커트는
일련의 주름을 잡아 엉덩이의 선을
따라 흐르도록 디자인되었다. 스커트는
옆쪽과 뒤쪽에 주름을 잡고 간소한
옷자락을 단 비교적 슬림한 라인으로
연출했다.

'비둘기 가슴 모양'의 **보디스** 앞판은 허리선
위쪽에서 살짝 처지게 만들어 커다란
'모노 보솜'과 잘록한 허리를 강조했다
(허리의 정확한 위치를 부분적으로 가리고 말았지만).
이런 형태는 1898년에 보급되기
시작했지만 형태를 강조하는 긴 S**자
곡선 코르셋**은 도입된 지 얼마 되지 않은
시기였다. 이번 예에서는 중앙의
'플래스트런(plastron, 드레스 본체와 별개의
원단으로 만들어진 보디스의 앞판)'을 꽃무늬
테이프 레이스로 장식해 당시의 유행
스타일인 비둘기 가슴처럼 불룩한 형태를
강조했다.

소맷동과 네크라인 장식으로 인기를
끈 **러플**은 역사적인 영향을 보여주며
레이스의 매력적인 디자인을 선보일
절호의 기회이기도 했다.

울 소재 장례식 드레스(스커트와 보디스)

1900년경, 미국, 저자 소장품

◆

서양에서는 고대부터 애도의 표시로 검은색과 같은 어두운 색상의 의상을 입는 것이
사회적으로 기대되는 관습이었으나 초기에는 반드시 장례식에서만 입었던 것은 아니다.
18세기에는 여성을 위한 다양한 장례식 용품이 정착했으며
19세기에는 1861년 앨버트 공이 사망한 이후, 빅토리아 여왕이 평생 검은색 옷을 입으면서 크게 관심이 집중되었다.
애도 기간이 늘어나면서 세련된 장례식 의상에 대한 관심도 높아져 유행 실루엣과 장식을 더해
공개적으로 애도를 표현하는 색상이 되었다.
이 독특한 질감의 울 드레스는 20세기 초 펜실베이니아 주 인근에 거주했던 중산층 여성이 입었던 의상으로 추정된다.

....

라 모드 프라티크(La Mode Pratique, 패션 플레이트, 1894년, 암스테르담 국립 미술관)

18세기의 장례식 드레스는 가능한 한 유행에 맞게 만들어졌지만 장식은 거의 하지 않았다.[13] 1880년대부터 애도 예법이 덜 엄격해졌고 패션 플레이트는 달성하기 힘든 유행의 이상향을 제시하는 역할을 맡았다.[14] 여기에 소개된 드레스는 중산층의 현실을 보여주며 그보다 몇 년 앞선 위의 이미지는 검은색 영국식 크레이프로 만든 패셔너블한 장례식 드레스의 모범 사례(오른쪽)를 보여준다. 우아한 보라색 무도회 가운과 함께 그려진 이 드레스는 유럽에서 애도 의식이 점차 완화되고 있음을 보여준다. 그러나 이 보디스와 스커트의 기원인 미국에서는 19세기 말 상을 당한 미망인들에게 반 년 동안은 발밑까지 내려오는 베일을 착용하라고 요구하면서 정반대의 효과를 불러왔다.

보디스는 전면부 왼쪽에서 금속 후크로 여미는 방식이다. 사각형의 네크라인 가장자리는 실크 원단으로 주름을 잡아 장식했다.

보디스와 스커트는 독특한 질감의 울 소재를 사용해 만들었다. 1895년 한 패션 칼럼은 미망인의 '깊은' 애도 기간인 첫 한 해 동안 입기 적합한 소재로 울과 크레이프를, 이후 3개월 동안에는 실크와 레이스, 마지막으로 '약식 상복'을 입는 기간에는 익숙한 선택지인 '팬지, 라일락, 연보라색, 보라색, 회색, 검은색, 흰색의 실크'를 추천했다.[15]

이런 검은색 크레이프 보닛은 1900년대 초까지 장례식 드레스의 액세서리로 착용했다. 1907년 패션 기고가들은 '50세 미만의 여성은 더 이상 흰색 주름 장식과 턱 밑에서 묶는 끈이 달린 작은 보닛을 쓸 필요가 없다'고 선언했다.[16]

커즌 부인의 이브닝 드레스

1902~03년, 패션 박물관, 바스

◆

이 호화로운 투피스의 이브닝 **가운**은 인도 부총독의 아내 커즌 부인을 위해 파리의 쿠튀리에 중에서도
가장 유명한 워스의 패션 하우스에서 제작된 것이다. 창업자 찰스 프레드릭 워스의 아들인 장 필리프 워스가
경영하던 시기에 제작된 이번 예는 에드워드 왕조 초기 스타일의 전형과 같은 드레스이다. 새로운 **코르셋**의 유행으로
등장한 S**자 곡선** 또는 스완 빌 실루엣과 트레인이 있는 플레어 스커트 그리고 낮은 위치의
자연스러운 허리선을 볼 수 있다.

코르셋(1900년경, 로스앤젤레스
카운티 미술관)
코르셋의 단단하고 직선적
인 전면이 착용자의 엉덩이
를 뒤쪽으로 돌출시켰다. 가
슴 부분은 덮거나 고정되어
있지 않기 때문에 더 낮은 위
치로 내려갔다.

보디스는 어깨가 드러난 네크라인이
특징적이다. 부드러운 곡선을 이루는
데콜타주는 20세기를 향해 가는 전환기에
인기 있는 디자인이었다.

보디스는 앞판에 일렬로 배열된 후크
단추를 이용해 여미었다. 그 위에 장식이
들어간 천을 오른쪽에서 왼쪽 방향으로
덮은 후, 별도의 후크 단추를 달아
측면에서 여미는 방식으로 매끄러운
라인을 연출했다.

탈부착 가능한 새시를 엉덩이 가장 위쪽의
자연스러운 허리선 바로 밑에 둘렀다.
이런 방식으로 당시 인기 있던 새로운
스타일을 강조하고 장식이 많은 드레스
앞면으로 주의를 끌었다.

스커트 밑단을 장식한 부드러운
실크 시폰은 **보디스**의 장식으로도
사용되었다. 크레이프, 거즈, 보일
(voile) 등의 부드럽고 얇은 원단은
특히, 이브닝용 드레스 장식에
널리 사용되었다. 1900~05년에는
이런 원단에 자수, 아플리케, 비즈,
스팽글 등을 장식하는 경우가
많았다.

스커트에는 끈과 실크 새틴으로 장식된
400개 이상의 오크나무 잎 모티브가
들어가 있다. 오크나무 잎이 곡선을
그리며 스커트 정면을 향해 모이듯
배치되어 있기 때문에 S**자 곡선**의 가슴과
엉덩이의 굴곡으로 시선이 집중된다.

웨딩드레스

1905년, 매닝 밸리 역사협회, 뉴사우스웨일스 주

◆

이번 예는 오스트레일리아 동해안에서 만들어진 실크 시폰 소재의 웨딩드레스로,
유럽과 미국의 최신 유행을 강하게 의식하고 있었다는 것을 알 수 있는 예이다. 이 포 피스(four-piece) 드레스에는
구미의 최신 유행에 대한 날카로운 감각과 함께 식민지에 정착해 부를 축적한 유복한 일가의 재력이 나타나 있다.

....

2개의 고래수염을 양쪽에 1개씩 넣어 스탠딩 칼라를 단단히 지지했다.

V자형 **보디스**의 앞여밈에는 크고 평평하게 접힌 옷깃(소맷동과 같은 오간자 플리츠로 장식했다)을 달고, 안쪽에는 기계로 만든 높은 '모디스티(modesty) 네크라인'으로 드레스 정면을 장식했다. 중앙에는 3개의 작은 새틴 리본이 달려 있다.

폭이 넓은 칼라는 허리 쪽으로 살짝 내려오고 S자형 실루엣에 의해 앞쪽으로 기울어진 비둘기 가슴 모양의 디자인을 강조한다.

층을 이룬 퍼프 슬리브는 20세기 최초의 5년간 인기를 누린 디자인이었는데 1905~07년의 짧은 기간 동안 1890년대의 벌룬 슬리브가 부활했다. 그것은 1600년대 후반, 1700년대, 1820~30년대 등 다양한 역사적 시기의 스타일에 영향을 받은 몇 가지 스타일이 혼합되어 나타난 것이었다.

보디스 뒤판의 깊은 플리츠를 유지하기 위해 앞쪽에서 여미는 방식을 채용했다. V자 끝부분부터 스커트 상부를 6개의 황동 후크 단추로 여미었다.[17]

드레스 한 벌에 서로 다른 색상이나 색조를 사용하는 스타일이 이후 수년 간 인기를 끌었다. 이 드레스에는 아이보리색부터 커피색까지 여러 단계의 색조가 들어가 있다. 이전의 유색 웨딩드레스에 흰색, 크림색, 아이보리색, 금색과 같은 새로운 색상이 추가되었다.

스커트 밑단에는 기계로 짠 레이스 밴드를 층층이 달아 악센트를 더했다. 스커트 뒤쪽은 살짝 퍼지는 형태로, 옷단은 늘어뜨리지 않았다.[18]

웨딩드레스

1907년경, 맥코드 박물관, 몬트리올

◆

이 복잡한 웨딩드레스는 거의 전체가 **브레이드**를 사용해 만든 바텐버그 레이스(battenberg lace)로 덮여 있다.
이 밖에도 아이리시 레이스(Irish lace)나 기계로 짠 레이스가 인기가 있었다. 19세기 후반에는
기계로 짠 테이프로 만든 다양한 바텐버그 레이스를 쉽고 빠르게 생산할 수 있게 되었다.
바텐버그 레이스는 망사로 된 안감이나 격자 형태의 실낱으로 엮어 문양을 만들었다.

이 무렵에는 앞쪽에서 여미는 보디스가 인기가 있었으며 장식이 있는 블라우스나 이번 예와 같이 아주 얇은 모조 '슈미제트'를 곁들였다. 이브닝용 의상에는 목과 어깨가 많이 노출된 스타일도 있었지만 주간용 의상(웨딩드레스를 포함한)의 경우는 여전히 목을 덮는 정숙한 스타일이 요구되었다. 이런 관습은 1910년 이후 서서히 변화하기 시작했다.

보디스의 비둘기 가슴 모양의 실루엣이 당시 유행하던 '모노 보솜' 효과를 강조했다.

폭이 넓은 허리 밴드 중앙에는 레이스로 만든 커다란 3개의 꽃 장식으로 잘록한 허리를 돋보이게 연출했다.

스커트와 **보디스**에는 여러 개의 가늘고 긴 패널 위에 작은 진주를 올린 둥근 오렌지색 꽃 모티브를 장식했다. 진주는 거즈 소재의 안감 위에 직접 꿰매었다. 레이스 부분은 섬세한 자수로 장식된 가늘고 긴 패널에 의해 하나씩 간격을 두고 분할되어 있다.

팔꿈치로 갈수록 좁아지는 작은 퍼프 슬리브가 여전히 남아 있다. 그 인기는 1909~10년경까지 계속되었다.

옅은 색조의 언더 슬리브(소매 아랫부분)는 프릴 장식을 달고, 핑크색 밴드를 둘러 고정했다. **러플**의 효과는 1907년 신문의 패션 칼럼에서 종종 언급되는 소재였다. 프릴은 **가운**에 장식을 추가할 때 간단하면서도 비용 대비 효과가 높은 방법으로, 가정에서 옷을 지을 때도 추천되었다.

간소한 주름을 잡은 **튈** 밑단은 자연스러운 곡선 형태의 스웨그 모티브(swag motif)로 장식했다. 네크라인과 어퍼 슬리브(소매 윗부분)도 동일한 장식을 사용했다.

서머 드레스

1904~07년경, 패션 아카이브 & 뮤지엄, 시펜스버그 대학교, 피츠버그

◆

레이스 란제리나 론(lawn) 소재 드레스(단순히 화이트라고 불리기도 했다)는 이 시대의 10년간 인기를 누리며
여름용 의상으로 널리 이용되었다. 안감을 넣지 않는 경우가 많고 가벼운 원단으로 만들었다.
재봉틀이나 기계로 짠 레이스를 구할 수 있게 되면서 더 많은 여성들이 이런 유행 스타일을 도입하게 되었다.

하이넥 스타일은 계속해서 주간용 의상에 널리 이용되었다. 이번 예에서는 목 부분이 정연한 개더로 구성된 심플한 요크 부분으로 연결되고 레이스를 이용해 장식했다. 이런 개더나 턱(tuck)은 옷깃, 소맷동, 밑단에도 다양한 너비로 사용되었다.

간소한 '비숍 슬리브'(bishop sleeve)'를 달았다. 위팔의 볼륨은 릴리즈 턱(release tuck, 중간에 꿰맨 주름)으로 조절하고 아래쪽은 손목 부분에서 레이스를 단 소맷동에 모아져 있다. 보디스에도 같은 효과를 내는 턱 장식을 넣어 전체적으로 조화를 이루었다.

엠파이어 라인의 부활을 예고하듯, 수평으로 짠 레이스 밴드로 몸통의 중앙을 나누었다.

피전 보디스(pigeon bodice, 자루 또는 비둘기 가슴 모양으로 디자인된 보디스)의 좋은 예로, 앞쪽으로 기울어진 몸통을 강조한다. 1906~07년 무렵의 많은 드레스가 보디스와 스커트의 투피스로 구성되었으며 보디스는 여러 개의 후크 단추(또는 1903년경에는 금속 스냅 단추)로 여미는 방식이었다.[1]

스커트 상부에는 끝이 뾰족하게 떨어지는 요크를 덧대 여분의 원단을 정리하는 방식으로 날씬한 엉덩이 부분을 강조했다. 이런 방식은 이나 다른 무엇보다도 우선시되었다. 때로는 폭이 넓은 벨트나 스위스 웨이스트로도 같은 효과를 얻을 수 있었다.

이 시기, 스커트는 앞판은 반듯하게 재단되고 뒤판은 길게 늘어뜨렸다. 밑단은 원단을 덧대 둥근 형태로 만든 '트럼펫' 또는 '엄브렐러'라고 불리는 스타일이다. 이번 예에서는 바닥에 늘어뜨린 밑단이 시작되는 부분에 곡선 형태의 원단을 덧댔다.

살짝 끌리는 밑단은 이 시대의 데이 드레스에서 볼 수 있는 공통적인 특징이다. 20세기 초의 드레스 개혁파들은 긴 옷자락이 흙과 먼지를 퍼뜨려 질병이 만연한다고 여겼기 때문에 이런 스타일을 폐지할 것을 촉구하며 끈질긴 캠페인을 벌였다. 보다 실용적인 여성복의 등장으로 긴 옷자락은 주간용 의상에서는 점차 사라졌지만 이브닝용 의상에는 꽤 오래 존속했다.

1903년, 독일의 전원 지역. 이번 예와 비슷한 경쾌한 여름 드레스.

서머 드레스

1908년경, 맥코드 박물관, 몬트리올

◆

전통적이고 '여성스러운' 프록(frock, 드레스보다 간소한 스타일의 원피스)은 늘 인기가 있었다.
레이스로 덮인, 꽃처럼 하늘하늘한 이번 예와 같은 드레스는 기품과 우아함에 대한 끊임없는 바람과
패션으로 표현되는 여성의 미를 담아냈다.

1890년대 이후의 많은 드레스와 마찬가지로, 이 요크는 구성 부분이라기보다 장식의 하나였다. 이번 예의 어깨를 감싸듯 공들여 만든 레이스를 통해서도 알 수 있다.

긴 소매는 팔꿈치까지 약간 볼륨이 있고 팔꿈치 아래쪽부터 손목까지는 밀착된다.[20]

드레스 전면에 수직으로 배치된 프린세스 라인의 재단선을 가는 띠 모양의 레이스로 나타냈다. **보디스**, 스커트. 소매의 폭이 넓은 레이스는 '미앤더(meander) 또는 **키 프렛**(key fret, 열쇠 무늬가 연속적으로 이어지는 듯한 그리스 뇌문 장식)'이라는 기하학적 문양이 특징이다.[21] 이 문양은 고대 그리스의 모티브로서 알려져 있으며 그 기원은 기원전 800~760년경의 도기 항아리 장식에서 왔다고 한다.

피전 보디스에서 볼 수 있던 여분의 원단을 아래로 늘어뜨리는 방식이 이번 예에서는 양옆으로 이동해 심플한 턱과 개더를 잡아 살짝 부풀렸다. 수평으로 배치된 두 줄의 레이스가 자연스러운 허리선을 강조한다.

아티카 양식의 기하학적 문양이 새겨진 원형 상자
(부분, 아테네, 그리스, 로스앤젤레스 카운티 미술관)
이번 예에서 볼 수 있는 문양은 신고전주의가 부활한 초기에 도입되었다. 이 사상이 1908년 말 무렵의 드레스의 단순화를 촉진시켰다.

스커트는 여전히 비교적 풍성한 스타일이다. 밑단은 스커트 옆면과 뒷면에 프릴을 넣어 퍼지게 만들었다.

검은색 실크 새틴 소재의 레이스 드레스

1908~12년경, 그리피스 파이오니아 파크 박물관, 뉴사우스웨일스 주

◆

1908~12년의 과도기적 스타일의 특징이 잘 나타나 있는 이 드레스에서는 디렉투아르 양식의
부활을 확인할 수 있다. 유럽의 최신 유행으로부터 늘 1년 남짓 뒤처져 있던 오스트레일리아 동부에서
착용했던 의상이다. 드레스 세부 및 장식에는 신구의 스타일이 혼재되어 있다.

소매 상부는 **서플리스 보디스**와 통으로
재단되어 있다. 팔꿈치 길이의 소매는
새틴 밴드로 장식했으며 기계로 짠 레이스
(광택이 있는 면 안감을 댔다)를 사용한 언더
슬리브는 손목까지 내려왔다.

자수를 넣은 면 소재 망사 레이스는 턱과
소용돌이치는 꽃무늬와 부채꼴의 스캘럽
장식을 합친 정교한 디자인으로, 이런
복잡한 디자인도 간단히 만들 수 있는
기계가 있었다. 4줄의 가는 턱이 보디스,
소매, 스커트에 들어가 있는데 턱은
이 시기 큰 인기를 누린 장식 기법이었다.

하이넥이 특징인 **보디스**는 7개의
고래수염을 넣은 스탠딩 칼라로 목의
형태를 성형했다. 1909년 이후에는 이런
스타일이 점차 인기를 잃었다.

새시는 당시의 패션 칼럼에서 종종
화제가 되었다. 〈브리즈번 쿠리어〉
지는 최신 유행 '드레스의 알기 쉬운
개요'로 '세부 장식을 통해 고유성을
표현하기에는 새시가 가장 중요한 역할을
할 것이다.'라고 쓰고 이번 예와 유사한
끈을 예로 들어 설명했다. '폭이 넓은
브레이드도 제작되었으며 (중략) 간결하게
묶고 끝부분에는 같은 간격으로 매듭을
엮었다.'

허리선은 명백한 엠파이어 라인 스타일로,
벨트(모형) 위에 새시를 묶어 강조했다.
앞서 설명한 끈 형태의 **브레이드** 장식은
일본의 '오비지메(帯締め)'를 연상시킨다.
오비지메는 여성이 기모노 위에 두른 폭이
넓은 새시(허리 띠)에 묶는 장식 끈으로
아래의 19세기 판화에서 볼 수 있다.

**잉글랜드에서 촬영된 이번
예와 매우 비슷한 드레스**
(1909~12년경. 티어드 슬리브
[tiered sleeve, 가로로 몇 개의
층으로 이루어진 소매]와 고급
레이스 칼라를 통해 유럽에서
오스트레일리아에 들어온 주요
유행 스타일의 영향을 볼 수 있다)
(저자 가족의 기록).

오사토와 곤타("요시쓰네
센본자쿠라(義経 千本桜)』의
등장인물)(부분)
우카가와 구니요시
(1798~1861년), 일본, 19세기,
로스앤젤레스 카운티 미술관

이브닝 드레스

1910~12년, 파워하우스 박물관, 시드니

◆

이번 예 역시 엠파이어 라인 스타일의 드레스로, 고전 고대의 섬세한 비율로의 회귀를 보여준다.
1790년대나 1800년 초기의 드레스보다 구조적이고 건축적인 1911년 무렵의 이 이브닝 드레스는
1910년대의 특징인 엉덩이 길이의 **코르셋**과 폭이 좁은 **페티코트** 위에 착용했다.

· ·

드레스의 소유자는 네크라인이 너무
깊게 파여 있어 개조한 것으로 보인다.
앞뒷면 모두 같은 방식으로 실크와
망사를 덧대 가렸는데, 빈 공간을 메우기
위해 추가했을 가능성이 있다.[20]

소맷동에 2줄로 단 납작한 주름 장식은
18세기 드레스의 **로빙**을 연상시킨다.
중간의 망사 부분에는 은색 스팽글이
장식되어 있다.

**로브 아 라 랑글레즈의 오버
스커트 장식**(로빙)

(1770~80년경, 로스앤젤레스
카운티 미술관)

'호블 스커트(hobble skirt)'의 밑단은 발목
길이로 재단되어 있다. 신체의 움직임을
속박하는 이런 최신 유행 스타일은 1910
년경에 등장했다. 이번 예의 경우, 스커트
폭은 좁지만 밑단은 약간 퍼져 있다. 최신
유행 스타일에 구애받지 않는 여성을 위한
다양한 스타일이 있었다는 것을 시사한다.

시판용 패턴에는 스커트의 길이는
드레스를 만드는 사람의 재량에 따른다고
설명되어 있지만 이 무렵 밑단의 길이가
발목 위까지 올라오는 경우는 거의 없었다.

'기모노 슬리브'는 보디스와 통으로
재단했다. 어깨선을 덮듯이 젖힌 옷깃은
흔히 사용되는 장식 기법이었다.[19] 18
세기의 **피슈**를 모방해 네크라인과 어깨
주변에 드레이프를 달아 블라우스처럼
보이게 만드는 것도 인기였다.

드레스는 앞쪽에서 여미는 스타일로, 금속
후크 단추를 이용해 오른쪽 측면에서
여미었다.[26]

비즈와 프린지로 장식된 메달리온이
드레이프를 잡은 오버 스커트와 **보디스**를
돋보이게 만든다. 비즈는 당시 인기
있는 장식이었으며, 메달리온은 이브닝
드레스나 브라이덜 드레스에 자주
사용되었다. 1911년 9월, 태즈메이니아의
한 신문은 그 효과에 대해 다음과 같이
설명했다. '드레스 장식에 나타난 비즈의
효과가 돋보인다. (중략) 비즈로 된 프린지가
달려 있는 메달리온은 금빛으로 빛나는
금속 조각, 검은색 망사, 브레이드, 산화된
금속 조각 등을 이용해 온갖 색상의 협연을
보여준다.' 이런 장식은 촛불이나 가스등
또는 전등의 불빛에 반사되어 보석처럼
눈부시게 빛났다.

이 시기에는 원단을 이중으로 겹친 스커트가
인기였다. 얇은 거즈 원단으로 맞춤 제작한
듯한 장식이 없는 '파운데이션' 스커트를
덮었다. 이번 예에서는 은색 비즈와 중앙에
배열된 9개의 장식 단추로 맞춤 드레스와
같은 인상을 강조했다.

울 소재의 여성 슈트

1898~1900년경, 맥코드 박물관, 몬트리올

◆

슈트나 맞춤복은 남성의 재킷과 거의 동일한 방법으로 제작되었다. 1898년 런던에서 쓰인
<어느 여성의 편지(Lady's Letter)>는 다양한 신문에 실렸다. 거기에는 다음과 같은 주장이 담겨 있었다.
맞춤복은 '온갖 종류의 소재가 등장했지만, 신사복 원단으로 알려진 소재가 진짜 적합한 소재'이며
드레스메이커의 '수작업은 그런 **가운**의 '완성도'에 분명히 드러난다.'[28]

'셔츠웨이스트(shirtwaist)'란 남성의 셔츠를
모방해 만든 **보디스**를 뜻하며 원단과
배색은 다양했다. 이번 예에서는 무늬가
없는 흰색 또는 크림색으로, 짙은 색상의
넥타이와 함께 착용했을 가능성이 높다.

런던의 <어느 여성의 편지>에는 '진정한
맞춤복'이라고 부르는 것에 대한 언급이
있는데 그것은 이번 예와 매우 유사하다.
'보디스는 더블브레스트 스타일로 두
줄로 배열된 단추는 허리로 내려갈수록
가까워진다. (중략) 소매는 어깨를 포함해
장식이 전혀 없다'고 설명했다. 저자는
이 스타일을 '100년 전 여성이 착용한
승마용 드레스'라고 표현했다. 18세기
후반의 맞춤복(서서히 주간용 의상의 스타일로 자리
잡았다)과 이번 예의 유사점을 찾아낼
수 있을 것이다.

라펠(lapel, 접은 옷깃) 위쪽은 **보디스**
본체와 같은 진녹색 벨벳 원단을
사용했다. **보디스**의 다른 부분과
스커트는 울 소재로 만들어졌다.
이 원단은 맞춤복에 가장 적합한
원단으로 패션지에 소개되었다.
오스트레일리아의 한 신문은 '서지,
베네치안 클로스, 체비엇 등의 두꺼운
울 소재'를 추천했다.[29]

긴 소매는 매우 간소한 디자인으로
어깨에는 작은 개더를 잡았다. 가슴
부분은 살짝 곡선을 그리는 형태로
딱 맞게 밀착된 소맷동에는 단추가
달려 있다.

심플한 스커트는 1900년 4월의
<퀸즐랜더>지에 실린 비슷한
의상의 해설과도 일치한다. '스커트의
(중략) 윗부분은 몸에 밀착되고 (중략)
아래쪽은 옆으로 퍼지며 짧고 우아한
트레인이 달려 있다.'[30] 하지만 같은
해 8월 <시카고 트리뷴>지에서
지적했듯이 이런 형태는 맞춤복의
보편적인 디자인이 아니었다. '(맞춤
스커트에는) 지나치게 복잡한 장식이
늘었다. (중략) 과거에는 확실히
밀착되는 형태와 명료한 장식 그리고
평탄한 실루엣이었는데 (중략) 이제는
(중략) 레이스 아플리케와 테두리 장식
그리고 **브레이드**가 사용되고 (중략)
여러 겹의 작은 태피터 러플로 장식된
그야말로 테일러 매드(tailored mad)가
되었다.'[31] 이는 여러 패션지에 실린
브레이드나 끈 또는 스티치 장식의
사용을 원하는 일반의 목소리와
부합한다.

**총을 들고 사냥개를
거느린 에핑엄 백작부인**
(조지 하우, 1787년, 예일대학교
영국미술연구센터, 폴 멜론 컬렉션)

여성 슈트

1912년, 맥코드 박물관, 몬트리올

━

쿠튀리에 루이 산간(Louis Sangan)이 제작한 슈트로,
밝은 베이지색 터서 실크 샨텅(tussah silk shantung, 또는 숏 실크) 소재를 사용했다. 이번 예는
길이가 길고 슬림한 라인으로 이 시기 라인의 특징을 보여주며 드레스를 대체할 주간용 의상의 좋은 예이다.

폭이 넓은 칼라는 이 시대의 다양한
주간용 의상에 널리 사용되었다.
이번 예와 같은 솔 형태의 옷깃은
뒤쪽에서 넓고 곧게 펼쳐져 있어
세일러 칼라처럼 어깨를 덮는다.
또 파란색과 베이지색 '수타슈
브레이드(soutache braid, 걸룬[galloon]
이라고도 불리는 가늘고 평평한 끈 장식)'로
가장자리를 장식했다. 소맷동에도
같은 장식을 사용했다.[32]

1911~12년에 걸쳐 옷의 여밈과 장식이라는
두 가지 용도로 단추를 사용하는 것이 크게
유행했는데 미국의 여성지 〈더 델리니터〉
는 1911년 말경 '요즘 유행 패션에서는 단추를
자유롭게 사용하지 않는다.'라고 보도했다.[34]
재킷 양옆에는 같은 원단을 덧대 3개의 돔
모양 단추를 돋보이게 했다. 정면도 같은
단추로 여미었다.

둥글게 재단된 재킷 가장자리의
디자인은 스커트 밑단에도
반영되어 있다.

A라인 스커트는 양옆에 V자형
원단을 잇대어 재킷과 같은
수타슈 브레이드로 장식하고
단추를 달았다.[33]

1912~14년경의 이 사진은
데이 드레스에 적용된 유사한
테일러드 마감을 보여준다. 싸개
단추가 달린 가로로 배열된
패널은 남성복의 전통적인 여밈
방식을 모방한 것으로 위에서
언급한 '자유로운 단추의 사용
방식'을 보여준다(미국, 저자
소장품).

스커트는 발목까지 오는
길이이다. 챙이 넓은 모자를
쓰고 발목 또는 종아리 길이의
가죽 부츠를 신었을 것이다.

단춧구멍처럼 디자인된 **브레이드**가 스커트
앞판 가장자리에 배열되어 있고 마주보는 뒤판
가장자리에는 단추를 배열했다.[35]

회색 새틴 이브닝 코트

1912년경, 파리, 맥코드 박물관, 몬트리올

◆

이 코트는 당시 유행하던 라인을 표현하기 위해 절대적인 인기를 얻고 있던 기모노 스타일을 도입했다.
새로운 하이 웨이스트 타입의 유행 드레스를 어떻게 코디했는지 특히, 서양에서 **호블 스커트**의 형태로
유행한 퍼들 트레인(puddle train, 물웅덩이처럼 퍼지는 형태의 트레인)과 좁은 밑단에 대해 이번 예를 통해 살펴본다.

1854년 시작된 일본과 유럽의 교역은 일본 미술을 중심으로 한 독특한 미적 문화의 창조를 촉진했다. 그 영향이 패션에까지 미치며 유행 드레스와 그 바탕에 전환을 가져왔다. 여성 해방이 크게 진전했지만 극장에서 공연된 오페레타 〈미카도〉 등의 작품에 등장하는 유형화된 타입의 온화한 일본인 여성과 그녀들이 입은 구성적인 드레스는 여성스러움의 상징으로 선망의 대상이 되었던 듯하다. 동시에 서양인들은 넉넉한 기모노의 외관을 상찬했는데 그때는 이미 일본에서도 기모노를 입는 일이 줄고 있던 시기였다. 아래의 1888년 판화에서도 볼 수 있듯 서양식 드레스를 착용하는 여성들이 늘었다.

산책 준비(풍속32상): 메이지 시대의 귀부인 (쓰기오카
요시토시[1839~92년], 1888년,
로스앤젤레스 카운티 미술관)

직선으로 떨어지는 코트의 무게를 어깨로 지지하며, 수십 년 만에 중심이 허리에서 이행했다. 디자이너 폴 푸아레(Paul Poiret)가 이런 전환에 중요한 역할을 했다.

폭이 넓은 돌먼 슬리브는 팔꿈치보다 약간 긴 길이이다. 1912년경 이후, 인기 있던 7부 길이의 기모노 소매에서 긴 소매로 바뀌고 대부분 이중으로 디자인되었다.

이런 코트는 보통 앞쪽에서 여미는 방식으로 착용하거나 이번 예와 같이 **브레이드** 형태의 끈으로 만든 단추를 이용해 한쪽에서 여미는 방식이 많았다. 이번 예에서는 한 줄로 꼬아서 만든 **브레이드**(전통 기모노 앙상블에서 허리에 두른 띠 위에 묶는 끈으로 이용된 '구미히코[組紐]'를 나타낸다)를 코트 뒤판에 달아 개더를 잡아 모아진 원단의 위치를 강조할 뿐 아니라 코트의 스커트 부분을 무릎 뒤쪽으로 모아주는 역할을 했다. 이런 스타일은 당시 유행한 서양의 드레스와 일본의 기모노 모두에서 유래한 '**호블 스커트**'를 모방한 것이다.[*]

코트는 트레인이 없어 실제 밑단이 바닥에 닿지 않는다. 대신 코트 아래로 보이는 드레스에는 완전히 다른 색상과 질감을 사용했다. 이것은 분명 전통 기모노 스타일로 인기를 얻은 분리형 밑단을 모방했을 것이다.

여성용 스리피스 코스튬

1915년경, 맥코드 박물관, 몬트리올

◆

'코스튬즈(costumes)'라고 불린 투피스 또는 스리피스 앙상블이 세기 초부터 인기를 얻으며
많은 여성들의 일상복으로 자리 잡았다. 스커트나 블라우스 그리고 드레스와 함께 착용했다.
이번 예는 제1차 세계대전 초기부터 중기의 여유롭고 풍성한 실루엣의 일례이다. 한 패션 리포터가
이런 착용 방식에 대해 '허술하지만' '합리적'이라고 평했듯이 근대 여성에게 그리고 후방에서
증가한 여성의 임무에 매우 적합한 의상이었다.

3중의 의복으로 구성된 앙상블 중 하나인 핑크색
새틴과 오간자 블라우스에는 스캘럽 형태의
레이스 아플리케가 달린 칼라(재킷의 어깨 부분에
세일러 칼라처럼 펼쳐져 있다)를 달았다. 양쪽 옆구리에
트임을 넣은 크림색 울 볼레로 안에 착용했다.

폭이 넓은
세일러 칼라 드레스
1917~18년경
(저자 가족의 기록)

비대칭 재킷의 밑단과 폭이
넓은 블라우스의 칼라가 결
합된, 이번 예와 비슷한 스
타일의 슈트를 이 독일인의
가족사진에서도 볼 수 있다.
1915~16년경. 소녀가 입은
전통적인 세일러 칼라에도
주목(케스팅 가족의 기록)

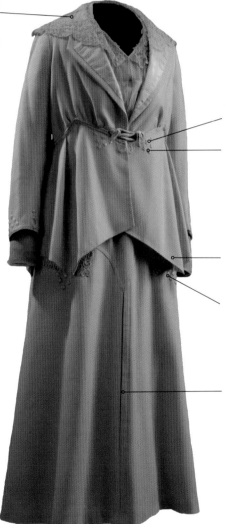

이번 예와 같은 수제 단추가 재킷이나
코트의 장식 단추로 새롭게 인기를 끌었다.
중국풍 디자인이 특징이다.

하이 웨이스트 타입의 재킷은 제1차
세계대전 이전의 엠파이어 라인의 부활을
계승했다.

재킷의 밑단은 손수건의 모서리와 같은
바스크 형태로 허리까지 내려와 있다.

스커트는 양옆의 실크 끈으로 된
아플리케가 특징적이다. 뒤쪽에서 여미는
크림색 실크 '커머번드(cummerbund, 고정식
벨트)'의 장식으로도 사용되었다.

이 의상이 튜블러 라인(tubular line)을
거부하고 있다는 것은 특히, 더블 스티치로
마감한 요크가 특징인 플레어 스타일의
스커트를 통해 알 수 있다. 스커트 앞판
중앙과 뒤판의 솔기도 더블 스티치로
마감했다. 제1차 세계대전 후반에 이런
스타일이 널리 퍼지면서
1915~16년경에는 더욱 우세해졌다.

La Mode Pratique

라 모드 프라티크 (1894년, 3년차)
6호: 로브 드 발(무도회복), 암스테르담
국립미술관, F.G. 윌러 폰즈의 지원으로 구매)

Librairie HACHETTE et Cie   Héliochromie DENIAU.

ROBE de bal en soie brochée aubergine garnie de dentelle noire ; jupe ronde, corsage décolleté en carré avec berthe de soie aubergine.

ROBE de deuil en crépon noir, col drapé, berthe carrée, ceinture et basque ondulée en crêpe anglais.

Modèles de Mme MOSLARD, 96, Rue Saint-Lazare.

서머 드레스,
(1904~07년경, 패션 아카이브&뮤지엄,
시펜스버그 대학교, 펜실베이니아 주)

Chapter 8
1918-1929

제 1차 세계대전 말기에는 슈트와 '코스튬즈'가 대표적인 주간용 의상이 되었다. 전쟁 기간 동안의 스커트의 폭을 예측한 신문 보도는 특히 여성들의 우려와 배급에 좌우되는 상황을 다루었다. 1917년 8월 〈데일리 메일〉지는 '정부가 울 소재의 사용을 제한한 결과, 스커트의 폭이 좁고 짧아졌다는 〈파리 뉴스페이퍼 투데이〉 기사에 대해 상류사회의 여성들이 (중략) 심각한 위기감을 느끼고 있다.'고 보도했다.[1] 그 기사는 원단 한 폭이 1과 1/3 야드인 경우, 1벌 당 원단의 길이를 4야드 32인치로 제한하는 새로운 방침을 설명하며 '보통 체격의 프랑스인 여성에게는 충분한 양일 것이다'라고 독자를 안심시켰다. 전쟁 기간 중의 여러 겹으로 이루어진 빳빳한 디자인을 선호하던 경향을 생각하면 이런 간소한 사용 방침이 놀랄 만한 일은 아니었다. 넉넉한 스커트는 호블 스타일에 비하면 쾌적하고 실용적으로 여겨졌다. 1910년 무렵부터 인기였던 높은 허리선은 이 스커트에도 적용되었다.

하지만 전시하의 변동과 긴축이 불가피한 시기에 새로운 유행이 금방 도입된 것은 아니었다. 1918년 발행된 〈보그〉지는 '물자와 노동력 등 전쟁에 소요되는 방대한 필수품 (중략)에 드는 경비는 지금껏 우리가 의복비로 투입하던 것이었다.'고 썼다. 그리고 '증가된 경비는 (중략) 늘씬한 실루엣의 부활로 (중략) 보충되었지만 전 시즌에 필요했던 원단의 절반 이상의 양이 지금도 사용되고 있다.'[2]며 현 상황을 낙관적으로 전망했다. 전쟁 초기에 볼 수 있었던 폭이 넓은 스커트는 확실히 전쟁 말기의 수년간 자취를 감추었으나 종전 시기에는 약간의 볼륨이 증가한 것을 볼 수 있었다. p.160의 사진은 1919년의 한 젊은 커플을 찍은 것으로 이 시대 여성들의 현실을 보여준다. 아내는 제1차 세계대전 이전의 유행 스타일이 강하게 반영된 드레스를 입고 있다. 하이 웨이스트 라인의, 몸에 감아 입는 스타일로 앞쪽에 달린 2개의 단추로 여미는 방식의 당시 인기 있는 디자인이다. 주요한 차이는 발목 위쪽까지 오는 스커트의 길이와 세일러 칼라의 존재로 둘 다 종전 직후에 자주 볼 수 있던 디자인이다. 특히, 스커트의 길이는 당시 유행에 맞게 수선되었다는 것을 시사한다.

허리선이 낮은 중성적인 스타일은 1920년대의 대명사로 '플래퍼(flapper)' 걸과 미국 금주법 시대의 주류 밀매점(speakeasy)과의 관련성으로 널리 알려졌다. 에블린 워(Evelyn Waugh)의 저서 『다시 찾은 브라이즈헤드(Brideshead Revisited)』에서 '납작한 가슴, 긴 다리 (중략) 마치 팔다리와 목만 있고 몸통이 없는 거미 같은 느낌이었다.'고 묘사된 전형적인 **플래퍼** 스타일은 서양 세계의 무도회장, 클럽, 바 심지어 응접실에서도 볼 수 있었는데 대부분의 여성이 일상생활에서 어두운 색채의 외관을 봉인한 듯한 의상을 입었다.[3] 모든 계급에 엄격한 윤리관이 존재한다는 일반적인 견해에도 많은 여성들은 더 길고, 단조로운 색상의 하이패션 스타일을 전체적으로 수수하게 변형한 듯한 의상을 입고 1920년대를 보냈다.

짧은 스커트, 드러낸 팔 그리고 헬멧과 같은 '클로슈 햇(cloche hat)'을 쓴 짧게 자른 머리 모양

이 더 자유로운 성적 취향과 언론 그리고 인생에 대한 커다란 기대를 품게 했다. 제1차 세계대전의 악몽 이후에 나타난 이런 낙관주의가 과연 적절했는지 혹은 자중했어야 하는지 의견이 분분했다. 일부 쿠튀리에는 이런 망설임에 응답했다. 잔느 랑방(Jeanne Lanvin), 자크 두세(Jacques Doucet) 등의 디자이너는 '로브 드 스틸(robes de style)' 또는 '픽처 드레스(picture dress)'를 통해 구세대에 대응했다. 인기 있는 낮은 허리선은 그대로 남긴 채 폭이 넓고 흐르듯 떨어지는 스커트와 전통적인 여성스러운 재단을 합체한 것이다. 주로 이브닝용 드레스로 사용되었으며, 넓은 엉덩이의 실루엣을 만들어주는 18세기 스타일의 **파니에** 위에 착용했다. 오랜 고객들은 이런 신구의 혼합을 높이 평가했으며 그로 인해 성숙한 여성들도 로웨이스트 스타일을 자신 있게 즐길 수 있었다. **로브 드 스틸**은 1920년대를 연상시키는 일반적인 디자인이지만 1930년대에도 몇 차례 등장해 그때그때의 유행에 맞게 형태와 장식이 변경되었다. 메트로폴리탄 미술관에 소장된 1939년에 제작된 쿠튀리에 마들렌 비오네(Madeleine Vionnet)의 작품은 이 스타일을 대표하는 의상으로, 파니에를 덮은 길고 가벼운 시폰과 높은 홀터넥 그리고 섬세한 장식이 특징이다. 우리는 비교적 심플한 드레스로 이행하는 전조를 1934년의 기사에서 확인할 수 있다. 그 기사에는 기존의 **로브 드 스틸**이 착용자로 하여금 '할머니의 말 인형처럼 꾸며진 느낌이 드는데다 (중략) 자신이 프리마돈나 의상과 어울리지 않는다는 것을 알고 있는 사람도 있다.'고 쓰여 있다. 한편 〈밀워키 센티널〉지의 패션 칼럼에는 '옷자락이 끌리는 소리에 담긴 로맨틱한 매력'이 있는 플레어스커트이면서도 전체적으로 슬림한 스타일의 정숙한 픽처 프록(picture frock)의 인기에 대해 썼다. 또 기자는 '이 드레스야말로 섬세하고 여성적인 아름다움을 완벽히 연출하는 **로브 드 스틸**이다'라고 썼다.[4] 이 기사나 이것과 유사한 기사는 모든 여성이 보이시한 실루엣을 원한 것은 아니었다는 사실 뿐 아니라 새로운 1930년대의 도래로 그 영향력이 완전히 사라진 것도 아니라는 것을 알려준다. 패션에서의 '낭만주의'는 길고 풍성한 스커트와 고전의 매력을 꾸준히 어필했다. 그리고 다양한 형태의 **로브 드 스틸**이 일부 사람들의 수요에 부응해온 것으로 여겨진다.

오트 쿠튀르 세계에서는 제1차 세계대전 전에 폴 푸아레 등을 매료시킨 오리엔탈리즘이 1920년대의 새로운 예술 운동인 '아르 데코'의 전개로 이어졌다. 아르 누보에서 이미 거론된 것이었지만 역사주의를 중시하는 경향을 거부한 아르 데코는 미적 이상으로 추상 예술을 지향했다. 1925년의 파리 만국박람회로 알려진 '현대장식미술·산업미술국제박람회'는 양식으로서의 아르 데코의 보급과 유용에 큰 영향을 미쳤다. 이 이벤트는 개최 도시였던 파리를 제1차 세계대전 후에도 패션의 도시로서 위상을 유지하는데 도움을 주었으며, 전 세계 출전자와 방문자들은 프랑스를 새로운 장식 양식의 미래상의 중심으로 평가했다. 아르 데코(또는 스틸 모데나[style moderne])는 모든 장식 미술에 영향을 미쳤으며 프랑스는 의복과 텍스타일에 관한 철학과 제조의 중심이 되었다. 마들렌 비오네와 같이 다대한 영향력과 창의성을 지닌 쿠튀리에들은 일본의 오리가미나 중국의 한자 등 기존의 '이국적인' 요소와 큐비즘, 미래파. 초기 추상 예술 등의 현대적 동향으로부터 형태와 디자인을 도입했다. 고대 그리스와 로마의 기하학적 디자인이 큐비스트의 예술 작품을 통해 명료히 재해석됨으로써 신고전주의의 인기도 계속되었다.

19세기 중반에는 '프레타포르테(고급기성복)'를 판매하지 않았던 오트쿠튀르의 살롱에서도 상품을 발표하기 시작했다. 20세기에는 코코 샤넬(1883~1971) 등의 디자이너가 자신의 살롱에서 프레타포르테를 직접 판매하게 되면서 변화와 더욱 거센 경쟁의 시대가 도래했다. 샤넬이 만든 의상은 이런 판매 방법에 적합했으며 그 의상은 심플하고 자유로운 스타일로 노동에 종사하며 독립적으로 생활하는 전후의 여성에게 적합했다. 그녀의 혁신적인 저지(jersey, 과거에는 거의 남성용. 특히 속옷에 사용되었던) 소재의 채용은 입기 편한 의상과 여성용 스포츠웨어에 대한 관심을 높인 실로 훌륭한 시도였다. 그녀의 의상에는 복잡한 장식이나 신체를 구속하는 코르셋이 필요 없었지만 심플한 직선과 고전적인 우아함이 있었다. 하이엔드 디자이너가 만드는 의상과 현대 생활의 니즈를 결합하는 기량은 21세기의 디자이너들에게 계승된 철학이다. 아마 샤넬은 그 지위를 획득한 세계 최초의 디자이너로, 그 존재와 명성은 현대 디자이너와 패션 하우스에 매우 깊은 영향을 남겼다.[5]

왼쪽
아플리케 장식을 한
로브 드 스틸
(1924년경. 빈티지 텍스타일,
뉴햄프셔 주)

오른쪽
푸아레의 영향을 받은
이브닝 드레스
(독일. 1918~20년경.
개인 소장품)

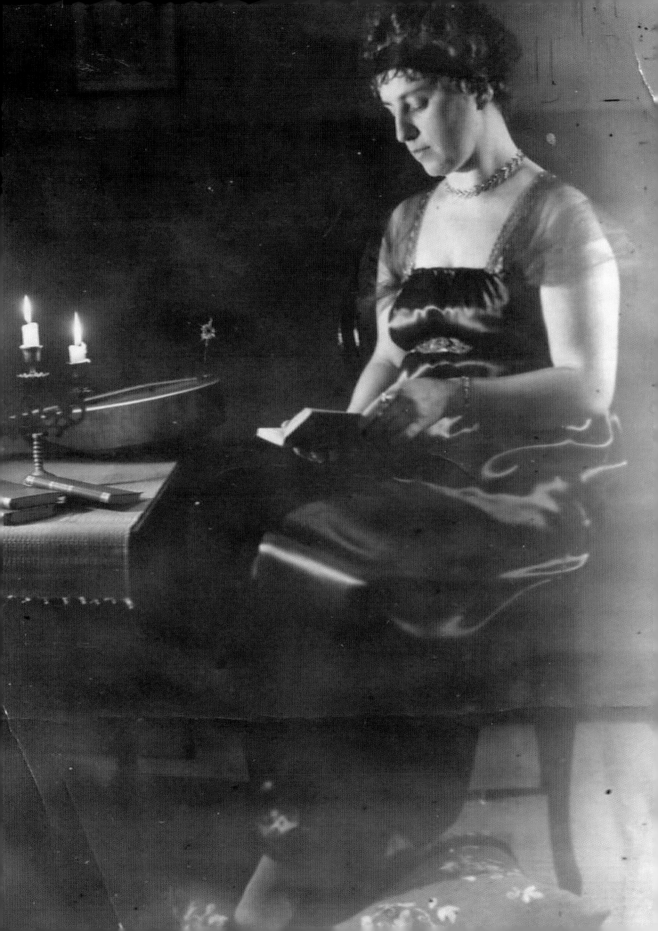

망사와 실크 소재 이브닝 드레스

1918년, 노스캐롤라이나 역사박물관, 롤리

◆

금색 실크와 검은색 망사 소재의 이 드레스는 이브닝웨어 전용으로 만들어졌다.
전시의 궁핍한 시대에 많은 여성들에게 새 이브닝 **가운**은 쉽게 구할 수 없는 사치품이었다.
1918년 5월의 <시카고 데일리 트리뷴>지는 가장 경제적인 선택지로서
기존의 애프터눈 드레스를 개조하는 방법을 제안했다. 위의 잡지에서 지적한 바와 같이 유행 스타일의
애프터눈 드레스는 '조화를 이루는 색상의 무늬가 없는 새틴 원단 위에 (중략) 망사 또는 레이스를 겹쳐'
작은 장식을 달면 이브닝웨어로도 통용된다.[6]

푸른색 드레스를 입은 여성(윌리엄 르로이
제이콥스, 1917년, 미국 의회 도서관, 판화&
사진 부문)

위 그림은 1917년 미국의 패션 포트레이
트로, 이번 예와 비슷한 스타일의 드레스
를 입은 여성이 그려져 있다. 얇은 소매, 사
각형 네크라인, 폭이 넓은 새시, 발목 길이
의 스커트이다. 구두는 이런 스타일의 의상
에 자주 이용되었던 간소한 힐의 전형적인
예이다.

<시카고 데일리 트리뷴>지는 '스커트의
길이는 착용자의 선택이다'이라고 쓰며
중요한 것은 길든 짧든, 주간용이든
야회용이든 힐이 보이게 착용하는
것이라며 이렇게 덧붙였다. '어떤 의상이든
힐이나 발목이 보이도록 밑단의 길이를
조절하는 것이 중요하다.'

두 줄로 주름을 잡은 검은색 망사가
새시에서 가슴 쪽으로 뻗어나가 어깨를
감싸고 있다. 비대칭적 형태로 늘어뜨린
망사 소재로 가벼운 '행커치프' 스타일의 캡
슬리브(cap sleeve)를 만들었다.

1918년까지 깊고 둥근 네크라인과
이번 예와 같은 사각형 네크라인이
이브닝웨어에 인기가 있었으며 하이넥이나
칼라가 달린 것은 주간용이었다.

폭이 넓은 검은색 벨벳 새시는 뒤쪽
중앙으로 이어지며 커다란 리본 장식으로
마감했다. 보디스를 여미는 뒤쪽 중앙
바로 아래로, 엠파이어 라인을 형성하는
위치이다.

장식이 들어간 오버 스커트는 주간용,
야회용 모두 밑단을 성형한 디자인이
인기가 있었다. 이번 예는 앞, 뒤판
모두 중앙을 늘어뜨린 부채꼴 형태로
디자인되었으며 가장자리는 금빛 자수로
장식했다. 허리 주변에는 주름을 잡아
장식했으며 옆면의 밑단 길이가 짧기
때문에 살짝 퍼지는 실루엣이 만들어졌다.

오버 스커트의 금빛 자수는 아마도
기계로 짠 자수일 것이다. 이 기술은
19세기 스위스에서 상업적인 목적으로
개발되었으며 1870년대에는 '시플리(schiffli)'
자수기가 널리 수출되었다. 19세기 말부터
20세기에 걸쳐 프레타포르테의 대두와
함께 기계 자수의 인기가 높아졌다.[7]

마리아노 포르투니의 티 가운

1920~29년경, 노스캐롤라이나 역사박물관, 롤리

◆

스페인 출신의 마리아노 포르투니(Mariano Fortuny, 1871~1949년)는 20세기에 가장 영향력 있는 디자이너로, 몸에 밀착되는 그의 의상은 '에스테틱 드레스' 지지자들을 자극했다. 그의 대표적인 디자인인 '델포스(delphos)'는 고대 그리스의 키톤에서 영감을 얻은 것으로 그 심플한 라인과 플리츠 기술(1900년에 특허 획득)의 조합은 그의 트레이드마크이다. 이번 예는 1920년대의 새롭고 더 개방적인 스타일의 티 가운이다. 그의 디자인 대부분이 이브닝웨어와 함께 인기를 끌었다.

베네치아 유리로 만든 비즈로 양 어깨의 솔기를 꿰어 소매 본체까지 연결했다. 장식뿐 아니라 이런 종류의 세부 구조도 고대 그리스의 '페플로스'와 '키톤'에서 차용했다.[1]

이런 티 가운의 넓은 네크라인은 보통 실크 끈을 이용해 주름을 잡았다.

이 보디스는 튜닉처럼 보이지만 위아래가 따로 제작된 것으로 스커트와 함께 착용했다. 이런 '튜닉'은 대부분 언더 드레스에 달아 한 벌로 만들었다. 포르투니의 방식이 무엇이든 완성형은 고대 그리스의 페플로스를 연상시키며 튜닉의 한쪽 측면에 깊은 행커치프 포인트가 더해지면서 유사성이 강해졌다.[10]

여성 '페플로포스'
(대리석, 기원전 1세기(헬레니즘 시대), 월터스 아트 뮤지엄, 볼티모어)

경대의 처녀(브론즈, 기원전 500~475년, 월터스 아트 뮤지엄, 볼티모어)

위의 조각상은 헬레니즘 시대의 남녀겸용 망토인 '히마티온'을 걸쳤다. 이것도 포르투니가 도입한 디자인 중 하나로, 그의 가운 디자인으로 종종 채용되었다.

밑단은 소매와 같은 베네치아 유리 비즈로 장식했다. 이런 장식으로 서로 다른 질감과 색을 추가하는 동시에 드레스의 무게를 늘이는 역할을 했다. 비즈는 포르투니의 아틀리에와 공장이 있던 베네치아의 주데카 섬에서 제작되었다.[11]

동양의 패션에 관심을 갖고 있던 포르투니는 일본풍 원단으로 기모노 스타일의 코트를 만들었다. 이 드레스의 긴 밑단은 포멀한 스타일의 우치카케(打掛)의 밑단을 차용했을 것이다. 한편, 최근에는 포르투니의 플리츠 디자인이 일본인 디자이너 잇세이 미야케에게 큰 영향을 미쳤다.

검은색 크레이프 드 신 소재의 데이 드레스

1920~25년경, 스완 길포드 역사협회, 오스트레일리아

◆

보기와 달리 이 의상은 이브닝 드레스가 아니다. 1920년대 중반에는
주간용 드레스에도 소매가 없는 디자인이 허용되었으며 어쩌면 이번 예는
주간용과 야회용 겸용으로 사용되었을지도 모른다.

. . . .

비교적 높은 위치의 둥근 네크라인은
주간용 드레스의 일반적인 특징이었다.

양 어깨 안쪽에 길이 17센티미터의 리버스
핀턱(reverse pintuck, 안쪽으로 집어서 꿰맨 핀턱)이
12개씩 들어가 있다.

10개의 핀턱으로 허리 밴드 부분을
만들었다. 옷을 착용하면 허리의 위치가
고정되기 때문에 넉넉한 **보디스**가 허리
위쪽으로 살짝 처지면서 '블라우스처럼
보이는' 효과가 있다.

허리 밴드 위에 2줄의 '드론 스레드 워크
(drawn thread work)' 장식이 들어가 있다. '풀
드 워크(pulled work)'라고도 불린 이 기법은
원단의 올을 뽑고 남아 있는 실로 다양한
문양을 만든다. 이 장식 기법이 인기가 있
던 것은 레이스나 자수에 비해 저렴하면
서도 비슷하게 만들 수 있었기 때문이다.
1921년의 〈시드니 메일〉지는 '7실링의
프록(frock, 여성용 드레스의 호칭)'이라는 제목
의 기사에서 '드론 스레드 기법은 최신 유
행 장식으로, 실제 모든 종류와 양상의 프
록에 이용되는 장식은 여름 스타일의 특징
중 하나이다.'라고 강조했다.[12]

1920년대 중반, 웨일스. 민소매 데이 드
레스에 갈색 프린지가 달린 숄을 걸쳤다
(저자 가족의 기록).

섬세한 검은색 망사 소재의
언더 스커트가 각층 사이에
들어가 있다.

각각의 층은 롤드 에지(rolled
edge) 방식으로 손바느질했다.
핀턱과 옆선 그리고 어깨의
솔기를 제외하면 모두
손바느질했다.[13]

데이 드레스

1922~24년경, 노스캐롤라이나 역사박물관, 롤리

◆

이 심플한 원피스 드레스는 많은 부분에서 당시 인기 있던 주간용 드레스의 유행을 따르고 있다.
특히 어두운 색상, 직선적인 원통형 재단, 납작한 플랫칼라가 특징이다. 비즈 자수에는 이 시대의
위대한 발견 중 하나인 1922년에 발견된 투탕카멘 무덤의 영향이 엿보인다.

양 어깨에 배치된 4줄의 핀턱이
보디스에 섬세한 실루엣을 만들었다.
이런 장식이 이번 예와 같은 심플한
드레스를 몸에 밀착시키는 유일한
방법이었다.

이번 예와 같은 폭이 넓은 플랫칼라는
주간용 의상의 실용적인 선택지로
1920년대에 인기가 있었다. 넓은
라펠은 드레스 앞판뿐 아니라
뒤판에도 비즈 장식을 배치할 수 있는
부분이 있었다.

새틴 소재의 새시 한쪽에 **셔링** 장식을
넣어 낮은 허리선의 위치를 강조했다.

원피스 드레스는 1920년대에 여러
번 유행했다. 한 칼럼에서는 '미국의
소녀들은 방법은 다르지만 과거 그들의
선조들이 자유를 위한 권리를 고집했던
것과 비슷한 정도의 결의로 원피스
드레스를 고집했다. (중략) 매 시즌
(중략) 전과 비슷한 수준으로 멋지게 차려
입었다.'고 썼다.[14] 이 칼럼을 쓴 기자는
이번 예와 같은 드레스의 자수 패널이나
다른 장식 기법의 매력에 대해서도
심플한 의상도 원단이나 색상을 바꾸면
얼마든지 화려하게 또는 수수하게 만들
수 있다고 지적했다.

바닥에서 밑단까지의 '허용된' 길이는
6~8인치 사이라고 여러 번 기술된 바
있지만 오스트레일리아의 신문
〈테이블 토크〉에서는 이를 '거의 모든
이들이 쾌적하게 걸을 수 있는 길이'라고
설명했다.[15]

드레스 앞판에 비즈로 만들
어진 동식물 문양이 고대 이
집트의 상형문자라고 단언
할 수는 없지만 양옆의 수
직으로 배열된 기둥 모양
의 형태는 이집트가 그 기
원이다.[16]

이브닝 드레스

1923년경, 파워하우스 박물관, 시드니

◆

오스트레일리아의 유명 백화점인 데이비드 존스에서 특별 주문된 드레스이다.
시드니에 막 이주해 신부가 된 메이 카미유 데자르널즈라는 여성이 '신혼여행'을 위해 구입했다.[17]
심플한 라인과 민소매 디자인이 이 시기의 전형적인 실루엣을 보여준다.

....

넓은 네크라인은 앞쪽이 살짝 둥글고
뒤쪽은 직선이다. 이것은 최신 유행
이브닝 드레스의 공통적인 디자인으로,
이 시기에는 깊게 파인 네크라인은 거의
찾아볼 수 없었다.

1920년대 초기의 전형적인 스타일인
심플한 라인과 재단 방식 그리고 대담한
꽃무늬 브로케이드 원단이 특징이다.
화려한 문양은 1920년대의 이브닝
드레스의 강한 인상을 만들기 위해
반드시 과도한 글리터(glitter)나 스팽글이
필요하지 않았다는 것을 보여준다.
1929년의 〈퀸즐랜더〉지는 '브로케이드
드레스 스스로 자신의 존재감을
드러내도록 해라.'라고 썼다.[18]

1920년대, 베이지와 라이트골드의
배색이 세대를 불문한 인기를 누렸다.
1929년 후반 〈선데이 타임즈〉지에서
지적한 바와 같이 그 인기는 같은 계통의
색상에까지 미쳤다고 한다.
예컨대 '아몬드 껍질과 같은 베이지색
(중략), 녹색 또는 파란색이 섞인 베이지색
(중략), 사막의 모래와 같은 청백색
베이지색' 등이다. '사막의 모래'나
'해변의 젖은 모래'와 같은 색을 조합한
미묘하지만 독특한 배색은 이런 디자인을
돋보이게 만들었다.[19]

암홀은 세로로 무척 길게 재단되어
팔꿈치까지 내려올 정도이다. 이런
드레스는 같은 색 슬립 위에 착용했던
듯하다.

양 옆면의 원단을 접어 앞쪽으로
모으는 방식으로 넉넉한 드레스를 몸에
밀착시켰다. 그리고 리본 모양의 비즈 자수
아플리케를 이용해 허리 위치에 고정했다.

밑단은 정면이 약간 들려 있어 양옆의
플리츠 부분이 강조되었다.

이브닝 드레스

1925~29년경, 파리, 스완 길포드 역사협회, 오스트레일리아

◆

이 드레스는 소유자인 서오스트레일리아 주 칼굴리 출신 여성이 파리 마르텔 거리에 있는
'Th. 파루'에서 구입한 것이다.[20] 이번 예와 같은 이브닝 드레스는 허리선의 위치가 명확치 않다.
허리선이 없어 오히려 당시 인기 있던 직선적인 프리 행잉(free hanging) 스타일이 강조되었다.

....

1920년대 중반에는 주간용이든 야회용이든
비교적 높은 위치의 V자형 네크라인이
일반적이었다. 1924년 초, 한 신문은 인기
동향을 예측하며 'V넥이 압도적인 인기를
얻고 있다. 이런 형태는 실루엣을 가장
날씬하게 보이게끔 한다.'고 썼다. 위 신문이
예측했듯 '가장 최신 유행이자 (중략) 지금의
유행을 정당화하는 것은 오로지 슬림한
실루엣뿐'이라며[21] 이런 유행 실루엣이 바뀔
가능성은 높지 않았다.

스팽글은 1920년대에 놀라울 정도로
인기를 누렸다. 특히, 프랑스에서는 수요가
공급을 상회하는 시기도 있었다. 이번 예의
스팽글은 금속(검은색과 은색)과 아교(색이 들어간
꽃무늬)로 만들었으며 얇은 조젯(georgette)
원단에 수작업으로 꿰매어 장식했다.

당시 유행하던 낮은 허리선을 나타내는 것은
이 가는 스팽글 벨트뿐이다.
이것은 1920년대 빈번히 논의되었던 허리의
'적절한' 위치에 대한 이해를 돕는다. '때로는
위로, 다시 아래로 / 허리선은 왔다갔다
여행을 한다.'라는 유머러스한 시부터
'드레스메이커는 신체의 라인에는 일종의
휴식이 필요하다는 것을 알고 있지만 그게
어디인지 패션 리더들의 의견이 일치를 보지
못했다.'는 패션 칼럼의 해설까지 여성복의
적절한 허리선에 대한 논의는 계속되었다.[22]

꽃문양이 자연스러운 허리선과 밑단 주변에
배치되어 있다. 이런 디자인은 1920년대
중반까지 인기였다.

스커트 길이는 1926~27년 사이에 가장
짧아졌다. 이번 예는 밑단의 가벼운
플레어가 특징인 무릎 길이의 스커트로
비교적 단명한 유행을 보여주는 좋은
예이다.

스팽글과 함께 뷰글 비즈(bugle beads, 가늘고
긴 막대 모양의 비즈)도 드레스 표면의 질감을
표현하고 장식하는데 이용되었다. 파리에서
만들어진 이 드레스는 당시의 유행이
반영되어 있다. 1928년에는 '유행 프록을
입은 사람들의 행렬을 보면, 특정 비즈에
대한 열광을 확인할 수 있다. 상상할 수
있는 온갖 형태와 색상의 비즈를 장식하지
않으면 프록은 불완전해 보일 정도였다.'
라고 쓴 패션 칼럼도 있었다.[23] 작고 둥근
형태의 시드 비즈로 검은색 잎사귀의
윤곽을 만들고 꽃잎과 그 중심을 장식했다.

드레스 뒤쪽도 V자형 네크라인이 특
징이다. 밑단의 길이는 정면과 동일
하다.

리틀 블랙 드레스-더 포드, 모델 817

보그, 1926년, 콘데 나스트 일러스트, 게티 이미지 제공

━

'리틀 블랙 드레스'는 21세기의 거의 모든 여성이 소유하고 있을 정도로 보편화된 용어로, 사무실이나 파티 등 다양한 상황에 맞게 격식을 갖추거나 캐주얼하게 입을 수도 있는 평범하지만 세련된 블랙 드레스를 의미한다. 이때까지 여성들이 상중에만 검은색 의상을 입었다는 것은 일반적으로 퍼진 오해이다. 검은색은 야회용 의상에서도 볼 수 있는 색으로 특히, 19세기 후반 이후에 그랬다. 하지만 검은색이 널리 수용되고 훌륭한 패션으로 자리 잡게 된 공로는 코코 샤넬에게 돌려야 할 것이다. 샤넬은 파리 오페라 하우스에서 관객들을 살펴보고는 처음으로 검은색을 홍보해야 할 필요성을 느꼈다고 한다. 그녀는 '그 요란한…색들은 정말 충격이었다. 그 여성들에게 반드시 검은색 옷을 입힐 것이다'라고 말했다.[24] '리틀 블랙 드레스'는 이렇게 탄생했으며 주간은 물론 야회용으로도 활용 가능한 다양한 스타일로 만들어졌다. 하지만 이 드레스의 비교적 평범한 디자인은 점점 다양해지는 여성의 사회적 역할에 맞춰 적응할 수 있는 잠재력을 지니고 있었다. 1926년 <보그>지 표지에 실린 이 일러스트는 이 스타일이 미국에서 대중적으로 인기를 끌었음을 상징한다. 이 잡지는 당시 큰 인기를 끌었던 미국의 자동차(검은색으로만 출시되었던)의 이름을 따서 '포드 드레스'라는 이름을 붙였는데, 눈길을 끄는 이름이긴 했으나 샤넬이 파리에서 만들고 있던 복잡한 아이디어와 다양한 변형을 담아내진 못했다.

⋯⋯

이 크레이프 드 신 소재의 시스 드레스 '모델 817'은 '앞과 옆이 약간 여유로운' 스타일로 만들어졌는데 이는 1920년대 초반부터 야회용 드레스에 널리 적용된 디자인이다. 이 스타일은 1920년대 말까지 꾸준히 유행했으며, 1929년 6월 비슷한 스타일에 대해 '보디스의 전체적인 여유로움과 영리하게 대조를 이룬다'고 묘사된 '몸에 밀착되는 힙 라인'과 함께 디자인하면 특히 효과적이었다.[25] 1928년 한 패션 칼럼이 지적한 대로 이 옷의 단순함은 기만적이다. '보디스의 여유로운 디자인은 매우 완만하고 눈에 띄지 않는 정도여서 파리 드레스메이커들의 천재성을 드러낸다. 약간이지만 여유로운 보디스의 디자인에도 불구하고 전체적으로는 직선미가 있어서 훌륭한 재단 기술이 필요하기 때문이다.'[26] 당시 이 스타일은 과도기적 스타일로 여겨질 수 있었다. 전체적으로 날씬하고 중성적인 라인이 두드러지지만 엉덩이 주변의 형태는 점차 여성적인 실루엣으로 돌아가는 것처럼 보이기 때문이다. 1927년 산 페드로 뉴스는 '상체가 풍성한 드레스가 계속 유행하고 있고, 벨트는 골반 주위에 두른다. 이것은 블라우스를 스커트 안에 집어넣어 입고 가죽 벨트를 두르는 단정한 스타일로 복귀하는 전조가 아닐까?'라고 썼다.[27]

보디스의 'V자형'과 스커트의 뒤집힌 'V자형' 실루엣은 슬림한 원기둥 형태의 라인을 더욱 돋보이게 한다. 촘촘한 주름을 잡아 만든 이런 정교한 디자인은 포드의 대량 소비에 빗댄 <보그>지의 해설과 묘하게 어울린다.[28]

이 일러스트가 사용된 시기에 클로슈 햇은 여성스러운 스타일로 확고히 자리매김을 한 상태였다. 클로슈 햇은 1923년경 파리에서 미국으로 전파되었다. 파리에서 모자 디자이너로 활동을 시작한 샤넬은 이 모자를 열렬히 지지했다.[29] 깊은 크라운과 좁은 챙이 짧은 단발머리를 완전히 덮고 머리를 감싸는 형태로 두상을 그대로 드러내거나 강조했다.

이 드레스의 심플한 디자인은 샤넬의 시그니처인 진주 목걸이와 조화를 이루었다(이 장의 뒷부분에 나오는 1929년 슈트 참조).

1983년 칼 라거펠트가 샤넬의 수석 디자이너가 되었다. 그는 우스갯소리로 '리틀 블랙 드레스를 입었다면 과하거나 모자랄 일이 없다'고 말했는데, 발레리 스틸은 진지한 샤넬은 그리 달가워하지 않을 것 같다는 의견을 냈다.[30] 라거펠트의 첫 작품 중 하나는 엄청난 양의 르사주 공방 주얼리로 장식된 평범한 블랙 드레스였다. 이 드레스는 샤넬에 대한 직접적인 오마주이기도 하지만 그녀의 블랙 캔버스가 60년이 지난 지금까지도 얼마나 적용되는지를 보여준다. 라거펠트는 여기에 반짝이는 요소를 더함으로써 1980년대 패션의 호화로움과 소비주의에 호소했다. 1983년 2월 그는 이렇게 말했다. '이것은 오래된 연극의 재상연과 같은 것이다. 하지만 첫 관객의 시선으로 보려고 노력해야 한다…너무 경건해선 안 된다. 젊은이들이 샤넬의 스타일을 접하게 하는 것이 중요하다.'[31]

자신이 디자인한 슈트를 입은 코코 샤넬

1929년 5월 30일, 사샤 / 게티 이미지

◆

초기 '카디건' 모델에서 발전한 샤넬의 고전적이고 상징적인 슈트는 20세기 여성 패션을 논할 때
빼놓을 수 없는 중요한 아이템이다. 남성복에 대한 샤넬의 애정은 초기 슈트에서 잘 드러나며,
이 사진은 트위드를 '매력적인' 소재로 참신하게 활용한 예시이다.

샤넬은 보석이 없는 슈트는 '벌거벗은 것'과 같다는 유명한 말을 남겼지만, 꼭 값비싼 보석일 필요는 없다는 신념을 고수했다. 모델과 고객 뿐 아니라 샤넬 역시 여러 개의 모조 진주 목걸이를 착용한 모습을 종종 볼 수 있었는데, 그 이유는 그녀의 표현대로 '비싼 보석은 그것을 걸친 여성을 더 돋보이게 하지 못하기 때문이다. 만약 그녀가 평범해 보인다면, 그녀는 앞으로도 그렇게 남을 것이다.'[32]

1920년대에는 손뜨개나 기계로 짠 스웨터가 남녀 모두에게 인기 있는 일상복이 되었다. 저지는 이제 속옷에 주로 사용되는 원단이 아니라 하이패션 소재로 인식되었고 샤넬은 1914년부터 울과 실크의 혼합물로 매력적인 스트라이프와 페어 아일 디자인을 만드는 실험을 계속했다.[33]

스트레이트 컷 스커트는 앞판과 뒤판에 각각 두 개의 깊은 주름을 넣어 움직이기 용이했다.

1920년대에는 스커트 길이가 계속 짧아지면서 신발이 더욱 양식화되어 여성들에게 선택지가 많아졌다. 사진에 보이는 신발은 두 가지 색상을 사용한 '스펙테이터(spectator)' 슈즈로 샤넬이 즐겨 신었다.[34]

이 앙상블은 '클래식' 샤넬 슈트로 알려진, 넉넉한 재킷과 트위드 또는 저지 소재로 만든 무릎 길이의 스커트 조합을 보여준다. 트위드를 사용하여 '전통적인' 영국 스포츠의 우아함을 떠올리게 하며, 아마 샤넬과 웨스트민스터 공작의 관계에서 영감을 받았을 것으로 보인다.[35]

착용 편이성과 결합된 우아함은 샤넬의 가장 큰 매력 중 하나였으며, 이 1924년의 사진은 그녀의 첫 번째 성공을 보여준다. 1925년에 카디건 슈트가 스포츠웨어와 함께 패션 칼럼 지면을 장식했다. 그해 7월 시드니의 〈선데이 타임즈〉지는 이렇게 썼다. '이번 시즌에는 가장 독특한 스포츠웨어 조합이 등장할 것이다. 스커트에 킥 플리트(kick pleat)가 들어간 샤넬의 점퍼 슈트가 눈길을 사로잡는 대표적인 예이다.'[36] 다른 디자이너들도 이런 유행에 편승하여 '여성의 복장에 자유를 부여하자는 블루머 효과의 영향으로 일부 점퍼 슈트의 앞판에 주름을 넣는 등' 비슷한 수준의 착용성을 갖춘 여성용 앙상블을 제작했다.[37] 위의 재킷과 같은 편안한 핏은 샤넬이 입은 1929년도의 의상에서도 발견되지만 단추 하나로 여미는 스타일과 기울어진 가슴 포켓 때문에 더 전통적인 '슈트와 같은' 특징을 보인다.

1920년대 말에 샤넬의 진화하는 슈트는 스포츠웨어뿐 아니라 다른 용도에도 적합한 옷으로 묘사되었다. 이러한 변화는 1929년 5월의 〈콜로라도 이글(Colorado Eagle)〉에 잘 표현되었다. 이 신문은 여기에 소개한 옷과 비슷한 스커트와 재킷을 설명하면서 이렇게 적었다. '이 앙상블은 여행과 컨트리클럽용으로 적합하며 재킷을 벗으면 골프 또는 테니스용으로도 입을 수 있다.'[38]

이브닝 드레스

1928년경, 파리, 맥코드 박물관, 몬트리올

◆

이 드레스를 만든 디자이너 뤼시앵 를롱(Lucien Lelong)은 1920~40년대 파리의 유명한 쿠튀리에로,
부드럽고 우아한 라인의 이브닝웨어로 유명하다. 이번 예는 힙 주변에 새틴 밴드를 감아 당시 자주 볼 수 있었던
로 웨이스트 스타일을 연출했으며, 자연스러운 허리선 위치에도 잘록한 라인이 보인다.

네크라인 앞쪽은 넓고 둥근 형태,
뒤쪽은 낮은 위치에 완만한 V자 형태로
디자인되어 있다.

매우 가는 어깨 끈은 당시 목, 어깨, 팔의
노출이 일반적으로 받아들여졌다는 것을
보여준다.

금사로 수놓아진 디아망테(diamante.
모조 다이아몬드 등의 반짝이는 작은 장식품)
를 붙인 눈물방울 모양의 장식이 가슴,
허리, 허벅지 부분에 장식되어 있다.
이런 장식은 성적 매력을 더하는 동시에
이어지는 1930년대의 새로운 곡선적인
실루엣과 그로 인해 두드러진 여성의
신체 부위를 정확히 드러냈다.

스커트 앞쪽과 양옆의 밑단은 사각형
행커치프의 중앙을 집었을 때 모서리
부분이 아래로 처지는 형태와 유사하다.
이런 디자인은 1920년대 말 무렵 인기
있던 기법으로, 모서리진 밑단은 가벼운
여름 드레스나 이브닝 드레스에서도 볼
수 있었다. 1920년대 중반부터 후반의
아래쪽 사진에서도 이런 디자인을
확인할 수 있다.

폭이 넓은 허리선은 스커트 뒤판의
커다란 리본 매듭과 만나 두 가닥의
길고 넓은 새틴 리본 형태로 아래로
늘어뜨렸다. 1928년은 이브닝 드레스의
길이(특히 스커트 뒤판)가 극단적으로
길어지기 시작한 해로, 이 길이가 새로운
스타일을 나타내는 지표였다. 그러자
몇몇 평론가들은 1927년 '댄스에도 (중략)
영향을 미칠 우려가 있다. 누가 발목까지
오는 페티코트를 입고 찰스턴을 출 수
있겠는가?'라며 우려를 표하기도 했다.

드레스
(1920년대 후반, 케스팅 가의 기록)

파란 드레스를 입은 여자(윌리엄 리로이 제이콥스 작, 1870 – 1917년경 제작 추정, 미국
의회 도서관에서 검색. 2010716861.)

리틀 블랙 드레스-더 포드, 모델 817, 〈보그〉
1926년, 콘데 나스트의 일러스트, 게티 이미지
제공

Chapter 9
1930-1946

여성용 슈트와 투피스로 구성된 주간용 의상의 인기는 1930년대에도 계속되었으며 스커트의 길이는 주간용은 장딴지 중간까지 오는 길이, 야회용은 발목 길이 또는 바닥에 닿는 길이였다. 당시 젊은 여성의 사진에서도 볼 수 있듯 스커트는 허리부터 무릎까지 슬림하게 떨어지다 밑단이 깔때기 형태로 퍼지는 킥 플레어(kick flare) 스타일이다. 1930년대를 특징짓는 형태의 하나로 큰 인기를 누린 **바이어스 컷**(bias cut)은 쿠튀리에 마들렌 비오네의 영향이 컸다. 비오네는 신체의 곡선을 살린 의상을 만들기 위해 원단을 대각선 방향으로 재단하는 교묘한 기법을 사용했다. 그것은 특허를 취득해서라도 지키려고 한 고도의 혁신적인 기술로, 안감과 속옷에 사용하는 **크레이프 드 신**을 이용하면 가볍고 풍성한 효과를 낼 수 있었다. **바이어스 컷**의 매혹적이고 로맨틱한 특성은 미의식의 커다란 변화를 알려주는 징후로 이른바, 1920년대의 중성적인 스타일 이후에 출현한 여성적인 스타일로의 회귀를 보여주는 것이었다. 1930년 8월 〈시카고 선데이 트리뷴〉지는 '여성스러운 프릴 장식'은 '이전 시대보다' 비용이 들지만 동시에 착용자를 '다시 '숙녀(lady)'로 만들어 주었기 때문에 '미국인들의 (중략) 마음을 사로잡았다'고 평했다.[1] 당시의 패션 칼럼에서도 비슷한 평가가 자주 등장하면서 '전통적인' 여성스러움이 유행했다는 것을 보여준다.

지위의 상징 또는 부의 표현으로서 패션을 소비하는 방식에 영화를 통해 묘사된 생활방식이 강한 영향을 미친 것도 분명하다. 조안 크로포드나 비비안 리 등 배우들의 매력적인 생활에 자극을 받고 그녀들이 입는 옷이나 액세서리 대부분을 모방했지만 사생활보다 영화 속 의상을 모방하는 경향이 강했다. 1929년 아카데미상이 설립된 이후, 이런 행사에서 착용한 화려한 의상에 대한 뜨거운 관심은 패션이 요구하는 화제성과 우아함을 강조했다. 1930년대에는 여성지를 비롯한 대부분의 잡지에서 영화배우와 그들이 입은 의상에 대해 다루었는데 이는 오늘날과 마찬가지로 많은 이들이 패션과 유명인사에 매료되었다는 것을 보여준다. 1930년대 패션계를 사로잡은 유명인이 에이드리언 아돌프 그린버그(Adrian Adolph Greenberg, 1903~59년)였다는 것은 영화와 유명인의 영향력이 급증했음을 말해준다. 원래 그는 할리우드에서 영화 의상을 제작하는 수석 디자이너로, 그레타 가르보나 조안 크로포드 등의 의상을 만들다 1941년 자신의 패션 하우스를 개업해 화려한 오트 쿠튀르와 할리우드 영화 의상이라는 '다른 세계'의 융합을 꾀했다. 관객 수가 크게 증가하면서 영화 붐이 일던 시대에 영화 의상 디자이너와 패션 디자이너라는 직업의 융합이 그의 성공 비결이었다. 또한 그는 파리가 여전히 전 세계 패션의 중심지이던 시절, 미국을 패션의 주역으로 끌어올린 것으로도 유명하다.[2]

이 시기의 키워드는 '소피스티케이션(sophistication, 세련미)'이다. 그것은 우아하고 성숙하며 더 억제된, 1940년대까지 계속된 신체에 밀착하는 기본 스타일이었다. 1931년 〈데일리 메일〉지의 프랜시스 맥스웰 스미스는 이렇게 썼다. '여성스럽게 소곳한 자태'가 등을 곧게 편 침착한 모습으로 변화한 것이다.[3] 하지만 1930년대 후반에 걸쳐 소피스티케이션은 지퍼의 사용과 세탁이 가능하고 오랫동안 재이용할 수 있는 호화로운 실크와 **크레이프 드 신**의 개량판과 함께 **레이온**이나 비스코스 등의 간단히 세탁할 수 있는 원단의 장려와 보급으로 안심감과 '착용감'을 의미하게 되었다. 이런 시도는 1940년대 군복 대량 생산 확대로 더욱 진전되어 남녀겸용 의복이 빠르고 항상적으로 제조되게 되었다. .

제2차 세계대전이 가까워질수록 여성을 위한 안전하고 튼튼한 의복 모델의 제시가 더욱 중요해졌는데 드레스는 그 매력 또한 중요했다. 물자가 부족해 배급을 하던 상황에서도 패션은 여전히 중요한 가치였으며 절실히 필요한 현실 도피와 일상성의 두 가지를 동시에 제공했다. 냉엄한 현실 속에서도 우아함을 잃지 않는 것은 기분 전환이 되었으며 가정에서의 사기를 북돋웠다. 전쟁은 계급을 형성해온 패션의 경계를 허물었다. 물론, 부유층 여성들은 이미 유행하는 고급 의상을 소유하고 있었지만 배급과 같은 정부 주도 정책에서 제외되는 사람은 없었다.

1940년대 초기, 영국에서는 '**유틸리티 클로딩**(utility clothing, 실용복)'이 발표되었다. 영국 무역위원회의 회장 토머스 발로우 경의 발안으로 탄생한 이 새로운 시도는 유행을 도입한 기능적이고 매력적이면서도 수요가 공급을 웃돌 정도는 아닌 의복을 생산하는 것이 목적이었다. 노먼 하트넬, 하디 에이미스, 딕비 모턴 등 저명한 디자이너들의 도움을 받아 심플하면서도 우아함을 잃지 않는 여성복이 만들어졌다. 사각형 어깨, 잘록한 허리, 킥 플레어 스커트가 전시의 대표적인 패션으로 자리 잡았다. 주된 규제는 모두 '**유틸리티**' 원단으로 만들어야만 한다는 것이었다. 넉넉한 디자인의 의상도 최대한 적은 양의 원단을 사용해 만들어야 했지만 소매가격은 허용된 최고액으로 판매되었다. 다행히 선명한 색상의 프린트 원단까지 금지된 것은 아니었기 때문에 이런 종류의 원단을 사용함으로써 '**유틸리티**' 기능을 어느 정도 무력화할 수 있었다. 그럼에도 여성복에는 주머니가 2개 이하, 단추는 5개 이하, 스커트 솔기는 6개 이하, 인버티드(inverted, 박스 플리츠를 뒤집어 놓은 형태의 주름) 또는 박스 플리츠는 2개 이하, 나이프 플리츠(knife pleat, 같은 방향으로 칼날처럼 곧게 잡은 주름)는 4개 이하 등의 규제가 있었다. 160인치의 스티치는 허용되었지만 과도한 표면 장식은 허용되지 않았다.[4] 한편, 가슴과 허리 부분의 **셔링**은 원단을 절약할 수 있는 가장 인기 있는 표면 장식이었다. 이런 정부의 노력에도 불구하고 1942년 〈뉴욕 타임스〉지가 '엄혹한 전시 경제 수준'이라고 보도할 정도로 영국의 생활수준이 축소되기까지는 조금 더 시간이 걸렸다.[5]

1942년 미국에서는 전시 생산국에 의해 L-85 규제(일반 제한 명령[general limitation order])가 발령되

위
1850년대 드레스를 입은 유대인 예술가 트루디 호프만, 베를린, 1935~43년경
(저자 소장)

었다. 영국과 마찬가지로, 특정 종류나 색상의 원단(특히 천연섬유)과 함께 과도한 원단을 사용해 호화롭게 만든 의상을 제한했다.[6] 극단적인 '메이크 두 앤드 멘드(make do and mend, 오래된 것을 고쳐서 사용하는)'정신을 적극적으로 받아들인 영국 여성의 이야기는 널리 알려져 있지만 미국에서는 '세이브 스크랩(save scraps, 자투리 원단을 구제하자)'이라는 기존의 의류를 최대한 온존하는 움직임이 일어났다. 1942년 10월 〈시카고 선데이 트리뷴〉지는 영국의 제도와 그 효과를 칭송하며 메이크 두 앤드 멘드 정신 덕분에 여성들은 '차림새가 더욱 단정해졌으며 전문가의 세심한 주의에 따라 의상을 선택한다.'고 보도했다. 또한 기자는 미국에서도 이런 정신을 바탕으로 슬랙스를 보급할 것이 아니라 보다 여성적인 패션을 장려하길 바란다며 다음과 같이 썼다. '영국 여성은 미국에서처럼 슬랙스를 착용하는 경향이 없다. 슬랙스는 따뜻하다는 실용적인 이유로 지방이나 가정에서 널리 이용되고 있지만 그걸 입고 외출하는 것은 유행에 뒤떨어질 뿐 아니라 비애국적인 행동이라고 여겨 슬랙스를 입은 채 거리로 나가지 않는다.'[7] 요컨대 여성이 복장에 관해 '노력하는' 것처럼 보이려면 여전히 드레스(또는 스커트와 블라우스)가 필수였던 것이다.

이번 장에는 1940년대 오스트레일리아에서도 볼 수 있었던 비슷한 리사이클 정신이 구현된 2점의 드레스가 있다. 184, 186쪽의 두 벌의 리넨 소재 **데이 드레스**는 신혼여행을 위해 신부가 직접 만든 것으로, 본인이 갑자기 세상을 떠난 후로는 사용되지 않은 채 서오스트레일리아 주 역사협회의 컬렉션의 소장품으로 당시의 상태 그대로 보존되어 있다. 자신이 입을 옷을 직접 만드는 것은 반드시 특별한 이벤트에 착용할 의상뿐만이 아니었다. 정부는 이를 일상적으로 정착시킬 필요가 있다고 여겨 1940년대 조언 단체(advice group)나 의복 중개소(clothing agency)의 개발을 진지하게 검토했다. 1943년 3월 발행된 〈리스너〉지의 기사는 '오래된 옷의 솔기를 풀어, 새로운 옷을 만드는 최선의 방법을 가르쳐 주는' 복장조언센터를 설립하기 위해 새롭게 결성된 '공공의 복지에 관한 여성 단체'에 대해 런던에서 자주 집회를 열도록 권했다.[8] 이런 단체는 재봉질이 가능한 여성의 요구에 따라 다양하게 기획되었으며 집회는 교육적이고 사회적인 근거를 바탕으로 널리 선전되었다. 그들의 메시지는 명확했으며 경박함은 긴축 재정에 의해 밀려날 수밖에 없었다. 집회에 관한 기사나 선전에는 '파티 프록(party frock)'을 해체해 분별 있는 주간용 드레스로 바꾸어야 한다는 제안이 자주 등장했는데 대부분의 평론가들은 1941년 조안나 체이스(Joanna Chase)가 쓴 『재봉과 절약(sew and save)』에 쓰인 '모든 여성은 멋진 옷을 입고 싶어 한다.'는 인기 있는 근본 주제도 인정했다. 체이스의 저작은 실용적이면서도 현실적으로 달성 가능한 내용으로, 멋지고 우아하게 입기 위해 배급의 제약과 타협할 필요는 없다며 여성들을 안심시켰다. 절약을 위해서는 다양한 착용 방식이 가능한 잘 만든 슈트를 구입하고, 의복 중개소에서 중고품을 살 것을 권했다. '당신은 이 방법으로 돈을 절약하는 것만이 아니다.', '같은 가격으로 새 옷보다 스타일과 품질이 더 좋은 것을 구할 수 있다.'며 열변했다.[9]

실크 드레스

1935년경, 영국, 빅토리아 국립 미술관, 멜버른

◆

이 화려하고 하늘하늘한 조합은 제2차 세계대전 직전에 몇 년간 인기를 끌었던 여성스러운 스타일의 좋은 예이다.
부드러운 라인이 몸의 곡선을 따라 흐르며 에드워디안 패션의 방식으로 여성의 몸을 감싸고 있다.
1933년 9월 캘리포니아의 한 패션 칼럼에서 이 스타일에 대해 다음과 같이 적었다. '[드레스]는 보이시한
스타일 이전의 부드러움과 [여성성]을 모두 가지고 있다. …당시의 무거운 효과는 전혀 없다'[10]

패턴 드레스를 입은 여성(잭 케이토 촬영, 1930년대.
빅토리아 국립 미술관, 멜버른)

잭 케이토가 찍은 이 사진은 이번 예와 매우 유사한
드레스의 뒷모습을 보여주는데 프릴이 'V자형'으로
배열된 오픈형 디자인이다. 1930년에 도입된 영화
규약(헤이스 규약)의 영향 때문에 이 시기에는 등을 드
러내는 백리스 스타일이 큰 인기를 끌었다. 이 규약
은 사회의 도덕적 기준에 영향을 미치기 위해 스크린
에서 과도한 신체 노출을 금지했다.[11] 그 결과, 1920
년대의 'V자형' 네크라인을 1930년대에는 등 쪽에서
만 볼 수 있었고, 많은 사람들이 이 모습에서 관능미
를 발견했지만 거기엔 모순이 많았고 드레스가 의도
한 단정함이 역효과를 낸 것처럼 보인다. 1934년 한
패션 칼럼에서는 '등이 드러나는 것이 보기에 좋지
않음에도 불구하고 대다수가 백리스 드레스를 선
호한다'고 썼다.[12] 한 칼럼은 이런 유행을 '노출 숭배'
의 선동자라고 묘사했고,[13] 다른 칼럼은 남성용 흰색
이브닝 장갑의 귀환에 대해 다음과 같이 새로운 이
론을 제시하기도 했다. '무도회에서 니코틴으로 얼
룩진 손가락을 여성의 등에 얹는 일은 참을 수 없
는 것이어서 옛날의 장갑 패션이 다시 돌아왔다.'[14]

1920년대에 유행했던 클로슈 햇과 달리 챙이 넓은
모자가 유행했다. 미국 여배우 메이 웨스트가 대중화시킨
'픽처 햇(picture hat)'과 같은 스타일은 눈에 띄게 색다른
실루엣을 선보였으며, 그 영향을 받은 요소들을 여기에서
찾을 수 있다.

백리스 가운은 뒤쪽 끈이 보이는 브래지어를 사용하지
않고 여성의 가슴을 지지할 방법을 찾아야 했던
쿠튀리에들에게 기술 개발에 대한 도전 과제를
안겨주었다. 1930년대 말에 언더와이어 지지대가 달린
끈 없는 브래지어가 성공적으로 대량 생산될 정도로
수요가 많았다.[15]

1930년대 이전에는 드레스에 꽃무늬 프린트가
규칙적으로 사용된 적이 거의 없었다. 30년대 중반에
이르러 꽃무늬가 캐주얼과 정장 모두에 필수적인 요소가
되었다. 로즈마리 하든과 조 터니의 주장에 따르면
이는 부분적으로 꽃무늬의 다용도성 때문이다. '꽃무늬
드레스는 소풍갈 때나 외출할 때 입을 수 있을 만큼
멋스럽다. 게다가 실용적이기도 하다…그래서 여러
세대에 걸쳐 유행했다.'[16] 1939년까지도 패션 칼럼들은
여전히 '꽃무늬가 많이 등장할 것'이라고 선언했고,
30년대가 끝날 무렵에는 '대담하고 화려한 디자인이
중요한 앙상블에 가장 널리 쓰였고, 이런 소재가
매력적으로 쓰인 것은 유틸리티 드레스에서도
마찬가지였다'라고 적었다.[17]

1931년 오스트레일리아의 신문은 영화배우 캐롤
롬바드의 의상을 설명하면서 이번 예의 드레스와 같은
불규칙한 밑단과 트레인을 언급했다. '여유 있는 검은색
벨벳 프록은 격식을 갖춘 이브닝 또는 디너용 의상으로도
활용할 수 있다. 자연스러운 허리선에서부터 풍성하게
떨어지는 플레어 스커트는 바닥까지 늘어뜨린 불규칙한
밑단을 만들어냈다.'[18]

이브닝 드레스

1935~45년경, 파워하우스 박물관, 시드니

◆

이 가운은 이브닝용 드레스의 필수 요소가 된 긴 라인을 보여주는 전형적인 예이다.
1930년 출간된 E. M. 델라필드(E. M. Delafield)의 『어느 영국 여인의 일기(The Diary of a Provincial Lady)』에서
여성 주인공은 '내겐 런던에서 입을만한 옷이 전혀 없다. <데일리 미러>지를 보면 이브닝 드레스는 하나같이
길이가 길다고 한다. (중략) 내가 가진 것은 죄다 다리 절반에도 오지 않는다.'며 경악했다.[19]

패드를 넣은 어깨 부분이 다가오는 1940년대로 계승된 폭이 넓은 박스 모양의 외관을 만들어냈다.

풍성한 '캡 슬리브(cap sleeve, 어깨 끝에 달린 짧은 소매)'는 광택이 있는 레이온 새틴 소재로 액체와 같이 흐르는 듯한 효과를 연출한다.

얼핏 보면 섬세한 '라메(lamé, 금속실로 짠 직물)'처럼 보이는 이 레이온 새틴 소재의 리퀴드 골드 색상은 1930년대 후반 메탈릭 소재의 선풍적인 유행을 보여준다. 영화 의상으로 스크린에 등장하자 그 빛나는 광택과 흐르는 듯한 질감이 화제가 되면서 이브닝웨어의 인기 있는 선택지가 되었다. 한 신문의 패션 칼럼은 '만약 당신이 자제심을 내던지고 금속 덩어리를 얇게 펴서 늘인 것 같은 금, 은, 동, 청동 색상의 어느 한 소재를 선택한다면 당신은 아름답게 빛날 것이다.'라고 썼다. 또한 기자는 많은 독자들이 실크나 새틴보다 레이온 소재를 구입한다고 보도하며 '레이온은 시대를 대표하는 제품으로 특유의 짜임, 감촉, 색상을 지녔다. 그것은 (중략) 무한한 자원이다'라고 해설했다.[20]

셔츠의 앞판과 같이 보이는 턴다운 칼라(turn down collar)는 셔츠 웨이스트의 요소를 도입한 디자인이다. 이 '셔츠 웨이스트 드레스'는 1930년대에 인기를 누리며 실용적인 주간용 의상의 하나로 자리 잡았다. 요컨대 칼라, 소매, 앞단추로 구성된 신체에 밀착되는 롱 셔츠이다. 1934년 여배우 실비아 시드니가 입어 더욱 인기가 높아졌지만 이브닝용 의상으로 적합한 스타일이라고 여겨지는 경우는 드물었다.

벨트 중앙에 '글라스 페이스트(glass paste)'로 만든 모조 반귀석(半貴石)을 장식해 블라우스와 스커트가 분리된 스타일처럼 연출했다.

정교한 바이어스 컷 스커트가 착용자의 허리와 허벅지에 밀착된다. 바이어스 컷은 20세기 초기의 쿠튀리에 마들렌 비오네가 고안한 방법으로, 대각선 방향으로 재단하기 때문에 원단이 직선이 아닌 대각선 방향으로 흐르듯 떨어진다. 이번 예와 같이 신체의 선을 드러내는 실루엣은 1930년대에 크게 유행한 스타일이었다.

신체의 라인이 드러나는 바이어스 컷 디자인의 이브닝 드레스에는 이렇게 굽이 높고 발등 부분이 낮게 파인 스트랩 구두를 함께 착용했다.

이민자 여성, 플로리다 주 벨 글레이드

1939년, 플로리다 주립 기록 보관소, 플로리다 메모리

◆

이 가슴 아픈 이미지는 대공황의 영향을 받은 한 여성을 보여주는 동시에
현대의 패션 스타일과의 연관성도 제시하며 단순하고 해진 의복에서 유용한 정보를 얻을 수 있는 방법을 알려준다.
이 여성이 입고 있는 옷은 평소 집안에서 가사를 돌볼 때 입는 평범한 면 소재의 홈드레스이다.
구조가 단순해 쉽게 만들 수 있는 옷이지만 여유만 있으면 유행에 맞게 만들 수 있었다.
1938년 4월 <피루 뉴스(The Piru News)>지는 이렇게 썼다. '새롭고 신선한 디자인의 홈드레스는 편안할 뿐 아니라
기분까지 좋아진다.'[2] 이런 묘사는 11명의 자녀를 둔 이 어머니의 현실적인 상황과는 너무나 대조적이지만,
그녀가 고른 옷이 어려운 상황에 처한 사람들에게만 국한되지 않음을 보여준다.
해지지 않은 옷은 자녀들의 옷으로 새로 만들어 입혔기 때문에 이런 사진은 특히 귀중한 자료이다.

가난한 형편으로 인해 절망에 빠진 일부 어린이와 청소년은 영부인 엘리너 루스벨트에게 편지를 보내 도움을 요청했다. 그들은 종종 의복에 대해 언급하며 '단정하고' '다양한' 옷의 필요성을 강조했다. '제 또래의 많은 소녀들이 예쁜 옷을 입고 있는 것을 보면, 제게는 단정한 옷을 입을 여유조차 없다는 사실에 가슴이 아픕니다. 저는 공공장소에서 입을 수 있는 드레스가 3벌밖에 없어요. 이 중 하나는 친구가 준 것이고, 하나는 제가 직접 만들었어요…… 작년 겨울에도 이번 겨울에도 그 옷들만 입었어요. 친구들은 자주 새 옷을 갖는데 저는 똑같은 옷만 계속해서 입고 또 입어요.' 이 안타까운 사연은 패션이 부유층만의 전유물이 아니었음을 보여준다. 절박한 상황에 처한 사람들에게 패션은 품위와 자존감 그리고 평등성을 제공했다.

종아리 길이의 스커트는 1930년대의 홈드레스나 일상복에서 흔히 볼 수 있었다. 인기 있는 셔츠 웨이스트 스타일에서도 종아리 길이의 밑단을 볼 수 있었다. 이 스타일은 칼라와 전면에서 여미는 방식이 특징인 상의 부분과 자연스러운 허리선 위치에 있는 스커트의 투피스로 구성되며 새시나 벨트를 착용했다.

평범한 신발조차 신지 않은 이런 모습은 대공황 당시 일시적인 빈곤 가정의 초상화에서 흔히 볼 수 있다. 아이들은 신발이 없다는 이유로 학교에 가지 못하는 경우가 많았다.

이 단순한 직사각형의 칼라는 잠그지 않고 입었다. 반면 아래의 패턴 일러스트는 단추를 모두 채운 단정한 피터 팬 칼라의 이상적인 모습을 보여준다.

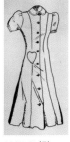

1935~9년경 당시 언론에서 발견한 디자인을 바탕으로 그린 스케치

원피스 형태의 드레스는 옷의 라인이 무너지는 것을 피하기 위해 주머니를 잘 달지 않았다. 이 그림의 작은 하트 모양 주머니는 실용성과는 거리가 멀고, 일반적인 정사각형 주머니보다 제작하기가 훨씬 더 어려웠기 때문에 옷에 고급스러움을 더해주었다. 실제로, 보스턴의 한 앞치마 제조사에서는 고용주가 임금 인상도 없이 사각형 주머니를 하트 모양으로 바꾸라고 요구하자 파업을 일으킨 사례가 있다.[23]

이 드레스는 프린세스 라인으로 제작되었으며 허리 부분에 솔기가 없는 긴 패널로 재단되었다. 프린세스 라인은 종종 언론의 찬사를 받았는데, 1936년 한 신문은 이 옷과 거의 동일한 재단 방식이지만 약간 더 격식을 갖춘 드레스에 대해 언급하면서 이 드레스의 돋보이는 형태와 집에서도 쉽게 만들 수 있다는 특징에 대해 다음과 같이 썼다. '이 원피스의 또 다른 흥미로운 점은 패턴의 주요 부분이 임곱 개 밖에 없다는 것이다. 사실상 솔기만 이어주면 된다. 그려진 대로 따라 만들면…하루 종일 입기에 훌륭한 옷이다.'[24] 정치, 사회, 경제적 위기의 시기에 필요한 옷을 직접 더 많이 만들어야 했던 사람들에게 이런 단순함은 큰 장점이었을 것이다. 그러나 1930년대에 가정 양재가 증가했음에도 불구하고 다른 많은 사업과 마찬가지로 패턴 업체들 역시 번성하지 못했다는 점을 강조해야겠다.[25] 게다가 사진 속 이주민 여성과 같은 사람에게는 새 옷을 지을 기회가 없었을 것이다. 아마도 그녀와 그 가족들은 그들이 가진 옷이 전부 해질 때까지 입었을 것이다.

청록색 리넨 데이 드레스

1940년대 초, 스완 길포드 역사협회, 오스트레일리아

◆

전쟁 초기, 놀라우리만치 날씬한 여성이 자신의 신혼여행을 위해 만든 드레스이다. 안타깝게도
그녀가 결혼 생활을 시작하기 전 세상을 떠나면서 그대로 남겨진 드레스는 이후 아무도 착용하지 않았다.[26]
당시 인기 있던 형태, 라인, 색상을 보여주는 좋은 예로 이런 의상이 남아 있는 것은 다행스러운 일이 아닐 수 없다.

어깨에 가볍게 주름을 잡아 소매의
사각형 형태를 만들어 당시의 대표적인
박스형 실루엣을 연출했다.

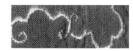

칼라, 소맷동, 스커트에 손으로
수놓은 흰색 소용돌이 문양이
장식되어 있다.

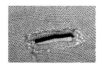

손으로 꿰맨 9개의 단춧
구멍과 흰색 '베이클라
이트'(bakelite, 초기의 플라
스틱)' 단추를 이용해 뒤
쪽 중앙에서 여미는 방
식이다.

같은 원단으로 만든 폭이 넓은
허리 밴드로 착용자의 가는
허리를 강조했다.

주간용 드레스나 외투에는
보통 정방형 주머니를 달았다.
이 드레스의 주머니는 물건을
넣는 기능은 없지만 폭이 넓은
사각형 어깨 부분과 직선적인
소매와 같은 형태로 스타일의
균형을 맞추었다.

당시 유행하던 부드러운 청록색을 고른 것
은 탁월한 선택이었다. 〈데일리 메일〉지
는 '자연에서 빌려 온 부드러운 파스텔 색
조'의 보급에 관해 보도했다. 그 중에서도
전문가들이 특히 주목한 것은 '전장에서 가
지고 돌아온 토닉(tonic, 강장제)' 색상이었다.
이 '토닉 색상'에는 '화창한 하늘과 같은 밝
은 청색'부터 '해변의 부드러운 베이지색'까
지 있었다.[27] 부드러운 색조의 청록색은 업
계와 정부 기관에서 사용되는 색명을 결정
하는 영국 색채평의회(British Colour Council)
에 의해 '오필라인 그린(opaline green, 오팔과
같은 유백색 빛을 띠는 녹색)'이라는 색명이 붙여
졌다.[28]

밑단은 무릎 또는 무릎 아래까지
내려오는 길이로 만든 듯하다.

잔느 랑방의 이브닝 드레스

1941년, 노스캐롤라이나 역사박물관, 롤리

◆

마담 그레(Madame Grès, 또는 알릭스 바튼[Alix Barton])와 같은 디자이너들은 고대 그리스에서 영감을 얻어 만든 이브닝 **가운**을 유행을 퍼뜨리고, 플리츠나 턱을 넣은 실크 또는 크레이프 직물을 사용해 길고 흐르는 듯한 라인을 만들어냈다. 그 영향을 받은 잔느 랑방(Jeanne Lanvin)의 이 무도회용 **가운**은 프랑스제 실크 시폰에 섬세한 라인스톤(rhinestone) 장식을 곁들여 우아하고 여성적인 실루엣을 만들어냈다.

소매에 필요 이상의 원단을 사용해 뒤쪽에 우아한 드레이프 효과를 연출했다.

원기둥 형태의 라인과 드레이프를 잡은 어깨 부분(정면의 양쪽 끝부분은 라인스톤 브로치로 고정되어 있는 듯하다)이 고대 그리스나 로마 시대의 넉넉한 가운을 연상시킨다. 대부분 레이튼 경(Load Leighton, 아래쪽 그림) 등의 19세기 예술가들로부터 영감을 얻은 디자인으로, 이런 발상이 20세기의 고전적 드레스의 재해석에도 영향을 미쳤을 것이다.

1930년대 후반 이후의 많은 이브닝 드레스와 마찬가지로, 로 웨이스트와 허리부터 퍼지는 플레어 형태의 스커트가 특징이다. 1945년의 한 패션 칼럼은 이런 실루엣의 이점을 '허리를 강조해 더욱 가늘어 보이게 한다.'고 썼다.

겉보기엔 심플한 디자인이지만 내부 구조는 의외로 복잡하다. 니커(knicker, 속바지), 브래지어, **거들**, 슬립을 착용해 드레스의 형태를 유지했을 것이다.

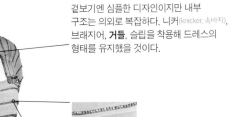

작은 정방형 라인스톤을 배열해 **보디스**의 플리츠를 장식했다. 유리나 **페이스트**를 사용한 이런 장식 기법은 1930년대에 등장해 귀중한 보석을 대체해 사용되었다. 라인스톤(유럽에서는 일반적으로 '페이스트' 또는 '디아망테'라고 불렀다)은 반드시 금 또는 은색의 금속 받침을 덧대기 때문에 착용자가 움직일 때마다 빛이 반사되어 반짝이는 것처럼 보였다. 또 목 주변에 단 2개의 나뭇잎 모양 브로치에도 사용되어 소매를 돋보이게 만들었다.

인물상의 습작(프레더릭 레이튼 경. 1870~90 년경(부분). 워싱턴 국립 미술관, 워싱턴 D. C.)

1945년 3월, 고대 그리스 스타일에 강한 영향을 받은 뉴욕의 디자이너 마담 에타 (Madame Eta)는 그녀의 새로운 컬렉션의 주요한 실용적 요소에 대해 '고대 그리스의 모티브와 흐르는 듯한 심플한 라인을 바탕으로 현대적인 스타일을 더욱 발전시켰다. 또한 전시하의 제한에 따라 재료를 절약했다.' 라고 말했다. 전시에 탄생한 스타일을 평가할 때는 이런 점들을 고려해야 한다. 이 랑방의 디자인도 미와 실용이라는 양자의 단순화를 추구했다는 것을 알 수 있다.

상아색 리넨 데이 드레스

1940년대 초, 스완 길포드 역사협회, 오스트레일리아

◆

앞서 소개한 청록색 리넨 드레스와 같은 소유자에 의해 만들어진 이 프린세스 라인 드레스는
신혼여행을 고대하며 한 땀 한 땀 직접 수놓은 자수 장식이 들어가 있다. 특히, 하트 모양으로 파인 스위트 하트
네크라인(sweet heart neckline)과 폭이 넓은 패드를 넣은 어깨 부분은 1940년대의 형상과 미학의 전형을 보여준다.

．．

'스위트 하트' 네크라인은 하트 모양의
윗부분을 모방한 형태에서 이런
이름이 붙었다. 2개의 곡선 부분은
여성의 가슴의 윤곽을 나타냈다. 이런
네크라인이 언제, 어디서 시작되었는지에
관해서는 여러 설이 있으며 1940
년대부터 20세기 후반에 걸쳐 크게
유행했다. 요즘은 포멀한 스트랩리스
드레스 특히, 브라이덜 패션에서 자주 볼
수 있다.

깊은 부채꼴 모양의 소맷동은
네크라인과 같은 형태이다.

성형된 8장의 원단 중 드레스 앞판에 4장,
뒤판에 2장을 이용해 프린세스 라인을
만들었다.

손으로 직접 수놓은 꽃과 잎사귀 문양이
어깨 부분에 **코르사주**처럼 장식되어 있다.
이런 방법은 저렴한데다 의상에 악센트를
줄 수 있어 인기를 누린, 전시의 의상
생산 및 소비 과정에서 생겨난 하나의
트렌드였다. 자수는 변경이 가능했으며
신문 광고를 통해 간단히 구입할 수
있었다. 예컨대 1943년 시드니의
한 잡지에는 '간단한 자수 (중략)
레이지데이지 스티치(lazy daisy stitch)의
꽃무늬 자수로 볼레로나 재킷 또는 드레스
개조 울이나 코튼 또는 실크 소재는 싱글
스티치 사용'이라는 광고가 실려 있었다.
단돈 1실링 3펜스면 추천하는 스티치와
배색을 곁들인 12개의 꽃무늬 모티브의
전사용 패턴을 구입할 수 있었다. 이런
패턴 세트를 이용하면 누구나 직접
섬세하고 정교하게 의상을 장식할 수
있었다.

신부는 시판용 패턴을 사용해 이 드
레스를 만들었을 가능성이 높다. 오
스트레일리아에서는 신문 판매고를
높이기 위한 캠페인이나 광고에 다
양한 의복 패턴을 활용했으며 일부
출판물은 독자에게 '일상복 패턴'을
제공했다. 이런 것들은 통신 판매로
구입할 수 있었으며 일부 신문이나
잡지의 경우, 예컨대 〈오스트레일
리안 우먼즈 위클리〉지는 패턴의
자세한 해설과 완성 사진을 게시하
기도 했다.

이 사진 속의 **코르사주**는 진
짜 꽃을 핀으로 볼레로 재킷
에 고정한 것이다(1945~48
년경).

유대인 난민 여성의 드레스

1940년대 중반, 임페리얼 전쟁 박물관, 런던

◆

이 소박한 드레스는 단순히 전시의 디자인이 아닌 홀로코스트와 바르샤바 게토에서
영국의 대피소로 탈출한 한 가족의 여정에 대한 이야기를 담고 있다. 이 드레스는 원래 게토에서 지내던
셀리나 로텐버그 부인이 입었고, 그녀가 트레블링카에서 사망한 후에는 유대인 아이들 구하기 운동(Kindertransport)을
통해 탈출한 딸 알리사가 입었다.[3] 여러 세대에 걸친 이 옷은 당시의 끔찍함을 보여주는 확실한 유물이며
이 옷의 생존은 우리에게 의복 '증거'의 중요성과 함께 그 의미와 기억을 떠올리게 하는 옷의 힘을 상기시킨다.

기술의 발전으로 플라스틱이 금속이나
진주와 같은 단추 소재의 자리를
빠르게 대체했다(플라스틱은 적은 비용으로
진주 단추의 모양을 재현하는 데 성공하여 1960
년대에 일부 회사들이 진주 단추 생산을 완전히
중단하기도 했다).[14]

1943년 런던의 또
다른 유대인 난민이
입었던, 가슴 주머니가
달린 비슷한 스타일의
줄무늬 드레스.

최초의 인공 섬유인 레이온은 1940년대
초까지 널리 사용되었다. 면 레이온
생산에는 제약이 없었기 때문에 더
위험하고 어려운 환경에 처한 사람들도
다양한 패턴을 사용할 수 있었다.
그러나 추측건대 원단을 아껴 벨트
같은 액세서리를 만들기 위해 두 개의
가슴 주머니를 덮개 없이 작은 크기로
만들었을 것이다.

드레스와 같은 소재로 만든 셀프
패브릭 벨트는 1940년대 실루엣의
중요한 부분이었다. 1940년 한 패션
기고가가 이 벨트의 목적을 '허리를
더 가늘어 보이도록 하는 것이
전부'라고 한 것처럼, 가장 단순한
드레스도 그 정의를 달성할 수 있게
만들었다.

이 드레스가 어디서 만들어졌는지 정
확히 알 수는 없지만 게토 내부에서 만
들어졌을 가능성이 있다. 게토의 작업
장과 공장에서 옷, 신발, 모자, 가죽 제
품, 브러시 등의 물품을 생산했으며 일
부는 수선과 같은 서비스를 제공했다.
1945년 한 젊은이는 일기에 '게토에는
고유한 스타일도 있다'고 적었다. '대부
분의 여성들은 칼라나 라펠이 없는 긴
재킷 이른바 '프렌치 블레이저'와 풀 스
커트를 입는다. 날씨가 좋은 날은 큰
꽃이 프린트된 프렌치 실크 드레스도
볼 수 있다.'[16]

스커트는 다양한 색상의 줄무늬와
대칭으로 재단되었다. 세로
줄무늬는 여성용 슈트에서 더욱
자주 보였는데, 여성이 이전에는
남성이 지배적이었던 분야에
진출하게 되면서 전문 직종에 맞는
의상의 수요가 증가하는 상황에
잘 맞아떨어졌다. 다양한 색상의
줄무늬를 사용해 단조로운 배경에
변화와 환기를 불어넣었다.

11명의 자녀를 둔 32세의 이민자 여성
(매리언 포스트 월콧[1910~1990] 촬영, 플로리다 주 벨 글레이드,
1939~02 플로리다 주립 기록 보관소. 플로리다 메모리)

Chapter 10
1947–1959

1947년은 패션사에 길이 남을 해이다. 디오르의 '뉴 룩(New Look)'이 여성들을 향해 전시의 단조로운 의상을 벗어던지고 매력적인 의상을 입도록 촉구한 해였기 때문이다. 하지만 현실은 낙관과는 거리가 멀었다. 파시즘에 승리했지만 1945년의 영국은 여전히 불안정한 상황이 계속되고 배급제도 전후 9년이나 이어졌다. 그러다보니 필요에 의해 탄생한 '메이크 두 앤드 멘드'의 사고방식은 여전히 정부의 중요한 관심사였다.

하지만 프랑스에서는 전후의 분진이 가라앉자 호경기를 실감할 수 있게 되었다. 결정적으로 쿠튀르 세계에서 프랑스의 우위가 회복되자 크리스티안 디오르(Christian Dior)와 같은 디자이너는 호경기를 감지했다. 그는 잘록한 허리, 부드러운 어깨 그리고 왕년의 여성미를 강조한 재킷과 상의를 곁들인 풍성하고 호화로운 스커트를 디자인해 이를 실현하고자 했다. 이런 스타일이 1950년대 패션의 새 길을 개척하는데 디딤돌이 되어 유럽 시민의 상상력을 사로잡았을 뿐 아니라 다소 안정을 되찾은 영국에까지 전파되었다. 오른쪽 사진은 1940년대 후반 런던의 한 거리 사진사가 촬영한 것으로 '뉴 룩'의 변형판을 착용한 여성의 모습이 찍혀 있다. 몸에 둘러서 입는 랩어라운드 카디건(wraparound cardigan)에 심플한 코트 슈즈(court shoes, 끈이나 고리가 없고 발등이 깊이 파인 여성용 구두)를 신고 발목 길이의 플리츠 스커트를 입었다. 이것은 긴축 경제 시대에 일상복으로 만들어진 디오르의 클래식 '바(bar)' 슈트로 이런 상황 속에서도 패션이 중요했다는 것을 보여준다. 1948년 1월 한 여성은 디오르의 디자인이 대중의 상상력에 미친 충격에 대해 다음과 같이 썼다. '여성들이 수다를 떨 때 '뉴 라인'은 배급제의 포인트든 저급한 석탄의 질이든 심지어 날씨마저도 화젯거리에서 추방해버린 듯했다.'[1]

하지만 결코 모든 것이 긍정적으로 받아들여진 것은 아니었다. 새로운 실루엣은 많은 여성들에게 실망감을 안겨주었으며 미국에서는 격렬히 반대하는 사람들(적어도 수천 명)이 항의 그룹을 결성했다. 그 가장 큰 단체가 빌로우 더 니 클럽(below the knee club, 무릎 아래 클럽)이다. 억압적인 의복으로의 회귀에 대해 항의하는 그들의 목소리는 디오르가 왜 그렇게 여성의 다리를 감추는데 열심인지를 따져 묻는 세계 각국의 목소리와 연대했다. 그들의 비판은 긴 스커트가 '위험'하다거나 전직 모델의 말을 빌려 '지나치게 많은 역사 소설을 읽고 만' 디자이너를 연상시킨다는 것까지 다양했다.

많은 여성들이 진지하게 항의하며 이런 유행이 여성의 평등과 해방을 후퇴시킨다고 확신했다. 남성들의 항의도 있었지만 큰 반향을 일으킬 정도는 아니었다. '뉴 룩'에 대한 남성들의 반감은 아내가 이 복장을 선택했을 때 발생하는 주로, 원단 비용으로 지불하는 금액에 근거한 것이었다. 리그 오브 브로크 허즈밴즈(league of broke husbands, 빈털터리 남편 연맹)라는 명칭의 이 그룹은 한때 3만 명에 이르는 구성원이 있던 시절도 있었다.[2]

이 스커트 논쟁이 한창일 때, 경쟁 관계에 있던 디자이너는 이를 기회로 뉴 룩에 대한 독자

적인 대체안을 발표했다. 제9장에서 소개한 영화 의상 디자이너에서 쿠튀리에로 변신한 에이드리언 아돌프 그린버그는 1947년 말 뉴욕에서 자신의 최신 컬렉션은 길이가 짧은 스커트가 특색인 주간용 의상으로 밑단은 지면으로부터 14인치 정도 떨어진 디자인이 될 것이라고 발표했다. 〈알렉산드라 헤럴드&센트럴 오타고 가제트〉지는 이에 대해 '과장된 뉴 룩을 선호하지 않는 여성들은 안심해도 될 것이다. 에이드리언의 앙상블은 우아한 유선형의 디자인을 그대로 유지하면서도 시대착오적이라는 느낌을 주지 않는다'고 보도했다. 에이드리언이 디오르를 비판하는 사람들을 아군으로 삼는 데는 그리 오랜 시간이 걸리지 않았다. 또한 신문은 '그가 말하길, 자신은 여성의 자연적인 모습 그대로를 절대적으로 신뢰하며 디자이너가 여성의 생활에 적합한 의상을 만들었던 전시하의 여성의 모습이 가장 멋지게 보였다.'라고 썼다. [3] 1947년 에이드리언이 발표한 슈트는 특히, 이런 스타일로 전개되어 디오르와의 차별성으로 인기를 얻었다. 하지만 최종적으로는 디오르의 뉴 룩이 지나간 시절을 연상시킨다는 이유로 유행을 선도했다. 그의 의상은 허리와 엉덩이 그리고 가슴의 볼륨을 강조하기 때문에 안감에 **태피터**와 같은 빳빳한 원단을 사용했다. 디오르는 '문명화된 행복이라는 이상으로의 회귀'를 달성하고자 했다. [4] 이는 역사로의 도피 즉, 노스탤지어(nostalgia, 향수)였다. 그에 대해 하디 에이미스(Hardy Amies)는 교묘히 재단된 테일러드 슈트를 선보였다. 디오르나 발렌시아가처럼 많은 원단을 사용하지 않고도 자연스러운 볼륨과 곡선미를 연출한 디자인이었다. 이번 장에서 소개할 두 가지 사례는 바로 그런 스타일의 1947년과 1950년의 의상이다.

미국 역시 전후 수년간은 약간 다른 경제 상황 속에서도 하이패션을 선도했다. 뉴 룩 스타일은 유럽과 마찬가지로 미국에서도 인기가 있었으며, 대대적인 선전 덕분에 전 세계로 퍼졌다. 하지만 전시에는 국가적 필요라는 이유도 있어 자국 디자이너(특히 스포츠와 캐주얼웨어 분야에서)의 선전 촉진과 지원 정책을 펼쳐 성공을 거두었다. 1940년대 말 재부상한 프랑스의 쿠튀리에들이 이를 막을 수는 없었다. 확실히 미국에서는 누구나 프랑스의 쿠튀리에가 요구하는 미적인 스타일(육체적으로나 감정적으로도)에 해당되지 않는다는 인식을 바탕으로 '모든 여성'에게 폭넓은 선택지를 제공했다. 또한 사이즈 시스템의 표준화로 기성복이 널리 수용되면서 누구나 최신 패션을 입수할 수 있게 되었다. 종전 후에도 패턴 및 가정 양재의 인기는 사그라지지 않았다. 여성들은 개인의 기호에 맞게 패턴을 조정해 주간용, 야회용, 칵테일 드레스는 물론 셔츠, 스커트, 나이트웨어까지 직접 만들었다.

제2차 세계대전으로 국가의 경계를 초월한 새로운 영향이 단절된 상태가 1950~60년대까지 이어졌다. 이 시기, 유럽의 신문과 패션지에서는 미국을 자주 언급했다. 1952년 4월 6일 영국 〈선데이 타임즈〉지는 '파리의 신진 디자이너 위베르 드 지방시는 (중략) 패션계에서 미국의 영향을 받은 일례이다.'라며 칭송했다. 기자는 계속해서 그의 재능을 언급하며 '세퍼레이츠(sepa-

오른쪽
전후의 생활에 순응한 여성들은 비교적 보수적이고 간소하지만 여성미가 드러나는 드레스를 기대했다.
(1956년경, 영국, 저자 가족의 기록)

rates)는 (중략) 분명 미국인의 기호에 맞게 디자인된 의상이지만 (중략) 미국인뿐 아니라 누구나 그것을 좋아한다.'라고 썼다.[5] 이 세퍼레이츠는 유럽에 들어온 미국풍의 새로운 패션으로, 여성들이 자신이 가진 각각의 독립된 **보디스**와 스커트를 조합해 신선하고 개성적인 스타일로 연출할 수 있었다. 제7장에서 말했듯, 이 방법은 사실 새로운 것이 아니다. 19세기에는 주간용 또는 야회용으로도 착용할 수 있는 독립형 **보디스**를 제작 및 구입할 수 있었으며 20세기가 된 후에도 디자이너는 세퍼레이츠 앙상블의 편리성을 대중화했다. 하지만 지방시의 주장은 **보디스**와 스커트를 통일하거나 보완할 필요가 없다는 생각을 더욱 강하게 만들었다. 다시 말해, 각각의 의상을 조합해 반드시 '한 벌의 드레스'를 만들 필요는 없다. 한 벌의 의복으로서의 드레스의 전통적인 관습을 고수하는 것이 아니라 개별성에 중점을 두었다. 이는 이브닝 드레스의 개념이 확장되고 다양화되어 공식 또는 비공식 행사 어디에서나 착용할 수 있게 된다는 것을 의미했다.

세퍼레이츠는 여성용 슈트가 늘고 있는 상황에서 더욱 눈에 띄었다. 제2차 세계대전 시기에 실용적인 의복으로 널리 보급되었으며 영국에서는 상무청의 **유틸리티 클로징**(utility clothing) 계획을 통해 장려되었다. 점점 더 많은 여성들이 적극적으로 직업에 종사하게 되면서 슈트의 수요가 늘고 다종다양한 스타일의 슈트를 선택할 수 있게 되었다. 오레곤 주에서 발행된 신문 〈더 불레틴〉은 1948년 북미의 백화점에서 구입할 수 있는 스타일의 슈트에 대해 다음과 같이 썼다. '플레어 슈트는 보통 타이트한 짧은 재킷을 곁들이고 (중략) 턱시도 슈트는 가늘고 긴 칼라가 달린 스타일'부터 '버슬 슈트 (중략) 우아한 커터웨이 재킷을 곁들인 스왈로테일 슈트' 그리고 '젊은 층에 인기인 발레리나 슈트'까지 다양한 종류의 슈트가 있다. 이번 장에서 분석하는 2벌의 슈트는 이런 디자인과 선택지의 다양성과 함께 오트 쿠튀르 의상임에도 전시하의 현명하고 독창적인 절약 방식을 보여준다.

1950년대 여성의 전형적인 이미지는 여러 겹의 망사와 풀을 먹인 **페티코트**로 빳빳하게 만든 폭이 넓은 스커트, 스위트하트 네크라인, 단정한 머리 모양이지만 이것이 1950년대의 다양한 스타일을 대표하는 것이 아니다. 꾸준한 인기를 누린 디오르의 모래시계 형태의 실루엣과 더불어 슬림한 펜슬 스커트와 시스 드레스도 인기 있는 스타일로 10년간 병용되었다. 마릴린 먼로가 영화 〈백만장자와 결혼하는 방법(How To Marry a Millionaire)〉(1953년)과 〈왕자와 무희(The Prince and the Showgirl)〉(1957년)에서 이런 스타일의 드레스를 최대한 연기에 활용한 것으로 유명하다. 지금도 사용되는 '리틀 블랙 드레스'라는 표현은 이 시스 스타일과 함께 자주 쓰였다. 또 다른 디자인인 **트라페즈**(trapeze) 스타일은 1958년 이브 생로랑(Yves Saint Laurent, 1957년 디오르가 세상을 떠난 후, 그의 패션 브랜드를 계승했다)에 의해 탄생했다. 그는 사다리꼴 형태의 실루엣을 통해 또 다른 미학을 선보였다. 어깨 폭을 좁게 재단해, 어깨에서부터 점차적으로 넓어지는 실루엣으로 건축적인 효과를 연출한 스타일은 잘록한 허리와 풍성한 스커트와는 동떨어진 세계였다. **트라페즈**는 몸에 밀착하지 않는 스타일의 하나로, 보통 '슈미즈' 드레스라고 불리는데 이는 발렌시아가 초기의 **색 드레스**를 계승한 드레스로, 메리 퀸트(Mary Quant)가 이것을 변형한 디자인을 선보이며 1960년대 패션의 대표적인 스타일로 자리 잡았다.

크리스티안 디오르의 '바' 슈트

1947년 봄/여름 컬렉션, 뉴욕 메트로폴리탄 미술관

◆

1940년대 말 파리에서 크리스티안 디오르의 여성복 컬렉션이 첫 선을 보이면서 폭발적이고
화려한 패션적인 변화가 나타났다. 수 미터의 원단을 사용하여 정교하게 제작된 스커트와 재킷은 여성들에게
아직은 대부분 도달하기 어려운 것이긴 하지만 앞으로 다가올 미래의 모습을 보여주었다.
이 상징적인 슈트의 잘록한 허리와 풍성한 치마는 전반적인 의류에 미묘하게 반영되어, 사춘기 소녀는 물론 성인 여성들도
이 실루엣의 의상을 어떻게 가질 수 있을지 방법을 모색하게 만들었다. 캘리포니아의 한 육아 조언 신문 칼럼에
이런 사연이 도착했다. '이 새로운 패션이 13세인 내 딸의 마음을 사로잡았다.
딸의 스커트 길이를 늘려주었지만…흰 양말만은 꼭 신으라고 말한다.'[8]

··

넓은 챙과 낮은 크라운이 특징인
이 모자는 18세기의 베르제르 햇
(왼쪽)을 연상시킨다. 이 모자는
디오르의 역사주의와 그의 작품에
내재된 '낭만주의'를 보여주는
예시이다.

바 재킷은 전면에 한 줄로 배열된 실크 단추를 이용해 여민다.
1947년 컬렉션의 다른 많은 의상은 코다와 마틴의 말을 빌리면
'귀부인을 위한 하녀와 복식 의례가 있던 시대'를 연상시키는
뒤쪽에서 여미는 보디스를 선보였다.[9] 보디스를 앞이나 뒤에서
잠그는 경우 모두 단추를 사용함으로써 디오르의 고급스럽고
인상적인 새로운 실루엣의 곡선과 라인을 잘 드러냈다.

바 슈트의 종아리 길이의
플리츠 스커트를 만들려면
200야드의 원단이 필요한데,
영국의 배급제하에서 드레스
한 벌에 허용되는 원단이 최대
2야드였던 것을 생각하면
엄청난 양이다.[10] 왼쪽 1947
년의 슈트는 슬림한 펜슬
스커트로 제작되었으며
바 앙상블의 특징은 다른
부분에서 확인된다. 재킷의
곡선적인 재단 방식에서
보이는 잘록한 허리와 골반을
더 넓고 둥글게 보이게 하는
두꺼운 주머니가 바 슈트의
특징을 보여준다.

재킷 칼라는 세우거나 젖혀서 입을
수 있었다. 칼라를 세우면 안쪽의
핸드 스티치가 드러나는데 이는
고급 디자인 의상의 디테일이다.
동일한 핸드 스티치 디테일이 같은
원단으로 감싼 단추에도 반영되어
있다.

뉴욕 메트로폴리탄 미술관에
소장된 이 드레스(1878~79년)
에서 디오르가 19세기에서
찾은 영감을 엿볼 수 있다.
잘록한 허리와 엉덩이 기장의
퀴라스 보디스는 여성의
곡선으로 시선을 이끌어
조각처럼 정교하고 구조적인
실루엣을 보여준다.

바 슈트를 광고하는 이미지에는 보통 장갑, 신발, 보석, 심지어 속옷과 향수까지 세심하게 고려하여 머리부터
발끝까지 옷을 갖춰 입은 여성의 모습이 담겨 있다.[11] 이를 통해 디오르는 자신의 영역을 크게 확장할 수
있었고 '모든 여성을 위한 옷'이라는 야망을 실현할 수 있었다. 이 접근 방식은 이후 수십 년 동안 큰 인기를
끌었다. 한 여성복 매장 매니저는 1960년대에 '(여성이) 머리부터 발끝까지…모두 갖춰진 옷을 입는 것…그게
사람들이 좋아하던 것이었다. 여기서 바지 한 벌, 저기서 상의 한 벌을 사러 가는 게 아니었다.'라고 회상했다.[12]

하디 에이미스의 데이 슈트

1950년경, 맥코드 미술관, 몬트리올

◆

이런 슈트의 인기로 알 수 있듯 '드레스'가 여성의 주간용 의상의 유일한 선택지였던 시대는
점차 먼 이야기가 되어갔다. 이 슈트는 일반적으로 고급 맞춤복을 만들 때
사용하는 원단인 영국의 우스티드 울(worsted wool, 소모사)로 제작되었다.

....

1940년대의 박스형 어깨에서 더
자연스럽게 처진 형태로 바뀌었다.

1950년 소형화된 여성용 재킷의
라펠은 더 둥글고 작은 형태로 목
부근에까지 올라간 위치에 있었다.
실제 이번 예와 같은 사례는 WAAF
(아래쪽 사진)의 공식 유니폼 상의나
1940년대 초기의 **유틸리티** 의복에서
볼 수 있는 스타일과 동일한 것으로
보인다.

앞쪽에서 여미는 싱글 브레스트
재킷은 실용적인 주간용 슈트의
일반적인 디자인으로, 전쟁이
끝난 지 얼마 지나지 않은 이
시점에까지 그 유행이 계속되었다.
여전히 의복이 배급품이었던
시절이지만 이 슈트는 앞서 해설한
의상에 비해 전체적으로 더 많은
원단이 사용되었다. 그렇기 때문에
실제 제작할 때는 원단을 굉장히
효율적으로 사용해야만 했을
것이다.

좌우 두 곳에 나이프 플리츠를
잡아 겹친 장식이 스커트에 특별한
인상을 더해준다. 원단이 충분치
않던 시기였기 때문에 이런
장식이 스커트의 볼륨을 높이는데
결정적인 역할을 했다. 자신만의
미학과 다양한 플리츠의 조합 및
배열을 한 벌의 슈트에 담아낸 하디
에이미스의 열정이 오롯이 드러나
있다.[13]

**오스트레일리아 여성
공군 보조원**(WAAF, Women's
Auxiliary Air Force)**의 유니폼**
(부분)(1943~45년, 뉴사우스웨일스
주 에반스 헤드 리빙 역사협회)

당시 유니폼의 각종 장단점
에 대해 논하는 한 기사는 이
렇게 칭송했다. 'WAAF의 유
니폼은 민간용 의복보다 훨
씬 앞선 스타일을 선보이고
있다. 전후의 슈트는 이 스
커트, 블라우스, 상의를 모
델로 삼게 될 것이다.'[14]

클레어 맥카델의 데이 드레스

1950년경, 패션 디자인 & 머천다이징 박물관(FIDM), 로스앤젤레스

◆

클레어 맥카델(Claire McCardell)은 현대 미국 여성을 위한 저렴하고 실용적인 기성복 디자이너 의류를 제작하여
패션의 격차를 메웠다. 그녀의 옷은 대량 생산되었지만, 천연 소재의 원단과 혁신적인 기술을 사용하여
독특한 느낌을 주었다. 또한 그녀는 패션계에서 평등주의를 실현하여 직장 여성이나 교외의 주부, 상류층 모두가
그녀의 디자인을 받아들일 수 있었다. 여기에서 볼 수 있는 셔츠 웨이스트 드레스는 전형적인 맥카델 스타일로,
1942년 한 신문의 표현을 빌리자면 맥카델이 이 스타일을 발명하지는 않았지만
'이 스타일에 드라마틱한 느낌을 부여하고 생명을 불어 넣었다.'[15]

맥카델은 여성의 실용성과 독립성을 위해 거의 모든 옷의 옆면에 지퍼를 달았다. 1987년 전시 카탈로그에 따르면, 맥카델은 '현대 여성에게 새로운 옷만 준 것이 아니라 새로운 규범과 자신감도 주었다.'[16] 이 점을 생각하면 1970년대 퍼스텐버그의 시그니처 '랩' 드레스(11장)와 유사점이 쉽게 발견된다. 두 드레스 모두 스타일리시하고 돋보이며 유연하고 착용하기 쉽다. 아래의 퍼스텐버그 드레스는 1942년 맥카델의 '팝오버' 디자인을 '현대화'했다고 여겨진다.

셔츠 웨이스트의 장점 중 하나는 다양한 상황에 적응할 수 있다는 점이다. '내가 아는 최고의 다용도 의상이다.'라고 1957년 호주 여성 주간지 〈The Australian Women's Weekly〉가 조언했다.[17] 1950년대 초, 맥카델은 '후크를 사용해 풀 스커트를 호블 스커트로 변신시키는' 칵테일 드레스를 출시하며 다양한 유행 스커트 모양을 활용했다. 이를 통해 여성은 최소한의 수고로 주간용 의상에서 야회용 의상으로 갈아입을 수 있었으며, '옷 한 벌로'[18] 극적으로 다른 두 가지 스타일을 연출할 수 있었다.

타이 칼라(tie collar)는 맥카델의 셔츠 웨이스트 디자인에서 흔히 볼 수 있는 특징이었다. 그러나 1955년 한 신문 칼럼에서 '일체형으로 재단된 끈 형태의 칼라'라고 언급한 것처럼 다양한 변형이 가능했다.[19] 이듬해에는 '(분리형 끈이 있는) 작은 스탠드 업 칼라'가 특징인 셔츠 웨이스트가 광고되었다.[20]

이 드레스는 다트를 넣을 필요가 없다. 맥카델의 트레이드마크 중 하나는 보디스 전체를 대각선으로 재단하고, 목선에서 허리까지 전략적으로 배치된 일련의 핀턱을 활용하여 가슴은 매끈하게 감싸고 어깨를 부드럽게 강조하는 것이었다. 이 스타일의 다른 변형에서는 '가슴 라인'에서 골반 라인 바로 아래까지 이어지는 인버티드 턱(inverted tucks)이 '스커트의 우아한 볼륨을 연출하기 위해 해체되어' 매끈한 라인을 만들어냈다.[21]

맥카델은 줄무늬를 좋아해서 그녀의 많은 디자인에 줄무늬가 등장한다. 이 옷의 줄무늬는 스커트와 힙 부분은 넓히고, 허리는 좁히며, 가슴은 강조하기 위해 완벽하게 배열되어 있다. 이는 우아하고 여성스러운 실루엣을 연출하는 동시에 디자이너의 트레이드마크인 세련된 멋과 기능을 강조한다. 또한 미셸 파스투로가 그의 저서 『스트라이프, 혐오와 매혹 사이』에 썼듯이 '스트라이프는 기다리거나 멈추지 않는다. 끊임없이 움직인다.'[22]

이 서클 스커트는 과도한 지지대 없이도 풍성한 볼륨을 만들어낸다. 마고 시먼의 관찰에 따르면 이 스커트는 안에 크리놀린 페티코트를 입지 않고 허리에 벨트를 매거나 띠를 두르는 것만으로 허리가 날씬해 보이는 착각을 불러일으킨다.[23]

웨딩드레스

1952년, 파워하우스 박물관, 시드니

◆

이 드레스는 1952년 5월 31일 시드니 사교계의 명사
베티 맥이너니(Betty McInerney)의 결혼식용 의상으로 제작되었다.
디자이너 베릴 젠츠(Beril Jents)는 엘리자베스 테일러나 마고 폰테인 등의 스타들이 찾는 유명한 쿠튀리에였다.

....

베티 맥이너니의 오트 쿠튀르 드레스는 1950년대 초기 하이패션의 훌륭한 예이지만, 전후 대다수 신부들이 입었던 드레스를 대표하는 것은 아니다. 1950년의 이 사진에서는 보다 일반적인 디자인을 볼 수 있다. 1940년대 후반의 브라이덜 스타일을 바탕으로 폭이 넓은 케이프칼라, V자 형태의 허리선, 베일이 달린 이어폰 형태의 헤드드레스(headdress)를 볼 수 있다. (저자 가족의 기록)

페플럼에 장식된 실크 새틴 소재의 장미꽃은 손으로 직접 만든 것으로, 디자이너의 설명에 따르면 '무척 무겁기 때문에 트위스트 와이어(twisted wire)와 시폰(chiffon, 실크 모슬린)으로 반달 모양의 지지대를 만들어야 했다.'고 한다. 1950년대에는 '크리놀린'이라고도 불린 빳빳한 페티코트가 다시 등장했다. 구조가 복잡하고, 형상을 유지하는데 상당히 많은 재료가 필요하다는 점에서 이 드레스는 19세기의 것으로 보인다.

원래 **보디스**에는 긴 소매가 달려 있었지만, 나중에 신부가 소매를 떼어내 이브닝 드레스로도 활용할 수 있게 만들었다.

보디스에 주름을 잡아 가슴 부분에 밀착시켰다. 양옆은 지지대를 넣어 고정했다.

탈부착이 가능한 오버 스커트는 1950년대 초기의 예식용 의상으로 인기가 있었다. 보다 저렴하게 구입할 수 있는 신부용 드레스에는 탈부착할 수 있는 트레인이 달려 있는 것이 많았는데 그것을 떼어내면 결혼식 이후에도 착용할 수 있는 유선형의 슬림한 이브닝 드레스가 되었다. 1953년 6월 퀸즐랜드의 한 신문에도 이런 아이디어가 소개되었다. '탈부착 가능한 긴 (중략) 트레인은 허리 앞쪽에서 단추를 이용해 다는 방식으로, 전체적으로 부채꼴 모양의 플리츠를 잡은 틸(tulle, 그물 모양으로 짠 투명한 원단)로 장식했다.'

꽃으로 장식한 **페플럼**은 시폰을 겹친 트레인으로 이어지며, 오간자(organza)와 **태피터** 소재의 언더 스커트와 **크리놀린** 밴드로 지지했다. 시폰은 대각선 방향으로 재단되어 스커트에 부드러운 플레어를 만들었다.

녹색 파유 드레스

1952년경, 패션 아카이브 & 뮤지엄, 시펜스버그 대학교, 피츠버그

박물관의 기록에 따르면, 이 드레스는 필라델피아 윌크스배러에 있는
드레스 에테리아(dress eteria, 본래 기성복을 판매하는 상점을 가리키는 명칭으로, 셀프 서비스 방식으로 운영되었다)에서 구입한 것으로
'디자이너의 작품을 복제한 최초의 의상'일 가능성이 있다.
이 시대의 전형적인 몇몇 세부 장식을 조합해 1950년대 초기에 유행한 실루엣을 만들었다.[28]

가슴 쪽으로 내려갈수록 점점 좁아지는
넓고 긴 칼라가 잘록한 허리와 같은
너비의 어깨와 스커트 밑단으로 시선을
집중시킨다.

이 돌먼 슬리브는 **보디스**와 통으로
재단되었기 때문에 아래쪽에만 솔기가
있다. 팔에 밀착된 긴 소매의 끝부분은
팔목 위치에서 접어 젖혔다.

이런 초기 코트 스타일에는 대부분
풍성한 플레어 스커트 디자인을
채용했다. 이번 예에서는 자연스러운
허리선에서부터 촘촘한 플리츠 형태로
떨어지는데 50년대 초기에는 로 웨이스트
디자인도 흔히 볼 수 있었다.

이런 '코트 슈즈'가 우아한 스타일로
인기를 끌었다. 1950년대에는
맞춤 드레스나 슈트에 장갑, 핸드백,
구두, 모자를 곁들이는 것이
유행이었다.[30]

이 드레스는 외투용으로 적합한 튼튼하고
무게감 있는 '파유' 소재로 만들어졌다.
이번 예에서는 전면 단추, 벨트, 폭이 넓은
칼라 장식을 볼 수 있는데 왜 브랜드
코트 드레스(coat dress, 또는 워킹 드레스
[walking dress])'가 이런 디자인을 채용했는지
알려준다. 1953년 워싱턴에 거점을 둔
〈스포크스맨 리뷰〉지는 '코트처럼 보이는
원피스는 (중략) 슈트와 같은 역할을 한다.'
또한 '거리에서나 중요한 오찬회에서도
돋보인다.' 라고 썼다. 중요한 것은
그것이 '슈트 생활로부터의 완전한 변화를
제시함으로써 슈트보다 드레스를 더 잘
활용하는 여성들에게 답을 제공했다'는
것이다. 같은 해, 또 다른 신문은 다음과
같이 평했다. **코트 드레스**는 '전면 단추
방식의 **셔츠웨이스트** 프록과 지금의
가벼운 스프링 코트가 혼합된 의상이다.
(중략) 최고의 코트 드레스는 진짜 코트처럼
보여 실제 프린트 원단으로 만든 여름용
프록 위에도 착용할 수 있다. (중략) 당신이
코트로 입고 싶으면 그것은 코트가 된다.'[31]

코트 드레스는 합리적인 가격의 실용적인
패션으로도 널리 선전되었다. 그 내용은
1952년 7월 〈시드니 모닝 헤럴드〉지에
실린 기사 그대로이다. '**코트 드레스**는
1952년의 가장 중요하고 가장 우아한 패션
중 하나이다. 저렴한 가격 (중략) 주간용 및
야회용으로도 착용할 수 있다. (중략) 뉴욕의
디자인은 단돈 9파운드 19실링
6펜스이다.' 1952년 미국 캔자스 주의 한
상점 광고에는 '검은색 파유 **코트 드레스**'의
가격이 59.95달러라고 쓰여 있었으며
'추수감사절맞이 재고 세일'에서는
38달러로 인하되었다.[31]

서머 데이 드레스

1954년, 스완 길포드 역사협회, 서오스트레일리아 주

—◆—

이 프록은 회색 바탕에 진홍색 장미와 흰 매화꽃이 그려진 복잡한 꽃무늬가 특징이다.
안감이 없고 매우 가벼운 나일론 소재로 만들어져 서오스트레일리아의 뜨거운 여름용 의상으로 제격이다.
아마 간단히 구할 수 있던 시판용 패턴을 사용해 직접 만들었을 것이다.

....

소매는 1장의 장방형 원단으로 재단되었으며, 그 한쪽 끝부분이 네크라인의 가장 윗부분에 해당한다.

소매용으로 재단된 원단의 한쪽 끝부분이 만들어낸 네크라인 아래쪽에는 개더로 장식된 패널을 덧대 계단과 같이 재미있는 효과를 연출했다. 이런 개더 장식은 밑단에도 사용되어 이 드레스의 다양한 요소를 한데 아울렀다.

드레스 측면에 금속 지퍼를 달아 여미는 방식으로, 지퍼는 천으로 만든 플랩(flap)으로 가렸다.

비교적 길이가 짧은 스커트(무릎 바로 아래까지 오는 길이)는 촘촘한 주름을 잡아 얇고 빳빳한 원단에 풍성한 볼륨을 주었다. 목 주변도 같은 개더 장식으로 연출했다.

자연스러운 위치의 허리선이 당시 인기 있던 모래시계 형태의 실루엣을 보완한다.

스커트의 볼륨은 프릴 **페티코트**로 연출된 것이다. 이것은 틸, **크리놀린**(원래는 털실과 말 털로 짠 호스헤어를 의미했다), 캠브릭(cambric) 또는 '크린텍스(crintex)' 등의 새로운 합성 소재로 보강했다. 크린텍스는 1952년 한 신문에서 '매슬린(masslinn)이라고 불린 부직포를 이용해 래미네이트 가공한 **크리놀린**'이라고 정의했다.

데이 드레스

1954년경, 스완 길포드 역사협회, 오스트레일리아

◆

이 꽃무늬 원단으로 만든 가벼운 여름용 프록은 당시 인기 있는 스타일과 형태로 만들어졌다.
적당히 부풀린 발레리나 렝스(ballerina length, 종아리 중간이나 그보다 약간 아래까지 오는 길이)
스커트와 매우 짧은 소매는 1950년대의 유행 스타일에 부합한다.

좌우가 교차하는 디자인의 네크라인은
허리 부근까지 트여 있다.

1950년대 초기, 이 드레스의 페일 블루
색상의 꽃무늬 '버블 나일론(bubble nylon)'
소재는 새로 개발된 획기적인 섬유였다.
나일론의 장점에 대해서는 여러 매체에서
논의되었는데 그 중 한 신문기사는(특히, 버블
나일론의 '구김이 가지 않는' 품질을 언급하며) 새로운
공공 기술의 다양한 이점을 열거했다.
'나일론이 (중략) 다시 각광을 받고 있는
요즘, 퍼스의 유행 프록을 소개한다. 나일론
소재의 이 프록은 (중략) 구김이 가지 않고,
빨리 마르며, 다림질할 필요가 없다.
(중략) 원단은 매우 부드럽고 여성적이라
유려한 라인에 적합하고 대량의 개더나
턱으로 장식해도 부피가 커지지 않는다.'
이 드레스의 구조적인 특성을 통해서도
확인할 수 있다.

보디스는 허리에 있는 약 8.5인치
너비의 원단 패널에 모아져 있다.
탈부착이 가능한 벨트는 드레스와
같은 원단으로 만들었다.

이런 꽃무늬 프린트 원단은
서머 드레스로 인기가
있었다. 당시의 한 잡지는
'번잡하거나 지나치지 않고
굉장히 캐주얼하고 우아한
스타일'이라고 평했다.

**이 드레스의 최초의
소유자와 그의 지인**(1950년대
중반, 퍼스, 오스트레일리아)

보디스와 통으로 재단된 마자르
(magyar) 스타일의 짧은 캡
슬리브는 어깨와 팔의 최상부를
덮기에 충분한 길이이다.

발렌시아가의 이브닝 드레스와 재킷

1954년, 파리, 파워하우스 박물관, 시드니

◆

스페인의 디자이너 크리스토발 발렌시아가(Cristobal Balenciaga)의 커비 벌룬 실루엣(curvy balloon silhouette, 탈부착 가능한 벌룬 소매를 달 수 있다)은 매우 인상적이고 뛰어난 라인을 만들어냈다.

또한 실크 소재 패널로 가린 금속 지퍼를 이용해 뒤쪽 중앙에서 여미는 새로운 방식을 적용했다.

이 의상은 코트 슈즈(court shoes)와 얼굴 베일이 달린 넓고 납작한 모자와 함께 착용했을 것이다.

3/4 기장이나 팔찌 기장의 슬리브가 돌먼 스타일의 재킷에 적용되었다. "팔찌 기장"이라는 용어는 적어도 1930년대부터 3/4 기장의 소매를 설명하는 데 사용되었으며, 1939년에는 "가을 옷에 유행할 새로운 패션 포인트 중 하나"로 기록되었다.

앞 부분은 랩어라운드 형태로 허리에서 교차해 묶는다.

발렌시아가는 검은색과 진한 파란색 같은 어두운 단색을 좋아했다. 그는 이듬해에 발표한 이 의상의 예처럼 스트라이프 원단을 사용하는 것으로도 유명했지만, 한 가지 색조만 사용하는 것이 그의 스타일과 접근 방식의 특징이다.

랩어라운드 스타일의 재킷 안에 입은 **보디스**는 어깨 끈 없이 지지대를 넣어 고정했다. 또 몸통에 밀착되어 디자이너의 트레이드마크인 건축적인 스타일을 완성했다. 아래쪽 초상화처럼 가는 어깨 끈이 달려 있거나 어깨 끈이 없는 스타일의 인기가 점점 높아졌다. 1950년의 한 기사는 '런던의 미드 시즌 컬렉션에서 가장 흥미로운 것은 비치웨어뿐 아니라 애프터눈 또는 이브닝용 의상에도 어깨 끈이 없는 스타일이 우세하다는 점이다.'라고 전하며 계속해서 이번 예와 같은 라인에서는 '대부분의 모델이 볼레로(bolelo) 스타일이든 쿨리(coolie) 스타일이든 완벽한 매치 또는 대비를 이루는 소형 재킷을 곁들였다.'라고 써서 독자를 안심시켰다.

캐슬린 마거릿 루드만의 초상
(데니스 번행 작, 1954년, 볼랜드 가문의 기록)

허리에서 조여지고 밑단에서 다시 조여지는 이 스커트는 디자인의 핵심인 풍선 효과를 만들고 향상시킨다. 원래 밑단에 실크 러플이 있었지만 지금은 제거되었다. 필요한 볼륨감을 얻기 위해 스커트 속에 그물 페티코트를 겹겹이 입었을 것이다.

로드 아일랜드 디자인 스쿨 박물관, 프로비던스

1950년 웨일즈 뉴포트에서의 결혼식, 저자 소장

드레스, 1955년경 발렌시아가 제작,
엘리자베스 파크 파이어스톤 컬렉션

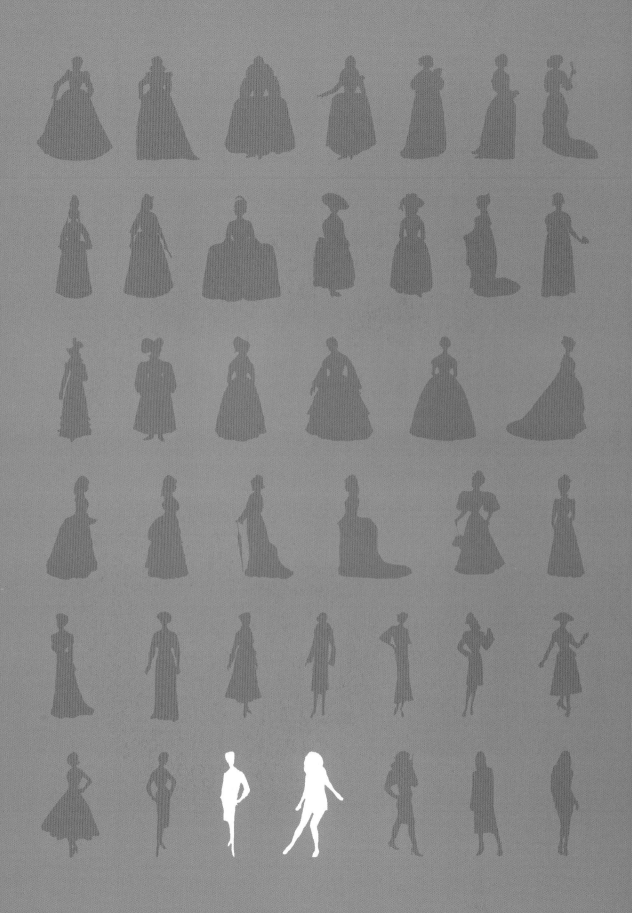

Chapter 11
1960-1979

1960

년대 패션에 큰 영향을 미친 것은 젊은이들이었다. 특히, 어린이와 성인 사이 젊은 층의 패션에는 금방이라도 폭발할 듯한 변혁이 일어났다. 1950년대 이전의 사춘기 청소년들은 여성의 경우, 최초의 '성인용' 의복을 입기 전까지는 15세부터 16세 무렵까지 아동용 의복을 입었다. 하지만 젊은이들의 관심이 일상생활의 다양한 영역—특히 음악—으로 향하자 제조업자들은 이를 기회로 사춘기 청소년 대상의 의복을 제조·판매하기 시작했다. 청년 패션에 대한 새롭고 진지한 관점은 비틀즈가 주연한 최초의 영화 〈하드 데이즈 나이트(A Hard Day's Night)〉(1964년)에 잘 나타나 있다. 영화 속에서는 런던의 정신없이 바쁜 스튜디오에서 리허설을 기다리던 멤버 조지 해리슨이 청소년 대상의 TV 프로그램을 제작하는 부서에 우연히 들어간다. 그를 새로 들어온 직원으로 착각한 연출자는 여러 장의 옷을 가리키며 '이 청소년용 의상에 대한 자네의 의견은 어떤가?'라고 물었다. 해리슨은 셔츠를 몇 장 들춰보더니 몸서리를 치며 대답했다. '이런 걸 입느니 차라리 죽는 게 낫겠군요. 이 셔츠는 완전히 썩었어요.' 연출자는 말했다. '당연하지. (중략) 하지만 결국 그걸 입어야 할 거야.' 해리슨은 회사가 계약한 프로 '트렌드세터(trendsetter, 새로운 유행을 창조하는 사람)'에 대한 모욕이라며 방을 나가고 연출자와 어시스턴트는 고개를 갸웃한다. '그가 새로운 현상이라고 생각하는 건 아니겠지? (중략) 이게 새로운 방향을 향한 최초의 실마리라는 건가?' 이런 의견의 대립과 마찬가지로, 그에 따른 선택은 완전히 새로운 것이었는데 사춘기를 지나 1960년대에 성인이 된 여성에게 이 선택이라는 요소는 이전에는 존재하지 않았던 자유를 나타내는 것이었다.

디자이너가 '스트리트' 스타일에서 벌어지는 현상을 먼저 고려하지 않으면 유행을 만들어 낼 수 없다는 것을 깨달은 때부터 스트리트 스타일은 패션 하우스(고급의류 브랜드)에 영향을 미쳤다. '스트리트 패션'이 도시 중심부의 패셔너블한 젊은이들에 의해 전개되는 스타일을 의미하게 되면서 전보다 최신 패션을 구하기가 더 쉬워졌다. 그래니 테이크스 어 트립(Granny Takes a Trip)과—가장 유명한—메리 퀀트 바자(Mary Quant's Bazaar) 등의 독립 부티크는 미스 셀프리지(Miss Selfridge)와 폴 앤드 터핀(Foale and Tuffin) 등의 다양한 '모드(mod)' 브랜드에 영향을 미쳤다. 이런 다수의 부티크들이 선호했던 장소가 '스윙잉 런던(swinging london)'의 중심에 위치한, 젊은이들의 활력으로 가득한 패션 트렌드의 본거지 카나비 스트리트(carnaby street)였다. 여성복의 경우, 드레스의 전개에서 가장 중요한 변화 중 하나가 '미니'이다. 미니의 보급은 주로 메리 퀀트와 앙드레 쿠레주(AndréCourréges)의 공이 컸는데(실제로는 훨씬 광범위한 기원을 가지고 있지만) 젠더관이나 여성 신체에 대한 관점의 변화를 보여주는 것이었다. 메리 퀀트는 시대적 요구에 부응한 것뿐이라고 말했다. '첼시의 여성들은 정말 멋진 다리를 가졌다. (중략) 만약 내가 스커트 길이를 충분히 짧게 만들지 않았다면 그녀들이 더 짧게 만들었을 것이다.'[2] 이처럼 퀀트는 스트리트 스타일과 그 영향력에 직접적인 반응을 보이며 그에 부응해 자신의 디자인을 조정했다. 동시에 최고급 쿠튀르 세계에서는 이브 생 로랑이 스트리트 스타일의 미래 가치를 인지하고 자신의 컬렉션에 그 요소를 도입했다.[3] 새로운 대중문화를 향한 점진적인 이행으로 패션에 있어 전통적인 엘리트주의에서 멀어진 결과, 여성은 점차 관습에 의한 제약에서 벗어났다. 특히 젊은 여성은 의상의 선택을 통해 각자 다른 문화적 태도는 물론 성적 태도까지도 표현할 수 있었으며 그런 시도는 자기 표현의 중요한 수단이 되었다. 외국에서 물의를 빚고 있는 논쟁이나 성적 해방 의식의 고양 그리고 젠더 역할에 관한 새로운 인식 움직임으로 인해 의복은 개인의 정치적, 사회적, 성적 입장을 보여주는 명백한 지표가 되었다.

드레스와 스커트는 여전히 많은 여성들의 의상 대부분을 차지했지만 1960년대 말이 되면 더 이상 바지가 이상한 복장으로 여겨지지 않게 되었을 뿐 아니라 선택할 수 있는 종류와 스타일도 늘어났다. 1960년 〈데일리 메일〉지는 '바지의 매력이 스커트를 밀어냈다'고까지 언급했다. 기자는 '바지가 여성스럽지 않다고 말하는 남자들의 의견에 반대한다. 여성이 가장 매혹적으로 보이고 싶을 때 바지를 입는다.'고 썼다.[4] 이 기사는 온 사회가 갑자기 여성에게 적합한 의상으로 바지를 허용했다는 의미가 아니다. 1967년에도 바지에 대한 광범위한 혐오감이 존재했다는 것은 이브 생 로랑이 발표한 이브닝 앙상블 '르 스모킹(Le Smoking)'에 대한 반응에서 분명히 드러난다. 하지만 그것은 1960년대에 들어 사람들이 드레스가 단지 다른 많은 선택지와 비슷한 사회적 역할을 한다고 느끼게 되었다는 것을 의미한다. 드레스는 주로 특별한 날에 착용하는 의상으로 세련된 스타일이나 때와 장소에 맞는 패션 감각을 드러내는 것이 되었다. 그 후로도 이런 사고방식은 바뀌지 않았다. 바지의 영향력은 더욱 높아졌으며 특히, 청년 패션은 이런 바지의 유행을 촉진하는데 성공했다. p.213의 사진에는 15세가량의 그리스 소녀가 당시의 유행 의상을 입고 있는 모습이 찍혀 있다. 그녀는 흰색 카프리 팬츠(capri pants)를 입었는데 그 이름은 이 바지를 만든 이탈리아의 디자이너 에밀리오 푸치(Emilio Pucci)가 휴가를 보낸 지명에서 유래했다. 이 사진은 여성의 일상생활 속에서 이 바지와 같은 '평범함'이 증가했다는 것을 보여주는 귀중한 자료이다.

그렇지만 1950~60년대 여성 패션의 콘셉트는 세퍼레이츠든 드레스든 여전히 스커트와 밀

왼쪽
자신이 디자인한
드레스의 보디스를
조정하는 앤 로우,
(1962년 12월 10일. 베트만
아카이브, 게티 이미지 제공)

오른쪽
그리스 로도스 섬에서
찍은 카프리 팬츠를
입은 소녀
(1950년대 후반. 개인 소장품)

접한 관련이 있다. 직장에서는 스커트를 착용하는 것이 당연시되었으며 업무용 바지 정장이 보편화된 것은 1980년대 이후였다. 1960년대 말 **미니 드레스**는 대표적인 패션 아이템이 되었으며 1966년에는 미니에 대한 안티테제로 맥시 드레스가 등장했다. 매력적이고 로맨틱한 이미지를 연상시키는 이 의상은 바닥까지 닿는 스커트에 대부분 꽃무늬 원단을 사용했으며 레이스 장식과 요크 **보디스** 그리고 긴 퍼프 슬리브가 특징이었다. 영국에서는 로라 애슐리(Laura Ashley) 등의 디자이너가 이런 스타일의 대명사가 되었다. 하지만 이런 명백한 여성미의 부활과 함께 1960년대는 남녀 모두 착용 가능한 아이템에 대해 '유니섹스(unisex)'라는 용어가 처음 사용된 시기이기도 하다. 이성의 의상에 담긴 요소를 빌려오는 경우는 이전에도 많이 있었지만 양성이 공유할 수 있는 의상이 '별도로' 만들어진 적은 없었다.

1970년대 패션은 21세기에 혹평을 받기도 하고 재조명되기도 했다. '드레스'라는 측면에서 보면 1970년대는 꽤 복잡한 10년이었다. '이제 평등을!'이라는 제2차 페미니즘 운동의 외침은 브래지어 소각과 시민 불복종을 불러일으켰고, 대학에 최초의 여성학과가 설립되는 등 페미니즘 이론을 학문적 영역으로 끌어올렸다. 1989년에 에반스와 손튼은 1970년대 초반 페미니스트들이 의식적으로 '옥스팜 상점과 자선 바자'에서 찾을 수 있는 옷과 비슷한 스타일을 채택했다고 지적했다. 이 '레트로 시크(retro chic)' 스타일은 소비주의의 요구에서 벗어난 것으로 '의상을 갖춰 입은 것처럼 보임으로써' 인위성을 부인하는 주류 패션과 거리를 유지했다.[5] 빈티지 의류와 과거 스타일에 대한 열광은 도피적인 '코스튬'으로든 현대적인 해석으로든 1970년대에 두드러지게 나타났다. 이런 현상은 유행에 영향을 미치는 영속적인 특성과 과거 시대의 옷에서 새로운 것을 찾으려는 끊임없는 탐구를 상기시켜 준다.

초기 페미니스트들이 검소함에 끌렸다면 다른 페미니스트들은 현대 패션의 제약에서 벗어나고 싶다는 강한 소망에 이끌렸다. 그것은 곧 현시대의 앞날에 대한 절망감과 거리를 두고 싶다는 뜻이었다. 일부 젊은이들은 과거에 대한 낭만적이고 목가적인 해석인 '그래니 드레스(granny dress)'를 통해 이를 표현했고, 또 다른 일부는 대담하고 도발적인 펑크 운동과 매우 현대적인 스타일을 통해 불만을 밖으로 드러냈다. 70년대가 지나면서 디스코의 매혹적인 힘은 폴라 리드의 지적대로 청바지와 레깅스 같은 유니섹스 아이템이나 슬링키 드레스(slinky dress)를 통해 표현되었다. '해방 운동은 특정한 날에 자신이 원하는 옷을 입는 것을 여성의 특권으로 만들었다'고 리드는 말했고, 70년대의 다양한 스타일과 철학은 그 선택의 규모를 잘 보여준다.[6]

검은색 새틴 이브닝 가운

1963~65년경, 패션 아카이브&뮤지엄, 시펜스버그 대학교, 피츠버그

◆

오드리 헵번의 세련된 우아함을 떠올리는 이 섹시한 이브닝 **가운**은 1940~50년대 이브닝 드레스에서
흔히 볼 수 있던 **버슬** 실루엣이 돋보인다. 발렌시아가, 빅터 스티벨(Victor Stiebel)과 같은 디자이너는
19세기의 여성스러운 곡선을 재현하기 위해 드레이퍼리(drapery)와 퍼프 그리고 플리츠를 사용했다.
이 드레스는 거의 착용되지 않았는데, **버슬**로 인해 자리에 앉기조차 힘들었기 때문이었다.
이 드레스는 메릴랜드 주 헤이거스타운의 소매업자 케이티 오코넬이 구입한 것이다.
헤이거스타운의 <데일리 메일>지에 따르면, 오코넬 역시 쿠튀리에로서 지역에서 어느 정도 이름이 알려진
인물이었다고 한다. 강연회나 지역 여성을 대상으로 한 원 포인트 패션 조언 등의 활동을 했다고 한다.

폭이 넓은 턴 오버 네크라인 뒤쪽은 깊은
V자형으로 파여 있고 이 부분에 지퍼가
달려 있다.

버슬의 주름 장식 위에 리본을 부착하는
것은 당시의 흥미로운 기법으로
이 스타일을 돋보이게 만든다. 리본
장식은 허리선 바로 아래쪽에 스냅
단추를 이용해 부착했으며 쉽게 뗄 수
있어 지퍼를 여닫는 것도 가능하다.
많은 패션 칼럼이 이런 형태를 "버슬
보"라고 불렀고, "눈길을 끄는 뒷태"를
제공하는 데 성공적인 장식이었다.

리본을 단 **버슬** 아래에는 검은색의
짧은 트레인을 늘어뜨렸다. 이와
비슷한 효과를 이 1921년경의 이브닝
앙상블에서 확인할 수 있다.

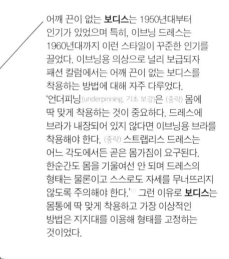

어깨 끈이 없는 **보디스**는 1950년대부터
인기가 있었으며 특히, 이브닝 드레스는
1960년대까지 이런 스타일이 꾸준한 인기를
끌었다. 이브닝용 의상으로 널리 보급되자
패션 칼럼에서는 어깨 끈이 없는 보디스를
착용하는 방법에 대해 자주 다루었다.
'언더피닝(underpinning, 기초 보강)은 (중략) 몸에
딱 맞게 착용하는 것이 중요하다. 드레스에
브라가 내장되어 있지 않다면 이브닝용 브라를
착용해야 한다. (중략) 스트랩리스 드레스는
어느 각도에서든 곧은 몸가짐이 요구된다.
한순간도 몸을 기울여선 안 되며 드레스의
형태는 물론이고 스스로도 자세를 무너뜨리지
않도록 주의해야 한다.' 그런 이유로 **보디스**는
몸통에 딱 맞게 착용하고 가장 이상적인
방법은 지지대를 이용해 형태를 고정하는
것이었다.

바닥에 닿는 길이의 스커트는 허벅지를 감싸는
슬림한 형태로 **버슬**을 돋보이게 만든다.
1960년대의 패션 기자들은 '몸에 착 붙는'
이브닝웨어로의 회귀에 대해 다음과 같이
이야기했다. 한 기자는 1920, 30, 40년대의
트렌드와 비교하며 '가슴과 등 부분을 크게
노출한 야회용 의상을 입은 '위드 잇(with it, 최신
유행을 쫓는)' 소녀들은 30년대 영화에 등장하는
섹시한 미녀를 연상시킨다'고 썼으며 또 다른
기자는 당시의 디자인을 '1940년대의 모든
매력이 1969년에 갱신되었다'고 썼다. 이번
드레스의 세부 장식은 영화 <길다(Gilda)>(1946
년)의 여주인공 리타 헤이워드가 입은 매혹적인
검은색 이브닝 **가운**을 연상시킨다.

앙드레 쿠레쥬의 코트와 미니 드레스

1965년, 잉글랜드, 파워하우스 박물관, 시드니

◆

1964년 봄, 우주 시대라고 이름 붙인 쿠레쥬의 컬렉션이 발표되면서 각진 라인과
흰색 그리고 은색의 조합이 유행했다. 이번 예의 프레타포르테 앙상블은 쿠레쥬의 미학을 나타낼 뿐 아니라
그의 또 다른 중요한 접근 방식 즉, 현대의 젊은 여성들도 입수 가능한 상품화된 패션을 보여준다.

코트 안에 착용한 밝은 노란색 울 소재 드레스에는 양쪽 어깨를 가로지르는 넓은 요크(yoke, 장식이나 보강을 위해 어깨 등에 덧댄 천)를 덧댄 스탠드 업 칼라가 달려 있다. 어린 소녀의 옷을 연상시키는 이 스타일은 1960년대 후반에 주목을 받은 미학의 하나이다.[13]

드레스와 코트 모두 솔기 위에 '탑 스티치(top stitch)'를 넣어 깔끔하고 직선적인 재단 방식을 강조했다.

흰색 벨트는 비닐의 변종인 폴리염화비닐 즉 'PVC' 소재이다. 광택과 내구성이 특징인 이 소재는 실험실에서 만들어졌다는 이유로 초현대를 상징하는 '미래파적(futuristic)' 이미지로 쿠레쥬와 피에르 가르뎅과 같은 디자이너의 우주 시대의 미학에 완벽히 일조했다.

벨트 고리는 장식 주머니의 덮개, 타원형 벨트의 버클, 재킷 칼라의 라펠과 비슷한 형태로 만들어졌다. 부드러운 곡선 형태의 가장자리는 의복 외에도 가구 및 가정용품 등 1960년대의 다양한 디자인을 통해 볼 수 있었다.

'밴디드 헴라인(banded hemline)'은 쿠레쥬의 우주 시대의 미학의 특징 중 하나로, 스커트 밑단에 띠 모양으로 재단한 원단을 둘렀다. 우주 시대의 인기 색상인 은색과 대조적인 색상의 조합을 볼 수 있는 예도 있다.[14]

'A라인' 스커트는 엉덩이 부분이 밀착되고 아래로 내려갈수록 퍼지는데 이번 예에서는 그 폭이 크지 않다.

광택이 있는 낮은 부츠는 쿠레쥬가 1964년 자신의 컬렉션에서 판매를 촉진한 것과 유사하다. 우주 비행사의 의상에서 영감을 얻었다고 한다.

이브닝 드레스

1965~70년, 스완 길포드 역사협회, 오스트레일리아

1960년대를 대표하는 패션은 **미니 스커트**만이 아니었다. 이 인상적인 라임 그린 색상과 물방울무늬의 이브닝 드레스는 1960년대 중반의 전형적인 롱 스타일로, 1960년대 말부터 1970년대에 맥시 스커트로 재부상하게 되는 길이이다. 착용자는 폴리에스테르와 비스코스 소재의 이 드레스를 시드니의 하베 가먼츠(Habe Garments)에서 구입했다.[16]

스커트와 같은 녹색 원단으로 만든 6개의 장식 단추가 **보디스** 앞쪽 중앙에 달려 있다. 실제로는 드레스 뒤판에 단 긴 지퍼를 이용해 여미는 방식이다.[16]

소매는 팔꿈치 부근까지 밀착되고 아래로 갈수록 퍼지는 서큘러 컷(circular cut) 스타일로 1960년대부터 1970년대로 접어들 무렵 흔히 볼 수 있었던 형태이다. 팔꿈치에 담황색의 가는 리본을 둘러 스타일을 강조했다.

1960년대 중반, 투명하고 얇은 원단(특히 옷의 일부로 사용)이 인기가 있었다. 1965년 〈오스트레일리안 위민스 위클리〉지는 이런 원단의 사용을 추천하면서 동시에 '날염, 줄무늬, 물방울무늬'의 부활을 기대한다고 썼다.[17]

역V자형 하이 웨이스트는 1960~70년대에 재유행한 엠파이어 스타일을 보여준다(아래쪽 사진 참조). 이런 스타일은 가정 양재사들에게 추천되었으며 다양한 소재와 질감의 원단을 사용할 것을 제안했다. 1960년대 중반의 각종 자료에 따르면, 엠파이어 라인의 이브닝 드레스에는 뚜렷한 대비를 이루는 **보디스**가 제안되었다. 또한 이것은 엠파이어 라인을 널리 보급한 디자이너 존 베이츠(John Bates, 상표는 장 바론[Jean Varon])가 즐겨 사용한 기법이었다.

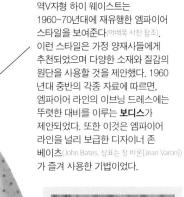

엠파이어 라인의 맥시 드레스
(1970년대 초기부터 중기, 잉글랜드, 저자 가족의 기록)

이 사진은 1970년대 한 결혼기념일 축하 파티에서 입었던 동일한 스타일의 드레스를 보여준다. 엘리자베스 허버트 제공.

바닥까지 닿는 길이의 A라인 스커트는 이브닝용 의상으로 크게 유행했다. 1964~65년에는 이브닝용 또는 격식을 갖춘 자리에 걸맞은 의상으로 추천되었다.

'신혼여행용' 드레스와 재킷

1966년, 스완 길포드 역사협회, 오스트레일리아

◆

프린세스 라인 드레스와 차이나 드레스(치파오 또는 1960년 <수지 웡의 세계(The World Of Suzie Wong)>이라는 영화 이후로는
'수지 웡 드레스'로 알려졌다)의 분명한 유사점은 오스트레일리아가 아시아 제국과 가까운 위치에 있으며
그 영향이 컸다는 것을 보여준다.[18] 이번 예와 같이 몸에 밀착되는 스타일은 1920년대 상하이에서 처음 등장했다.
그리고 1960년대가 되면 중국의 전통적인 디자인을 모방하여 주로 실크와 새틴 원단으로 만들어졌다.
다만, 이번 예에서는 옅은 청록색 리넨이 사용되었다.

....

칼라에 달린 후크 단추가 코트를
여미는 유일한 잠금 장치이다. 원단은
칼라에서부터 밑단까지 곧게 떨어지고
가슴 양옆에 넣은 두 줄의 다트가 코트의
형태를 만든다.

드레스와 코트 모두 인도의 수상 자와할랄
네루(Jawaharlal Nehru)의 의상에서 영감을 얻은
네루 스타일과 유사한 스탠딩 칼라가 부착된
기본적으로는 남성용 의상이다. 간혹 중국의
마오 슈트(mao suit)가 동의어로 언급되기도
한다.

네크라인은 스냅 단추로 여미는 방식이며
같은 원단으로 만든 소용돌이 문양의
아플리케를 장식했다.

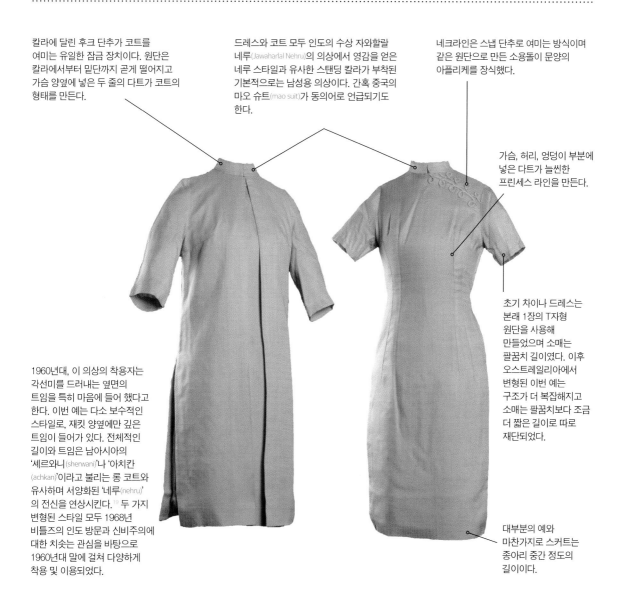

가슴, 허리, 엉덩이 부분에
넣은 다트가 늘씬한
프린세스 라인을 만든다.

초기 차이나 드레스는
본래 1장의 T자형
원단을 사용해
만들었으며 소매는
팔꿈치 길이였다. 이후
오스트레일리아에서
변형된 이번 예는
구조가 더 복잡해지고
소매는 팔꿈치보다 조금
더 짧은 길이로 따로
재단되었다.

1960년대, 이 의상의 착용자는
각선미를 드러내는 옆면의
트임을 특히 마음에 들어 했다고
한다. 이번 예는 다소 보수적인
스타일로, 재킷 양옆에만 깊은
트임이 들어가 있다. 전체적인
길이와 트임은 남아시아의
'셰르와니(sherwani)'나 '아치칸
(achkan)'이라고 불리는 롱 코트와
유사하며 서양화된 '네루(nehru)'
의 전신을 연상시킨다.[19] 두 가지
변형된 스타일 모두 1968년
비틀즈의 인도 방문과 신비주의에
대한 치솟는 관심을 바탕으로
1960년대 말에 걸쳐 다양하게
착용 및 이용되었다.

대부분의 예와
마찬가지로 스커트는
종아리 중간 정도의
길이이다.

오렌지색과 청록색 실크 프린트 드레스

1960년대 중반부터 후반, 패션 아카이브 & 뮤지엄, 시펜스버그 대학교, 피츠버그

◆

캐나다 호텔협회장의 부인이 착용했던 드레스이다. 그녀 역시 업무에 관련한 여행이 잦았으며
다양한 행사에 참가했다. 이 드레스에는 협회의 정식 오찬회에 걸맞게 스카프를 두르고
연녹색 구두와 핸드백을 곁들였다. 드레스메이커 '아델 블로스(Adele Bloss)'가 제작한 드레스로
가격은 약 110달러. 선명한 꽃무늬 프린트 원단, 로 웨이스트, 무릎 길이의 스커트는 시대를 대표한다.[20]

'사이키델릭(psychedelic)'이라는 말은 1960년대의 대명사로, 기분 전환용 약물 사용이나 LSD와 같은 물질을 복용한 결과 나타나는 환각적 도취 상태를 가리킨다. 이런 종류의 체험은 예술과 음악을 통해 표현되었으며 이번 예와 같은 '사이키델릭한 프린트 원단'은 약물 복용 경험의 유무에 관계없이 큰 인기를 얻었다.

1960년대 후반의 '플라워 파워 (flower power)'를 토대로 탄생한 이미지는 반전 운동과 히피 문화에 집중했다. 평화의 상징으로 자연물인 꽃을 이용하는 것은 사이키델리아 (psychedelia)라는 반체제 문화에서도 이루어졌다. 당시 유행한 프린트 원단은 전통적인 꽃무늬(1960년대에 인기를 누렸다)와 약물 복용을 통한 환각 체험을 시사하는 듯한 색상과 형태를 공감각적으로 조합한 것이었다. 이번 예에서는 밝은 오렌지색 바탕에 네온 핑크, 청록색, 연한 하늘색, 보라색, 겨자색, 검은색의 꽃잎과 줄기 문양이 섞여 있다. 실제 자연계에서 볼 수 있는 조합은 아니지만 당시의 문화적, 예술적 영향을 완벽히 나타내고 있다.

드레스와 스카프의 조합은 인기가 있었으며 때와 장소를 가리지 않고 사용할 수 있었다. 이번 예와 같이 목 주변에 두르는 것 외에도 머리 장식으로도 사용되었다.

'비숍 슬리브'란 이번 예와 같이 소맷동에 주름을 잡아 손목 부분을 풍성하게 부풀린 소매를 말한다. 이 드레스는 긴 소맷동이 손목에 딱 맞게 밀착되며 같은 원단으로 감싼 2개의 장식 단추로 여민다.

패션 기자들이 흔히 '드롭 토르소(dropped torso)' 또는 '드롭 웨이스트(dropped waist)'라고 불렀던 로 웨이스트 스타일이 인기가 있었다. 미국 한 신문의 '패션 팁'이라는 칼럼에서는 특히, 젊은 여성들에게 이런 스타일을 추천하며 '허리선을 아래로 끌어내렸다. (중략) 젊은 여성들이 이런 드레스를 입으면 버드나무 가지처럼 아주 길고 늘씬하게 보인다.'고 썼다.[21] 이런 칼럼 내용과 스타일을 통해 1920년대와 플래퍼의 영향이 계속되었다는 것을 확인할 수 있다.

스커트 앞면에 들어간 맞주름 (inverted pleats)이 색다른 율동감을 더해준다.

앤 로우의 드레스

1966~67년, 스미소니언 미국흑인 역사문화 박물관, 워싱턴 D.C.

◆

앤 로우(Ann Lowe, 1898~1981)는 아프리카계 미국인 최초의 유명 디자이너로 패션 역사에 이름을 남겼다. 재봉사 집안 출신인 그녀는 드레스를 구상하고 제작하는 데 모두 능숙했으며, 처음에는 할렘에 있는 자신의 상점 '앤 로우의 가운'에서 드레스를 판매했다. 그녀는 맨해튼의 엘리트 고객들에게 서비스를 제공했으며 특히 재클린 케네디의 웨딩드레스를 담당한 디자이너로 잘 알려져 있다. 다른 유명한 고객으로는 올리비아 드 하빌랜드, 록펠러가, 듀퐁가 등이 있다. 1972년 은퇴하기 전까지 로우는 삭스 피프스 애비뉴의 수석 디자이너로 일하면서 자신의 브랜드인 앤 로우 오리지널스(Ann Lowe's Originals)를 운영했다. 여기 보이는 드레스는 로우의 미학에 전형적인 많은 요소를 보여줄 뿐 아니라 데뷔탕트 드레스(debutante dress)라는 개념을 소개한다. 바버러 볼드윈 다우드는 그녀의 첫 무도회에 이 디자인을 입었다. 이 드레스는 전통적인 화이트 컬러에 오프 숄더 네크라인을 넣은 전형적인 데뷔탕트 드레스의 트레이드마크를 지니고 있지만 상징하는 바는 더 크다. 역경과 편견을 극복하고 '사회 최고의 비밀'이 된 디자이너가 특권층을 위해 만든 드레스이기 때문이다.[22]

스쿱 네크라인은 1960년대에 큰 인기를 끌었다. 여기서는 하이 웨이스트 라인의 완만하게 떨어지는 곡선이 반영되어 있다.

존 벨의 패션 플레이트
(1821년, LACMA)

'데뷔탕트'라는 용어는 1800년대 초 샬럿 왕비의 궁정에서 유래했다. 그녀가 젊은 귀족 여성을 궁정에 소개하는 전통을 고수하면서 엄격한 복장 규정이 필요해졌다.[23] 이 통과의례는 20세기까지 계속되어 젊은 여성들이 상류 사회에 '등장'하는 상징적인 의식이 되었다. 1820년대에 그려진 이 패션 플레이트 속 인물은 엠파이어 라인의 웨이스트, 오프 숄더 네크라인, 화환 등으로 꾸며진 무도회용 가운을 입고 있는데, 1960년대 데뷔탕트 드레스의 필수 요소를 그대로 따르고 있어 역사적인 영향을 보여준다.

로우의 가운은 놀랍고 세심한 외양만큼이나 내부 구조 역시 매우 흠잡을 데 없었다. 비슷한 디자인의 드레스에 대해 큐레이터 낸시 데이비스는 이렇게 설명했다. '모든 솔기가 레이스로 장식되어 있다. 드레스의 내부 구조도 놀랍도록 복잡하게 설계되었다. 슬립과 브래지어가 내장되어 있다.'[24]

잡지 〈에보니(Ebony)〉는 로우의 다양한 디자인에 등장하는 수제 꽃 장식이 그녀의 '특기'라고 소개했다. 로우는 6살 때 재봉사였던 어머니가 만든 드레스의 자투리 천을 이용해 꽃을 만드는 법을 처음 배웠다. '그녀는 정원에서 자라는 꽃을 본떠서 작품을 만들었다.'라고 잡지 에보니는 언급했는데 로우의 특징적인 장식을 보면 다양한 종의 꽃을 찾아볼 수 있다.[25] 이 드레스에 장식된 꽃은 '아메리칸 뷰티'로 알려진 장미를 본떠서 만들었으며 이후 이 드레스의 이름이 되었다.

1960년대에는 등이 깊이 파인 드레스가 일반적이었는데, 이 사진은 1930년대 이브닝 웨어에 도입된 훨씬 더 대담한 스타일을 떠올리게 한다
(필라델피아 미술관).

풀 렝스 드레스는 일반적으로 처음 무도회에 참가하는 어린 소녀들에게 적합하다고 여겨졌다. 하지만 1960년 초부터 기준이 바뀌기 시작했다. 같은 해 11월 잡지 〈오스트레일리안 위민스 위클리〉는 한 독자에게 이렇게 조언했다. '최근 특히, 미국에서는 발목 위까지 오는 길이의 데뷔탕트 드레스가 인기를 끌고 있다. 색상은 흰색을 추천하며 길이는 자신의 취향에 따라 선택하면 된다.'[26]

빨간색 미니 드레스

1968~70년경, 스완 길포드 역사협회, 서오스트레일리아 주

◆

1960년대 후반, 멜버른에 있던 라벤더라는 상점에서 구입했던 드레스이다.
겨울용 두꺼운 합성섬유로 제작된 이 드레스는 대학 합창단의 만찬을 위해 구입해
1960년대 후반부터 1970년대 초까지 서오스트레일리아 주에서 착용되었다.[27]

보디스는 양쪽에 다트를 넣어
가슴에 딱 맞게 밀착시켰다.

이 드레스는 〈오스트레일리안
위민즈 위클리〉지에서
독자들이 의견을 나누었던
당시의 트렌드를 보여준다.
'긴소매가 달린 정사각형 또는
타원형 네크라인' 드레스에 대한
여성들의 질문에 잡지의 패션
칼럼에서는 '타원형보다 새로운
스타일'인 정사각형 네크라인,
손목 길이의 소매, 잘록한 허리
라인을 선택할 것을 조언했다.
이번 예에서는 흰색 **브레이드**를
통해 엠파이어 라인 위치까지
끌어올린 허리선을 확인할 수
있다.

1960년대 말로 갈수록, 주간용은
물론 야회용 의상에도 사각형
네크라인이 인기가 있었다. 패션
칼럼에서는 주간용 의상으로
높은 칼라를 달지 않는 스타일을
추천했다.

이 드레스의 특징인 수직으로
뻗어 있는 흰색 라인은 피에트
몬드리안(Piet Mondrian)의 작품과
1965년 이브 생 로랑이 오마주한
유명한 칵테일 드레스 '몬드리안
드레스'를 연상시킨다.
이 디자인은 오리지널이 발표된
이래, 다양하게 변형되었으며
동시에 하이 스트리트 숍(high
street shop, 고급 의류점이 아닌 번화가에
있을 법한 일반 상점)에서는 금세
폭넓은 고객층을 대상으로
합리적인 가격의 유사품이 제조
및 판매되었다.

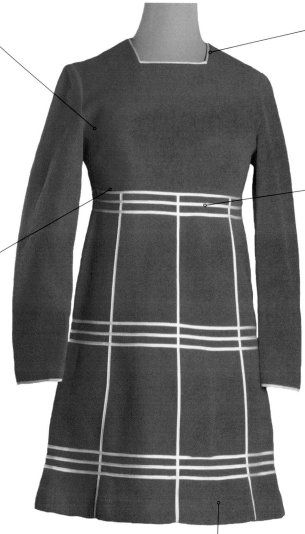

같은 해의 미니 드레스
(영국, 저자 소장)

길이가 짧은 스커트는 아래로 갈수록
약간 A라인으로 퍼진다.

'모드 아 라 몬드리안'
(1965~69년경, 테리 핀처, 게티
이미지)

노란색 크레이프 드레스

1960~70년대 초, 패션 아카이브&뮤지엄, 시펜스버그 대학교, 피츠버그

◆

선명한 색상의 이 슬리브리스 드레스는 1960년대 미니 드레스의 심플하고 역동적인 라인을 보여준다.
A라인 스커트와 엠파이어 웨이스트는 당시 유행한 대표적인 스타일이다.
깃털 장식은 스커트에 재미와 인기를 더하는 요소가 되었다.

가벼운 크레이프 원단을 사용해 만들어졌다. 합섬섬유는 착용은 물론 관리도 쉬워 1960년대에 인기가 있었으며 젊음과 자유를 표현하기에 적합한 소재였다.

폭이 넓고 높은 보트 네크라인 뒤쪽은 중앙의 지퍼 위치까지 V자형으로 깊게 파여 있다. 중앙에 있는 허리선 위치에는 같은 원단으로 만든 리본 장식을 달았다. V자형 등판과 리본 장식의 조합은 1960년대에 비교적 인기가 있었으며 패션 칼럼에서는 소녀는 물론 성인 여성에게도 적합한 스타일로 추천했다.

가슴 양쪽에 다트를 넣어 몸통의 형태와 위로 끌어올린 엠파이어 웨이스트의 위치를 만들었다.

섬세한 깃털 장식은(뒤판의 리본 장식과 함께) 이 드레스의 유일한 장식으로, 시선을 무릎 위까지 오는 밑단으로 집중시킨다. 1960년대에 흔히 볼 수 있던 장식으로 무늬가 없는 원단, 소매가 없는 슬리브리스 디자인, 칼집 모양의 실루엣, 깃털 장식이나 깃털 목도리가 주로 사용되었다는 점에서 1920년대 패션과의 관련성이 엿보인다. 또한 이 드레스는 지방시가 오드리 헵번을 위해 만든 스타일 예컨대, 밑단에 붉은색 깃털 밴드를 두른 무늬가 없는 흰색 드레스를 연상시킨다.

깃털로 장식한 밑단은 1920년대 스타일에서 영감을 얻었다고 한다. '플래퍼 드레스, 밑단의 깃털 장식, 긴 튜닉, 짧은 머리 모양에서 광란의 1920년대를 떠올릴 필요는 없다. 이것은 1966년 봄 시즌에 발표된 신작의 일부이다. 실제 이 컬렉션은 (중략) 부분적으로든 혹은 모든 면에서 1920년대의 영향을 받았다.'

로라 애슐리의 드레스

1972~75년경, 영국, 런던 빅토리아 & 앨버트 박물관

◆

영국 웨일스 태생의 로라 애슐리의 브랜드는 1950년대에 취미로 비교적 조용히 시작되었다가, 국내 직물을 판매하는 작은 회사로 점점 발전했으며, 지금은 주로 이 분야로 유명해졌다. 향수를 불러일으키는 '자연 회귀적인' 의류와 직물 디자인에 대한 애슐리의 애정은 1970년대의 공예 부흥과 맞물려 도시 중산층 여성들의 목가적인 욕구를 충족시켜 주었다. 그녀의 독특한 영국식 드레스는 전 세계적으로 인기를 얻었고 과거 스타일에 다양하게 영향을 받았다. 그 중 대표적인 것이 여기 소개된 의상에서 알 수 있듯이 19세기 엠파이어 라인이다.

....

이 드레스는 빅토리아 & 앨버트 박물관에 소장된 1812~14년경의 로브와 매우 유사하다. 몸에 감아서 착용하는 랩 오버(wrap-over) 보디스는 1810~20년경의 드레스와 겉옷에서 볼 수 있었고 19세기 초와 20세기 중반의 사례를 보면 네크라인과 커프스에 같은 원단을 사용한 플리츠 장식을 볼 수 있다.

이렇게 19세기 초반 스타일과 매우 비슷했음에도 불구하고 애슐리의 스타일은 1970년대 비평에서 '빅토리아 시대적'이라거나 '20세기의 전환'이라며 다양하게 묘사되었다. 이는 옷이 불러일으키는 '시대적' 스타일에 대한 일반적인 느낌에 대한 반응으로 보인다. 1974년 애슐리 자신이 묘사한 것처럼 '영국 생활의 최고점, 19세기 말 영국이 두 번의 끔찍한 전쟁을 겪기 전'으로 돌아가기 위한 노력으로 보인다. 웨일스 시골에서 동떨어져 지냈던 애슐리 자신의 생활양식이 큰 영향을 미쳤다고 그녀는 말한다. '외부와 단절되어 있는 것이 좋았다. 그렇지 않았다면 영향을 받았을 것이다.' 이러한 태도는 그녀의 브랜드에 편안하고 고풍스러운 매력을 부여했으며, 관능미를 강조하고 미니스커트의 과도한 선정성을 거부하는 길고 '여성스러운' 스커트에 대한 1970년대의 강조와 완벽하게 조화를 이루었다.

앞서 살펴본 바와 같이 엠파이어 라인은 1960년대와 70년대에 부흥을 겪었다. 1970년대에는 '나이와 영혼이 젊은이들에게 사랑받는' 역사적 부흥과 종종 연결되었고 '세익스피어 시대'에서 영국 섭정 시대까지 다양한 시대를 언급하는 데 사용되었다.

남색과 흰색으로 단순하게 인쇄된 면직물에서 산업 시대 이전 기술의 영향을 엿볼 수 있는데 18세기 후반 인도에서 수입된 수공예 프린트나 블록 프린트 디자인을 떠올리게 한다(아래). 이는 1970년대에 패션과 직물 분야에서 자동화와 컴퓨터 기술의 비약적인 발전이 이루어지면서 기술 속도가 빨라진 것에 대한 직접적인 대응으로 볼 수 있다. 그 결과 '패스트 패션'이 꾸준히 발전했고, 값싼 수입품의 증가와 함께 전통적인 수공예와 가정 양재는 점점 쇠퇴해갔다. 그 결과, 로라 애슐리가 직접 재배하고 만든 디자인은 소박하고 건강한 느낌을 주면서 효과적인 일탈 수단이 되었다.

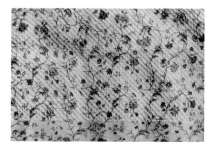

페티코트 원단 (18세기 중후반, 뉴욕 메트로폴리탄 미술관)

울 소재 '크로셰' 드레스

1970~75년경, 헤이그 쿤스트 뮤지엄

◆

로라 애슐리가 '자연스러움'에 초점을 맞추면서 크로셰(crochet, 코바늘 뜨개질)와 같은 수공예품에 대한 관심이
다시 높아졌다. 크로셰는 19세기부터 20세기 초에 기계로 만든 레이스가 개발되기 전까지 크게 성장했다.
이 화사한 발목 길이의 드레스는 종 모양의 소맷동, 낮은 허리선, 깊은 V자형 네크라인 등
당시의 전형적인 디자인이 특징이다. 다양한 패턴의 조합은 1970년대 초에 유행했던
다양한 '에스닉' 스타일의 디자인을 떠올리게 한다.

....

이 장의 뒷부분에 나오는 다이앤 본
퍼스텐버그의 드레스에서 볼 수 있듯이,
1970년대에는 V자형 네크라인이
큰 인기를 끌었다. 스웨터와 스웨터
조끼를 포함한 니트웨어나 셔츠 칼라가
양쪽으로 넓게 펼쳐진 '탱크 탑'에서도
볼 수 있었다.

짙은 노란색 특히, 여기에 보이는 겨자색은 종종
다양한 배색의 드레스에서 중심 색으로 사용되었다.
파스텔 색상을 거부하고 '진저, 테라코타, 콜먼사의
옐로 머스터드' 색상을 선호했던 메리 퀀트(Mary Quant)
는 1960년대에 밝고 대담한 색상을 옹호했다.[34]

이 드레스는 '종' 모양의 소맷동이 달린 벨 슬리브
(bell sleeves)가 특징이다. 가수 스티비 닉스가 1970
년대에 이 스타일을 대중화했지만 기원은 훨씬
더 이전으로 거슬러 올라간다. 서방 기독교회의
성직자들이 입는 예복이 종 모양의 플레어 슬리브로
만들어졌고 최소 서기 11세기부터 존재했다. 중세
시대에는 다양한 폭과 길이의 플레어 슬리브가 달린
여성 의복이 제작되었다. 14~16세기에 착용하던
우플랑드(houppelande)도 포함된다. 이 스타일은
2000년대 초반에 부활했으며, 이 예시와 같이 밝은
색상의 크로셰 뜨개로 만든 '보헤미안' 스타일 상의와
드레스에 적용되었다.

1960년대 말과 1970년대 초 가정 양재와 공예가
크게 유행했고, 신문과 잡지의 패션 칼럼에는 이
스커트에서도 볼 수 있는 그래니 스퀘어(granny square)
또는 냄비 받침 따위를 만들 수 있는 패턴이 가득
실렸다. 여러 색상을 조합한 사각형 크로셰 뜨개
조각들은 의류나 아프간(Afghan) 담요, 다양한 가정용
직물을 만들 때 결합해서 쓸 수 있었다.[35]

크로셰는 코바늘을 사용하여 털실이나 실로 고리를
만들어 성긴 옷감(혹은 레이스)을 만드는 과정이다.
크로셰 뜨개는 스페인, 유고슬라비아, 헝가리, 티베트,
인도, 파키스탄의 바느질 유산이며 중국과 일부
아프리카 국가에서도 변형된 기법이 존재한다.
이 기법의 여러 문화에 걸친 넓은 범위와 밝고 대담한
패턴을 생각하면 '에스닉'(ethnic)과 '페전트'(peasant)
룩이 융합되어 생겨난 1970년대의 민속풍의
'포클로어'(folklore) 룩과 잘 어울린다.[36]

스커트 밑단에는 18세기와 19세기, 그리고
최근에는 1920~1950년대의 드레스
밑단에서 주로 볼 수 있었던 스캘럽 형태의
장식이 특징이다. 1881년 제작된 이 실크
버슬 가운은 밑단에 깊은 스캘럽 장식이
돋보인다.

레이스 소매가 달린 엠파이어 라인 맥시 드레스,

1970~71년경, 플로리다 주 파인크레스트, 플로리다 주 기록 보관소, 플로리다 메모리

◆

이 이미지는 1970년대의 맥시 '그래니' 드레스 열풍에서 영감을 받은 드레스를 입은 젊은 여성의 모습을 담고 있다.
섭정 시대와 에드워디언 룩(Edwardian look)이 혼합된 이 스타일은
특히 조부모가 입었던 의상을 바탕으로 '빈티지' 스타일에 대해 젊은이들이 가지는 새로운 인식을 아우른다.
예시 이미지는 특히 1960년대 중후반의 포멀 웨어를 연상시키는 꽃 모티브와
새시 장식과 관련된 섭정 시대의 이브닝용 의상과의 강한 연관성을 보여준다.

1970년대 중반에는 '에스닉'부터 '빈티지'까지 '포클로어' 룩의 다양한 범위의 영향을 받은 '페전트' 룩의 일부로 짧은 퍼프 슬리브와 정사각형 네크라인과 같은 특징이 인기를 끌었다(앞의 예 참조). 히피 문화의 드레스와는 달리 역사적이고 향수를 불러일으키는 영향을 통합했으며, 원래는 중고 상점과 벼룩시장에서 다양한 아이템을 조합해 완성되었다. 예시에서 보이는 드레스는 이런 유행을 충족시키기 위해 상업적으로 만들어졌다.

1971년의 예시에서 보이는 얇은 원단, 정사각형 네크라인, 짧은 퍼프 소매, 넓은 허리띠, 원기둥 형태의 스커트는 왼쪽의 이브닝 드레스(1804~5년경, 뉴욕 메트로폴리탄 박물관)와 스타일적으로 매우 유사한 특징을 보여준다. 1970년대는 시대극의 발전과 제인 오스틴의 소설을 비롯한 고전 소설의 각색 측면에서 중요한 10년이었다는 점은 주목할 가치가 있다. 1971년에는 마스터피스 시어터가 설립되어 BBC와 ITV의 영국 작품을 북미의 많은 '친영국(anglophilic)' 성향의 시청자와 연결해 주었다. 이러한 투자와 노력을 생각하면 1970~79년에 제작된 시대극은 오늘날 전 세계적으로 큰 영향력을 행사하는 영국의 텔레비전 시대극의 토대가 되었다고 주장할 수 있다. 여기 보이는 드레스를 제인 오스틴으로 대표되는 시대극에 대한 인기나 드라마를 통해 편안함과 향수를 느끼며 얻을 수 있었던 '위기의' 1970년대에서의 해방감과 연결시키지 않기는 불가능하다. BBC는 1971년에 〈이성과 감성(Sense and Sensibility)〉과 〈설득(Persuasion)〉을, 1972년에는 〈엠마(Emma)〉를 방영했다. 세 작품 모두 비평가들에게 긍정적인 평가를 받았고 1980년대에 추가적인 각색과 리메이크를 하는 데 원동력이 되었다.

1995년 BBC가 〈오만과 편견(Pride and Prejudice)〉의 획기적인 버전을 제작하자, 미스 셀프리지, 톱 숍, 도로시 퍼킨스 등 영국의 주류 패션 매장에서 엠파이어 라인 드레스에 대해 이전과 비슷한 관심이 쏟아졌다.

이 드레스 표면의 꽃문양은 1960~70년대의 현대적이고 세련된 디자인을 단번에 알아볼 수 있도록 고도로 양식화되어 있다. 그 형태와 단순함은 당시 가장 상징적인 의상 아이콘 중 하나인 디자이너 메리 퀀트의 데이지 꽃 로고를 연상시킨다. 이 로고는 1960년대 후반의 사회적, 정치적 분위기를 뒷받침하는 자유, 재미, 반항이라는 개념을 상징하게 되었다.

다이앤 본 퍼스텐버그의 랩 드레스

1973년, 미국, 뉴욕 FIT 박물관

◆

다이앤 본 퍼스텐버그(Diane von Fürstenberg)는 벨기에 출신의 디자이너로 여기 소개한 시그니처 '랩' 드레스로
가장 잘 알려져 있다. 기모노, 토가, 로브, 맥카델의 '팝오버' 드레스 등 랩 스타일이 새로운 것은 아니었지만
퍼스텐버그는 혁신적으로 저지를 사용하여 몸에 꼭 맞는 매끈하고 매혹적인 느낌을 연출했고
대담한 동물 프린트를 활용함으로써 옷을 더욱 돋보이게 했다. 하지만 퍼스텐버그가 직접 언급했듯이
이 드레스는 많은 여성들에게 더 넓은 사회적, 문화적 의미를 지니고 있다. '(이 드레스는) 1970년대 해방된 여성을 위한
선언문이 되었으며 일터로 나가는 수백만 명의 여성들이 단 1분 만에 옷을 입고 문밖으로 나갈 수 있게 함으로써
여성 혁명과도 잘 어울렸다. 또한 성 혁명과도 맞아떨어졌다. 이 옷을 입은 여성은 옷을 벗는 데 1분도 걸리지 않는다.'[39]

··

퍼스텐버그는 자서전에서 '네크라인이
섹시한 느낌을 줄 정도로 파였지만 과하지
않기를 원했다'라고 회상했다. 그녀는 또한
'강한 칼라와 소맷동'을 원했고 상대적으로
큼직한 칼라는 가슴이 아니라 목으로
시선을 집중시키는 데 도움이 된다.[40]

〈보그〉지의 가정용 랩 드레스 패턴
(1970년대, 저자 소장)

소맷동이 젖혀진 스타일은 1970년대
남성복과 여성복에서 모두 볼 수 있었다.

동물을 모티브로 한 애니멀 프린트는
1970년대와 80년대에 큰 인기를
끌었는데 발레리 스틸은 '대담함,
독립성, 힘을 부여해준다'고 설명했다.[41]
동시에 호피 무늬가 나타내는 에로틱한
이미지는 퍼스텐버그의 다른 프린트인
뱀피 무늬와 함께 랩 스타일을
'섹시하고 매혹적이며 요염한' 것으로
자리 잡게 했다.[42]

1997년 퍼스텐버그는 고급 여성복
라인을 재출시하면서 1990년대 일상복의
필수품이 된 랩 드레스도 다시 선보였다.
1970년대의 오리지널 디자인은 2000년
배우 토리 스펠링이 입은 옷이 거의
동일한 디자인인 것에서 알 수 있듯이
수정이 거의 필요하지 않았다.

종아리 중간(미디) 길이의 랩 드레스는 사무실은 물론 디스코장에서도 상황에 어울리게 입을 수
있었다. 1970년대 초반에는 미니가 유행하다 시간이 지나면서 미디 스커트를 거쳐 맥시(발목 또는
바닥까지 오는 길이) 스커트까지 유행이 넘어갔다. 그러나 1971년 호주의 한 패션 칼럼에서 '어떤
디자이너의 미디 스커트는 다른 디자이너의 미디 스커트보다 최대 12인치까지 길었다'고 불평한
것처럼 미디 스커트의 정확한 길이에 대해서는 다소 혼란이 있었다.[43]

잔드라 로즈의 '컨셉추얼 시크' 이브닝 드레스

1977년, 런던 빅토리아 & 앨버트 박물관

◆

히피, 페전트, 그런지 등의 자칭 '안티 패션' 스타일과 마찬가지로 펑크 운동과 밀접한 스타일도 꾸준히
하이패션의 일부가 되었다. 2014년 데임 작위를 받은 영국의 유명 디자이너 잔드라 로즈(Zandra Rhodes)는
진정한 펑크 스타일의 마지막 수호자라고 할 수 있다. 패션계 전반에서 '펑크의 여왕' 또는 '공주'라고 불린 그녀는
1977년 펑크를 '시크'라는 뜻밖의 단어와 결합시키며 펑크가 가진 강경하고 정치적인 유래를 전복시켰다.
그녀는 펑크 디자인을 '구멍과 비즈로 장식된 안전핀 이미지'를 가지고 노는
'예술적 실험'으로 여겼기 때문에 '진짜 펑크는 나와는 아무 상관이 없을 것'이라고 스스로 인정했다.[44]
여기에 보이는 의상은 그녀의 '컨셉추얼 시크(Conceptual Chic) 컬렉션의 일부로 제작되었고,
더 많은 고객층이 펑크라는 이 하위문화를 즐길 수 있게 만들었다.

....

펑크 스타일은 일반적으로 놀라움을 주려는
목적으로 많은 장식 기법을 사용했다. 이
드레스에는 외설적인 단어나 도발적인
문구는 없지만 펑크 의류의 가장 두드러진
특징 중 하나인 체인, 스터드, 안전핀이
장식되어 있다.

잔드라 로즈가 펑크를 패션쇼 무대에
등장시켰다면, 비비안 웨스트우드와 말콤
맥라렌은 1974년(일반적으로 펑크가 '시작'
되었다고 여겨지는 시기) 런던 SEX 매장에서
기존 체제를 흔들고자 하는 많은 펑크족의
욕구를 자극하는 도발적이고 기괴한 의상을
판매했다. 웨스트우드는 '펑크는 나와
말콤의 전부였다'라고 회상하며 '지금 내가
하는 일도 여전히 펑크다. 계속 부당함을
외치면서 사람들을 생각하게 만든다'라고
말한다.[45] 로즈의 영향력은 덜 거칠었다.
혹자는 그녀의 영향력은 더 계산적이어서
다른 고객층인 '하이엔드 패션' 펑크족(서로
배타적인 개념)을 낳았다고 주장하기도 했다.
그럼에도 불구하고 그녀는 펑크 스타일과
비전에 대한 새로운 접근 방식에 대해 '펑크
운동' 자체와 웨스트우드에게 공을 돌렸다.[46]

로즈가 만든 이 작품은 7장에서 샤넬의
오리지널 버전과 함께 논의한 '리틀 블랙
드레스' 또는 'LBD'의 예로 인용된다. 클로이
폭스는 LBD의 개념이 대부분의 디자이너에게
'통과의례'라고 설명했는데 그 다양성을
고려하면 이해가 된다.[47] 1985년 V&A는 '리틀
블랙 드레스'를 입은 여성은 경건해 보일수도,
매혹적으로 보일 수도, 마녀처럼 보일 수도
있으며 사람들 사이에서 돋보이거나 배경
속으로 사라질 수도 있다'라고 적었다.[48]

'오리지널' 스트리트 펑크 의상을 찢는 행위는
주류 상업 패션에 대한 의존에서 벗어나
'스스로 하라(do it yourself)'는 정신을 상징하는
것이었다. 또한 앤드류 볼튼이 지적한 대로
펑크 운동에 의해 많은 젊은이들이 느낀
장래성과 전망의 부족을 대변하는
'미래는 없다'라는 외침과도 같은 역할을
했다. 안전핀으로 고정된 옷이나 의도적으로
또는 실수로 찢어진 옷은 '펑크족의 외모에
의도적으로 반영된 허무주의'를 상징했다.[49]
특정 지점에 배치되어 맞춤 패턴에 따라
만들어진 로즈의 드레스의 찢어진 구멍은
감성을 배제하고 미학적인 측면을 강조했다.
구멍의 너덜거리는 가장자리는 파란색
지그재그 스티치로 강조되어 전복적인
아름다움으로 시선을 끌었다.

자딘 위킹 컬렉션 모델의 드레스

1978년 1월 3일, 찬 키우/ 사우스 차이나 모닝포스트, 게티 이미지 제공

◆

이 오프 숄더 스타일의 플리츠 드레스는 1970년대 후반 패션의 자유로움을 강조하는 훌륭한 예시이다.
섬세하고 여성스러우면서도 착용하기 쉬워 젊은 여성들이 직장에서 디스코장의 댄스 플로어로
빠르게 넘나들 수 있었으며 21세기 패션의 핵심인 '낮부터 밤까지' 입을 수 있는 의상의 콘셉트를 잘 보여준다.
이 사례는 여성 해방이 확산되던 시대에 우아함과 편안함을 추구한 디자이너 홀스턴의 큰 영향력을 보여준다.
'적을수록 좋다'는 그의 철학은 이브닝용 의상 디자인의 근간이 되었으며, 특히 댄스 플로어의 밝은 조명을 흡수하는
유려하고 신고전주의적인 스타일의 드레스를 성공적으로 제작했다.

....

〈토요일 밤의 열기〉(1977)는 토요일 밤 디스코 춤을 추며 살아가는 브루클린의 노동자 계급 토니 마네로의 이야기를 다루고 있다. 이 영화는 디스코 음악뿐 아니라 그와 관련된 패션을 대중화하는 데 결정적인 역할을 했다. 이 시대의 여성 패션은 토니의 수석 댄스 파트너이자 연인이었던 스테파니 망가노(위 사진)의 예에서 볼 수 있듯이 아찔한 시스루 소재의 오프 숄더와 벨트 드레스가 특징이었다. 디자이너 파트리치아 폰 브란덴슈타인은 1985년에 그녀가 언급한 바에 따르면 '영웅은 이런 옷을 입는다'라고 말하며 존 트라볼타와 스테파니에게 흰색 옷을 입혔다.[50]

19세기에는 이브닝용 의상에서 '오프 숄더' 스타일의 네크라인을 볼 수 있었지만, 여기에 보이는 룩은 20세기 중반까지 확립된 스타일이 되지 못했다. 한쪽 어깨는 '걸치고' 다른 쪽 어깨는 '내려서' 입는 스타일은 1970년대까지는 유행이 아니었지만 그 후반기에는 '모험적인' 스타일로 묘사되었고, 이후 10년 동안 필수 스타일로 자리 잡게 된다.

목선을 따라 길게 늘어뜨린 '프릴' 장식의 변형은 수세기 동안 적용되어 왔으며, 초기 스타일은 종종 베르타(bertha)라고 알려졌다. 17세기의 넓은 칼라부터 1900년대 초의 어깨를 덮는 요크 스타일까지 목과 팔을 강조하는 등 상체에 시선을 집중시킨다. 이런 디자인은 댄스 플로어에서 특히 효과적이었을 것이다.

자크 두세의 디너 가운을 입은 배우 가브리엘 레잔(부분)(1900~1905년경, 르 모드, 암스테르담 국립미술관)

1970년대 초, 다양한 패션 칼럼에서 무릎 길이의 스커트와 드레스가 '바지에 대항하여 컴백할 것'이라고 쓰면서 '드레스의 귀환'을 예측했다. 1972년 가을/겨울 시즌의 지방시, 마담 그레스의 디자이너들이 고전 조각상을 연상시키는 부드러운 소재의 플리츠 스커트(사진 참조) 등의 컬렉션을 선보였다.

노란색 크레이프 드레스
(1960-70년대 초, 패션 아카이브&뮤지엄,
시펜스버그 대학교, 피츠버그)

앤 로우의 아메리칸 뷰티 드레스
(1966~67년, 스미소니언 미국흑인 역사문화 박물관, 흑인 패션박물관 기증)

Chapter 12
1980-2020

1980년대 남성 슈트는 아르마니의 해체주의와 '새로운 남성'이라는 새로운 소프트 포커스에 사로잡혀 있었다. 한편, 패션에 민감한 여성들은 날카롭고 대담하며 타협하지 않는 파워 슈트나 다이애나 왕비로 대표되는 슬론 스퀘어의 보수적인 프릴이라는 선택지와 마주해야 했다. 이런 이분법은 그다지 놀랍지 않다. 1970년대 해방 운동 이후 직장에서 책임자 자리에 오르는 전문직 여성의 수가 급격히 증가했기 때문이다(1981년 미국 대법원 최초의 여성 대법관이 된 샌드라 데이 오코너의 급부상이 대표적인 예이다).[1] 의복은 이런 지위의 변화를 보여주는 강력한 표식이었고 여성들은 영국의 마가렛 대처가 전파한 '보수적 페미니즘'이라는 이름 아래 사회에 진지하게 받아들여지길 간절히 원했다. 반면, 20세기 초의 참정권 운동에서 볼 수 있듯이 의복에 관심이 많다고 해서 반드시 평등에 대한 관심이 부족하다는 뜻은 아니었다. 참정권 운동가들은 오히려 복장 개혁 캠페인이 보다 심각한 정치적 문제를 방해할 수 있다고 생각했다. 고도로 현대적인 파워 슈트와 세련된 직장용 드레스가 여성들의 옷장에서 중요한 공간을 차지했으나 대부분은 1970년대에 로라 애슐리가 성공적으로 이끌었던 보수적이고 향수 어린 프린트와 러플 스타일을 계속 유지하면서 이들을 보충하기로 한 선택이었다. 이 두 스타일 사이에 네온색 레오타드, 레깅스, 트랙 슈트 등 남성과 여성 모두에게 판매되는 레저용 의상이 과감하게 등장하자 슈트를 위한 공간은 거의 남지 않게 되었다. '유니섹스' 의복에 대한 강조는 그렇게 새로운 수준의 평등을 제안하는 트렌드로서 1980년대 패션의 주요 관심사가 되었다. 그러나 모든 사람이 이러한 노골적인 중성주의에 편안함을 느끼는 것은 아니어서 구시대의 보수적인 태도가 대중적인 대화에 드러나기도 했다. 한 예로, 1988년 1월의 한 '고민 상담' 칼럼에 사연을 보낸 독자는 이렇게 비꼬았다. '남자는 남자답게, 여자는 여자답게 입었으면 좋겠다. 나는 유니섹스 비즈니스를 전혀 좋아하지 않는다. 요즘은 누가 남편이고 누가 아내인지 구분할 수가 없다. 아내가 임신해서 배가 나왔다면 모를까.'[2]

이 장에서는 여성에 의한 혹은 여성에 대한 다양한 태도를 전형적으로 보여주는 주류 의상과 함께 1980년대의 상징적인 의복 형태를 나란히 살펴보면서 이런 모순을 보여줄 것이다. 마돈나가 1990년 '블론드 앰비션' 투어에서 입어서 유명해진 장 폴 고티에의 '콘' 브라 앙상블은 첨단 유행의 한 예이지만, 앞 장에서 소개했던 호화로운 로브 아 라 프랑세즈와 파딩게일 코트 가운 역시 첨단 유행이었다는 사실을 기억해 두어야 한다. 이러한 작품을 '읽을' 때에는 주요 특징을 발판으로 삼아 의복을 보다 폭넓게 고려하는 것이 중요하다. 고티에의 작품의 경우, 몸에 딱 붙는 시프트 드레스의 인기와 함께 1990년대와 2000년대 초반에 급성장한 '속옷의 겉옷화' 스타일에 영향을 미쳤다. 미니멀리즘을 향한 움직임은 1990년대 초에 이미 뚜렷했으며, 부분적으로 1980년대 패션을 주도했던 과시적인 소비를 떨쳐내고자 하는 열망에서 시작되었다.

레베카 아놀드의 설명에 따르면 이런 경향은 경기 침체와 '소비 과시적인 패션'에 대한 불안

오른쪽
막스 앤 스펜서의
카프탄
(1970년대 후반, 작가 소장품)

감 때문에 어느 정도 강요된 것이기도 했다. [3] 헬무트 랭이나 프라다 같은 디자이너들은 고급 브랜드에서 이런 스타일을 장려했고, 갭이나 베네통 같은 저렴한 브랜드에서는 밝고 단순한 스타일의 실용적인 기본 아이템을 판매했다. 베네통은 포용적인 다문화 광고로도 유명했는데 인기 스타일 잡지 〈월페이퍼〉는 제품 가격을 유로, 달러, 파운드화로 표시하는 베네통의 글로벌 접근 방식을 지지했다. [4] 이 장의 뒷부분에서는 국제주의와 '적을수록 좋다'는 사고방식이 결합된 사례를 볼 수 있다. 다양한 패턴과 질감으로 분할된 길고 매끄러운 실루엣을 보여주는 시게유키 키하라의 '그래피티' 드레스(1995)가 대표적이다. 이 특정 의상을 '읽으려면' 복잡하고 다문화적인 특징 때문에 추가적인 지식과 연구가 필요하다. 그리고 유색인종 디자이너가 점차 늘어나는 2000년대 디자이너의 작품에서 세계화의 영향력이 커지고 있음을 구체적으로 말해준다. 1980년대와 90년대의 모든 국제적 영향력 가운데 가장 중요한 영향을 끼친 것은 아마도 일본이었을 것이다. 서양 디자이너들이 기모노 요소를 여성복에 통합했다기보다는 7장에서 살펴본 대로 20세기 후반에 일본 디자이너들이 글로벌 패션 레퍼토리에 기모노를 통합시켰다. 이 장에서는 그 중에서 레이 가와쿠보의 악명 높은 '범프' 컬렉션을 탐구해 볼 것이다. 레이 가와쿠보는 '해체'또는 '안티 패션' 단계의 선동자였는데, 이는 펑크 스트리트웨어의 요소에서도 볼 수 있는 정치적 불안에 대한 반응이었다. 옷자락과 솔기를 마무리하지 않은 채로 두거나 원단의 찢어진 부분과 가공되지 않은 가장자리를 드러내는 관행은 서양의 의복 제작 원칙에서 벗어난 것이었기 때문에 (펑크 정신과 함께) 수세기 동안 의복을 통해 강요된 위계, 구조, 역할에 대한 도전이었다. 가와쿠보는 와비사비(侘寂)라는 선의 청빈 미학을 빌려와 현재의 경제 상황을 반영했다. 불완전함에서 아름다움을 찾고 다른 이상을 감상하라고 장려하는 접근 방식으로서 (1989년 한 신문에서 표현한) '과잉의 남용'의 뒤를 이은 이 개념이 왜 매력적인지 쉽게 이해할 수 있다.[6]

　　이런 분위기 속에서 1990년대 초에 레저 웨어는 여성 일상복의 일부로 자리 잡으며 좀 더 안정된 느낌을 띠게 된 것도 이해할 수 있다. 많은 여성들은 정장 블레이저를 짧은 여름 드레스나 스커트와 함께 입는 것처럼 정장과 캐주얼을 같이 입는 것을 편안하게 받아들이기 시작했다. 이런 조합은 1990년대 인기 TV 프로그램인 사인필드, 프레이저, 프렌즈에서 자주 볼 수 있었다. 1980년대 중반 미국 얼터너티브 록 스타일에서 탄생한 그런지 문화는 패션에 영향을 미칠 의도는 전혀 없었지만, 베이비 돌 드레스와 빈티지 드레스를 좋아했던 코트니 러브 같은 인물들이 젊은 여성들 사이에서 '슬립 드레스' 열풍을 일으키며 그런지 스타일의 일부를 주류로 끌어들였다. 이는 1980년대 '속옷의 겉옷화' 스타일의 선구자였던 슬립 드레스가 좀 더 착용하기 쉬운 스타일로 재탄생한 것이며 90년대에 가장 눈에 띄는 트렌드 중 하나였다. 1994년 〈캔버라 타임즈〉는 '단순함을 유지하라'고 조언한다. '최고 디자이너들의 옷장을 열어보면 깔끔하고 군더더기 없는 라인, 단순한 형태, 부드럽고 얇은 소재를 많이 발견할 수 있을 것이다.'[7]

　　이 장에서 분석할 마지막 의상들은 역사성과 동시대성을 고려하여 선정한 것으로, 최신 자료를 조사한 결과이다. 이들은 여성(및 남성) 신체에 대한 우리의 인식에 중요한 변화를 가져왔으며 사회에서 아름답다고 여겨지는 것이나 더 나아가 심지어 단순히 허용되는 것에 대한 새로운 이해를 보여준다. 동시에 여성성에 대한 오해와 판단을 바꾸는 데 있어 우리가 아직 얼마나 먼 길을 걸어가야 하는지 강조한다. 일본을 대표하는 이세이 미야케는 끊임없이 순환하는 패션의 본질과 새로운 밀레니엄의 기술적 가능성을 모두 보여주는 의상을 제작했다. 이 드레스는 진정으로 새로운 혁신이 환경 친화적인 원단과 기술, 착용자가 탄소 발자국을 줄이는 데 일조할 수 있는 재활용(recycling) 및 '새활용(upcycling)' 방식에 있다는 가능성을 보여준다. 이러한 혁신의 예는 쿠튀르 하우스 밖에서도 찾을 수 있다. 웨스턴오스트레일리아의 예술가 도나 프랭클린은 2004년 파이버 리액티브(Fibre Reactive)를, 2009년에는 게리 캐스와 함께 얼터레이션(Alterations)

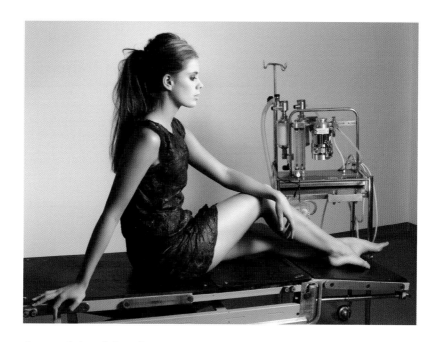

을, 2015년에는 비어 드레스(Beer Dress)를 만들었다. 이 프로젝트들에서 그녀는 과학, 예술, 패션의 영역을 혼합하여 곰팡이와 미생물 외피(와인과 맥주)가 소재인 의상을 제작했다. 전자는 '빨강, 주황, 분홍, 칙칙한 녹색으로 번지며 자라나는 곰팡이에 '점령된' 흰색 드레스로, 곰팡이가 순도 높은 흰색의 면 섬유를 황홀한 아름다움이 살아 숨 쉬는 천으로 바꾸었다'고 묘사되었다.[8] '살아 있는' 옷을 입는다는 개념은 많은 사람들에게 불편하고 심지어 본능적인 불쾌감을 이끌어내지만, 지구의 미래와 우리의 의류 소비 방식에 대한 당혹스러운 진실을 고려하도록 만든다. 이 작품들 역시 실크와 실크 오간자라는 전통적인 소재가 부분적으로 사용된 '의복'이라는 사실은 미래에 대한 우리의 계획에서 의복이 가질 지속적인 존재감을 암시한다. 배우 빌리 포터가 2019년 아카데미 시상식에서 착용한 의상을 통해, 앞의 사례와는 다소 다르지만 마찬가지로 중요한 현대적인 고려 사항을 살펴볼 수 있다. 텔레비전과 브로드웨이에서 활동하는 이 배우는 검은색 벨벳의 무도회 가운과 턱시도 스타일의 재킷을 선택했는데 〈보그〉의 크리스천 알레어는 이 조합을 보고 '부끄러워하지 않는 화려함'이라고 묘사했다. 마치 당당한 공작새와 같았다. 포터의 의상은 이 책에서 유일하게 남성이 입도록 디자인된 것으로, 의상에 대한 이분법적 성별 구분을 벗어난 새로운 인식을 보여줄 뿐만 아니라 개인의 퀴어 정체성을 강력하게 표현하는 역할을 한다. '내 목표는 등장할 때마다 걸어 다니는 정치적 예술 작품이 되는 것이다. 기대에 도전하기 위해서이다. 남성성이란 무엇인가? 과연 그게 무슨 뜻일까?' 포터가 2019년 2월에 한 말이다.[9] 그가 인정한 대로 그의 유명세는 규범에 적극적으로 도전하고 남성성에 대한 가정을 새롭게 정의할 수 있는 기회를 제공했다. 그렇다면 이렇게 지속적으로 여성적인 역사를 지녀온 '드레스'가 과연 그 자체로 '젠더리스' 의상으로 재탄생할 수 있을까 라는 의문이 든다. 많은 남성은 포터처럼 노골적이고 화려한 선택을 하지 못하거나 원하지도 않을 것이다. 남성용 드레스가 보편화되기보다는 디자이너들이 새로운 버전의 젠더리스 의복을 계속 실험할 가능성이 더 높아 보인다. 라일리와 배리가 관찰한 대로 2010년대에는 '유니섹스, 중성, 성 중립, 성별 이분법에 도전하는 의상 스타일에 대한 소비자의 관심이 증가하고 있으며' '젠더 플루이드(genderfluid)'라는 용어가 의복에 자주 적용되면서 여러 가능성이 빠르게 확대되고 있다.[10]

　2010년대가 저물어가면서 패션은 이전 장에서 로라 애슐리의 목가적 이상주의와 함께 논의 했던 '프레리(prairie)'에 다시 관심을 돌린다. 과거의 프레리 드레스가 여러모로 우리가 떠올릴 수 있는 진부한 여성성에 부합했다면, 현대적인 변형은 1960년대와 70년대보다 훨씬 더 많은 아이러니를 담고 만들어지며 착용된다. 동시에 패스트 패션의 위험성에 대해 정치적, 문화적 우려를 표시하고 자연적이고 윤리적인 제조 방법에 집중해야 할 필요성에 대해 이야기하고 있다. 합성 섬유에 대한 지나친 의존을 줄이고 해로운 살충제 없이 면화를 생산하는 방법을 개발하는 것 등 환경에 대한 지속적인 관심에 발맞춘 노력이 여기에 포함된다. 이러한 우려의 중요성은 1960년대 말에 널리 인식되었지만 '패스트 패션'의 경제적 이점이 너무나 압도적이었다. '프레리' 디자인은 과거의 미덕과 함께 우리가 옷을 천천히 차분하게 즐겨야 할 더 넓은 필요성을 상기시킨다. 20세기 중반 이후 많은 디자이너에게 '에스닉' 스타일과 직물 공정의 영향은 이런 야망의 핵심이었다. 소비자들은 다른 문화권에서 온 장인의 작품이 늘어나면서 대량 생산 제품에서는 찾아볼 수 없는 독특함을 느낄 수 있었다. 수전 굴레이어는 '맞춤 제작이나 수작업으로 만들어진 의복에서 나타나는 작은 차이들은 동질화된 제품의 바다에서 발견할 수 있는 작은 보물'이라고 표현했다.[11] 그러나 마이클 스카피다스가 언급한 바에 따르면 이런 '문화적인 사치'에도 문제의 여지가 있다. 글로벌 패션이 '국가간 특이성'의 경계 허물기를 시도하면서 민족적 동질성이 더욱 위협받기 때문이다.[12]

　이 책은 서양 의복을 중심으로 중요한 양식 변화를 촉진한 다른 문화 영향에 대해 논의한다. 20세기와 21세기의 세계화와 다문화주의는 서구 패션에 지대한 영향을 미쳤으며 순수한 미적 측면을 넘어서는 특징들이 현대 '복식'에 점점 더 많이 통합되고 있다. 2016년에 프랑스의 여러 지자체가 금지한 '정숙한' 수영복인 부르키니(burkini)와 같은 널리 알려진 정치적인 의복뿐 아니라 현대의 히잡과 '모디스트(modest)' 패션에 대한 인식과 탐구도 증가하고 있다. 패션이 진정으로 정숙한 것으로 간주될 수 있는지에 대한 질문은 계속 뜨거운 논쟁거리였다. 하프사 로디는 이것을 '역설'이라고 표현했으며 모디스트 패션은 금융, 엘리트주의, 잠재적 논란에 의해 촉발된 문화적 현상이라고 말했다.[13] 미투 운동에 비추어 볼 때, 여성들은 종교나 배경에 관계없이 개인이 스스로 '정숙하게' 옷을 입을 수 있는 선택권에 더 편안함을 느끼는지 모른다.

울과 가죽 소재의 데이 드레스

1986~89년경, 오스트레일리아, 작가 소장품.

◆

웨스턴오스트레일리아에서 제작되고 착용된 이 울 소재 드레스는
1980년대 중후반을 대표하는 몇 가지 특징을 보여준다. 검은색, 두드러진 가죽 패널, 상체가 부각된 실루엣,
밑단이 좁은 스커트, 길고 가늘어지는 소매는 그 당시 여성과 직장 사회의 중심이었던
'성공을 위한 드레스'라는 모토를 대변한다. 이 드레스의 특징은 1987년 <캔버라 타임즈>가 묘사한 '전문가의 옷장'의
이상적인 모습과 거의 일치한다. '남색, 자주색, 갈색 또는 검은색과 같은 두세 가지 미묘한 기본 색상을 선택하고…
지나치게 얇은 천과 스커트는 피한다…사무실이나 낮 시간에 입을 수 있도록…
스커트는 엉덩이에 충분한 여유가 있어야 서있을 때 갑갑하지 않고 앉았을 때도 편안하다.'[14]

이 가죽 패널은 드레스 뒤판을 따라
계속 내려가다가 허리 높이에서
두 지점으로 좁아진다. 빳빳한 소재의
특성상 숄더 패드가 필요 없다.

드 그라시외즈(De Gracieuse, 1898년 4월,
3511호[부분], 암스테르담 국립미술관)

1975년과 1977년 존 몰로이(John Molloy)
의 '성공을 위한 드레스' 시리즈가 큰
성공을 거두면서 촉발된 '파워 드레싱(power
dressing)' 열풍으로 1980년대 여성들은
직장에서 주목을 끌만한 의상을 입으며
옷차림을 통해 직업적 평등을 실현하기
시작했다.
'파워 슈트'는 일반적으로 투피스에 어두운
색상으로 제작되었지만, 80년대 이후로는
여성들이 선택할 수 있는 폭이 다양해졌다.
보수적이지만 세련된 스커트, 재킷,
블라우스가 원피스, 블레이저와 같은 대체
의상과 함께 판매되었으며, 니트웨어(특히
카디건)는 중간 및 고위 경영진에게 어울리는
의상으로 여겨졌다.
이 드레스는 직장용으로 특별히
구입했는지 여부는 확실치 않지만 그런
의상의 특징이 확실히 구현되어 있으며,
높은 칼라, 눈에 띄지만 최소한으로 절제된
디테일 장식, 가벼운 울 소재 등으로
구성되어 1980년대 오스트레일리아의
출퇴근 복장으로 매우 적합해 보인다.

7장의 139쪽에서 소개한 브르텔은 라펠의 여성스러운
변형이라고 할 수 있으며 1890년대 드레스에서 자주
볼 수 있었다. 7장의 예처럼, 브르텔은 맞춤된
남성적인 룩을 연출하고 셔츠 앞부분을 모방했다.
아니면 위의 패션 일러스트에서 볼 수 있듯이 프릴
장식을 추가하는 용도로 사용되기도 했다. 어깨
위에서 넓게 퍼졌다가 중앙에서 만나는 넓은 V자
형태의 배열은 허리를 가늘게 보이게 하는 데 도움이
되었다. 위로 갈수록 폭이 넓어지는 디자인은 어깨로
시선을 집중시키는데 넓은 어깨는 1980년대 스타일의
핵심이었다. 거의 100년이 지난 1980년대 후반의
데이 드레스에도 비슷한 기법이 적용된 것을 볼 수
있는데, 비스듬한 형태의 힙 포켓이 브르텔과 함께
배치되어 허리에서 아래쪽으로 비스듬하게 이어지는
효과를 연출한다.

장 폴 고티에의 드레스

1987년 봄/여름 컬렉션, 이탈리아, 빅토리아 국립 미술관, 멜버른

◆

이 상징적인 드레스가 그 지위를 획득한 것은 마돈나의 1990년 블론드 앰비션 투어를 통해서였다.
마돈나는 이 투어에서 여성을 위한 응원의 찬가인 '너 자신을 표현하라(Express Yourself)'는 권한 부여의 찬가를 위해
고티에의 원뿔형 뷔스티에(bustier)를 입었다. 이 드레스는 쿠튀르 의상이라 일반 대중이 쉽게 접할 수 없는 의상이긴 하지만,
그럼에도 불구하고 1980년대 여성복의 복잡한 언어를 잘 표현하고 있다. 디자이너들은 성별의 경계를 허물고
여성에게 신체에 대한 소유권을 부여하려는 새로운 노력과 함께 하이섹슈얼리티와
사회적 지위에 대한 인식도 제시했다. 이 드레스는 그 두 가지 측면을 모두 보여준다.

장 폴 고티에(Jean Paul Gaultier)가 최초로 원뿔형 뷔스티에를 만든 것은 아니다. 고티에의 뷔스티에는 1930년대에 처음 등장하여 1940년대와 50년대에 특히 인기를 끌었던 '총알 브라(bullet bra)'를 재창조한 것이다. 이 옷은 가슴의 형태를 강조하기 위해 원뿔형 컵이나 원형 스티치가 장식된 브래지어로 구성되어 있다.[16] 이 구조는 가슴 양쪽을 명확하게 구분하고 분리하여 수세기 동안 유행해 온 방식으로 가슴을 지지해준다. 그 이름에서 알 수 있듯이, 브래지어의 실루엣이 총알, 어뢰 또는 비행기의 뾰족한 앞부분을 연상시키는데, 이는 10년간 이어지던 전쟁에서 군사적인 이미지를 참고한 것이다.[17] 이는 냉전 시대의 불안감으로 인해 더욱 강조되었고 여성의 신체와 섹슈얼리티를 기계와 비교하는 현상을 장기화시켰다.

이 원뿔형 컵은 20세기 중반의 총알 브라보다는 훨씬 더 오래된 고대 디자인을 떠올리게 한다. 파르미자니노의 오른쪽 이미지에는 치마가 달린 고전 갑옷을 입은 미네르바 여신 또는 벨로나 여신(전자일 가능성이 높음)이 묘사되어 있다. 흉갑에 두 개의 구체가 선명하게 묘사되어 있고 두 구체 사이에는 넓은 간격이 있다. 미네르바는 항상 강하고 호전적인 신으로 표현되어 왔으며 '유용하고 장식적인' 예술을 감독하는 것이 주요 역할이다.[20] 이 두 가지 특성은 마돈나가 고티에의 의상을 착용하고 표현했던 페르소나와 연결 지을 수 있다.

미네르바 또는 벨로나
(파르미자니노, 1535~38년,
메트로폴리탄 미술관)

고티에가 이 스타일을 채택한 당시에는 전쟁과의 연관성이 전면에 드러나지 않았지만, 마돈나는 이 디자인을 자신의 섹슈얼리티를 통제하기 위해 사용했다. 해롤드 코다의 표현을 빌리자면 '관음증적 남성과 성적 대상화 된 여성의 가부장적 관계'를 전복하기 위해 (일종의) 전쟁을 벌일 목적으로 이 디자인을 사용한 것이다.[18] 1991년 저널리스트 수전 무어는 '(마돈나의) 마지막 투어에 대해 언론은 마돈나가 고티에의 코르셋을 입고도 충분히 섹시하지 않다고 말하며 마치 마돈나의 인생 목표가 과호흡 중년 남성들을 자극하는 것인 양 떠들어댔다'고 언급하며 그녀의 태도에 대한 두려움과 매력을 강조했다.[19]

보다 광범위한 패션의 관점에서 볼 때, 속옷이 아닌 겉옷으로 이 옷을 입으면서 1980년대에 시작되어 급성장하던 트렌드가 공고해졌다. 이 예시에서 그 트렌드는 브래지어보다도 20세기 초부터 사용되던 여성용 거들을 연상시키는 스커트 양 옆의 신축성 있는 원단 패널에 잘 드러나 있다 (1960년대에 제작된 이 거들에서도 동일한 중앙 지퍼와 아치형 밑단을 볼 수 있다).

여성용 거들(판매용 샘플)
(1960년대, 필라델피아
미술관)

1930년대 중반, 고무 소재가 도입되면서 의상의 제어력을 유지하면서도 훨씬 더 큰 유연성이 가능해졌고, 이는 자신만의 방식으로 에로틱한 미학을 즐기고자 하는 20세기 후반 여성들에게 이상적인 조합이었다.

크리스티안 라크루아의 이브닝 드레스

1988년경, 프랑스, 뉴욕 FIT 박물관

◆

디자이너 다이앤 본 퍼스텐버그는 이 시기 라크루아(Christian Lacroix)의 옷을
'아름답고 시의적절하다'고 묘사했으며 라크루아 자신은 '여성에게 그들의 권리를 돌려주고 싶었다'고 말했다.[21]
하지만 동시에 이를 활용할 수 있는 여성은 매우 소수였다. 저널리스트 줄리 바움골드가 지적했듯이,
그의 옷은 지나치게 화려해서 '계급을 완전히 분열시켰다.'[22] 이 드레스의 화려함과 사치스러움은
1980년대의 대중적인 이미지를 압축적으로 보여주면서 한편으로 그 시대의 모순을 강조하고 있다.

··

이 드레스에는 18세기의 여러 영향이 담겨 있는데, 그중 하나는 어깨를 감싸는 넓은 피슈 스타일이 과장된 실크 리본으로 마무리된 것이다. 팔에 밀착되는 긴 소매와 뾰족한 허리선이 결합된 보디스는 1770년대와 80년대의 앙상블을 연상시킨다. 특히 1893년경에 만들어진 '18세기' 스타일의 팬시 드레스를 연상시키는 이 옷은 패션의 반복적이고 순환적인 특성을 보여준다.

생 트로피메 수도원에 있는 아를의 여인들(샤를 네그레, 1852년, 게티 오픈 콘텐츠 프로그램 제공)

팬시 드레스
(1893년경, 하우스 오브 워스, 뉴욕 메트로폴리탄 미술관)

18세기의 영향뿐만 아니라 라크루아의 출신지인 프랑스 남부도 이 스타일에 영감을 준 요소로 때때로 언급된다. 1987년 8월 〈캔버라 타임즈〉는 이런 드레스가 '그의 고향인 아를의 민속적 특징을 기반으로 한다'고 썼다.[23] 위 사진(1852년경)에서 보이는 넓은 피슈와 개더 스커트는 그 유사성을 확실히 확인시켜 준다.

라크루아의 푸프 스커트는 그가 뉴욕에 매장을 오픈한 1987년에 소개되었는데, 공교롭게도 같은 해에 주식 시장이 폭락했다. 발레리 스틸의 지적대로 일부 사람들은 둘 사이에 중요한 연관성을 도출했고[24] 풀 스커트를 역사로 설명하려는 시도는 불평등만 강조할 뿐이었다. 앞서 인용했던 바움골드는 '18세기 (프랑스) 귀족들 이후로 이렇게 사치스럽고 도전적인 옷은 아마 본 적이 없을 것'이라고 말했으며, 이런 점에서 18세기와의 유사성이 더욱 신랄하게 드러난다.

'푸프(pouf)' 스타일은 1980년대 패션에서 미니스커트의 형태로 다시 등장했다. 비비안 웨스트우드가 1860년대의 크리놀린을 이용해 스커트의 볼륨을 살린 '미니 크리니(mini-crini)'를 출시한 지 몇 년 후의 일이다.

'드루피 앤 브라운스'의 드레스

런던, 1990년, 저자 소장품

◆

1996년 『본 투 숍 그레이트 브리튼—여행자를 위한 궁극의 가이드』의 저자 수지 거쉬먼은 '부디 상점 이름에
'드루피(droopy)'라는 단어가 들어간다고 해서 축 늘어진 옷만 파는 곳이라고 생각하지 말 것'이라고 썼다.[25]
이름과는 반대로 우아하고 활용도 높은 이 드레스는 칼라, 벨트, 포켓, 소맷동 등 오버사이즈 요소가 강한
1980년대 후반 스타일의 잔재를 보여주는 동시에 90년대 중후반 미니멀리즘의 특징인
평범한 색상과 부드러운 형태를 포함하고 있다.

....

1990년대에는 여성 패션 내부에서
기존의 '속옷의 겉옷화'에 대한 강조가
확고해졌지만, 이 드레스는 오버 코트
그 중에서도 특히, 트렌치코트의 형태와
강한 연관성을 지녔다. 제1차 세계대전
당시 군인 및 기타 요원들이 처음 입은
트렌치코트는 원래 군복이었지만, 1942년
영화 〈카사블랑카〉에서 험프리 보가트가
연기한 릭 블레인이 착용한 후 인기가
급상승하면서 일반 시민들의 일상에도 곧
도입되었다. 비슷한 시기에 트렌치코트가
여성들에게도 유행하는 옷으로 자리
잡으면서 전문직 종사자들에게 필수적인
외투가 되었다. 이 옷은 오늘날까지도 많은
사람들이 즐겨 입는 옷이며, 특히 베이지와
블랙의 전통적인 색조가 사랑받고 있다.
1990년 오스트레일리아의 한 패션 칼럼은
'트렌치코트는 결코 유행을 타지 않는다'
고 언급했다.[ ] 여기에 소개하는 1990년
드레스의 더블브레스트 방식의 여밈, 넓은
벨트, 다용도 칼라, 라펠, 커프스 슬리브, 풀
스커트는 제1차 세계대전 당시의 여성용
트렌치코트(왼쪽 아래)와 베르사체의 1987년
가죽 트렌치코트(오른쪽)와 함께 살펴보면
분명한 유사성을 확인할 수 있다.

하단 패션 플레이트의 블라우스는 비대칭으로 배열된
단추가 특징이다. 이 배열은 1990년 디자인된 의상과도
다르지 않다. 칼라를 세워 입거나 단추를 허리까지
풀어 라펠이 가슴 부분을 덮도록 넓게 펼쳐서 입을 수
있다. 상황에 맞게 다른 분위기를 내기 위해 양쪽을
번갈아가며 단추를 채우는 방식도 가능하다.

'배링턴 하우스'
(이미지 제공/제니퍼 바르토스)

1910년대 중후반의 와이드 스커
트, 하이웨이스트 스타일의 요소
도 확인할 수 있다. 1916년의 이
패턴은 양쪽 골반 위치에 커다란
사각형의 패치 포켓이 달린 발목
기장의 스커트를 보여준다.

왼쪽: 여성 라디오 봉사단, 1919년, 미국
의회 도서관.
오른쪽: 베르사체의 여성용 트렌치코트,
1987년경, 필라델피아 미술관

발목 길이의 풀 스커트는 1910년대부터 계속 등장했으며, 이 드레스가 만들어지기 직전인 1980년대에도 모
습을 보였다. 실제로 1980년대의 한 신부가 1914~18년대에 제작된 할머니의 웨딩드레스를 입었다는 기록
이 있을 정도로 이 '로맨틱한' 룩은 큰 인기를 끌었다. 당시의 디자이너 역시 1980년대 막바지에 접어들면
서 향수 어린 유혹을 받아들였다. 데서트 선은 1989년 '유행이 돌고 돈다는 사실은 비밀이 아니지만 89년 봄
보다 그 사실이 분명히 나타난 적은 없었다···편안함에 대한 요구가 훨씬 더 중요해졌다···똑같은 풀 스커트가
다시 등장하고 있다'라고 적었다.[ ]

유키 키하라의 '그래피티' 드레스

1995년, 테 파파(뉴질랜드 박물관), 웰링턴

◆

사모아 출신의 예술가 유키 키하라(Yuki Kihara)는 '나의 매체는 패션과 예술이며 나는 '패션을 통한 예술'이라고
이름 붙인 개념을 가지고 노는 것을 좋아한다'며 '이것은 태평양 예술과 현대 문화의 일부로 인식되어야
한다'고 말했다.[28] 이러한 측면은 음악과 스포츠웨어, 폴리네시아 문화에 이르기까지 다양한 영향을 받은
이 수상작 드레스에 명확하게 반영되어 있으며 증가하는 세계화와 성별 표현에 대한 새로운 아이디어도 반영하고 있다.

....

젊은 마오리족 남녀들이 현대 뉴질랜드 사회에
진출하면서 라스타파리아니즘(Rastafarianism) 특히,
밥 말리의 철학이 주목을 받았다.[29] 그 연관성은
라스타파리아니즘의 세 가지 '공식인' 색조 즉 '승리한
교회'를 상징하는 빨간색, '아프리카의 풍요로운 땅'을
상징하는 녹색, '땅의 부유함'을 상징하는 금색이 모두
포함된 이 드레스의 색상을 통해 설명할 수 있다.[30]

두 여인(폴 고갱, 1901~02년경, 캔버스에 유채,
월터 H. 아넨버그와 레오노어 아넨버그 컬렉션, 월터
H. 아넨버그와 레오노어 아넨버그 기증, 1997, 월터 H.
아넨버그의 유품, 2002)[30]
폴 고갱의 이 그림은 보수적인 무무 드레스
(mu'umu'u dress)의 변형으로 보이는 옷을 입
은 두 명의 타히티 여성을 묘사한 작품으로,
1901~02년경에 제작되었다.

이 디자인은 뉴질랜드 웰링턴의 옛 경찰 건물에서 본
그래피티에서 영감을 받았다. 청소년의 반항과 문화적
관심사를 보여주는 그래피티이다. 'FOB'는 'Fresh Off the
Boat'의 머리글자로, 뉴질랜드의 젊은 폴리네시아인들이
'섬에서 막 도착했거나 적어도 그렇게 행동하는'
사람들을 지칭할 때 사용하는 용어이다. 또 구식
문화적 신념을 묘사하는 말로써 'FOB처럼 행동한다'며
기성세대를 겨냥하기도 한다.[31] 한편, 보디스에 적힌
'볼륨'이라는 단어는 세계 힙합 무대에서 자리를 잡고
있는 젊은 폴리네시안 음악을 나타낸다.[32]

라이크라(lycra)의 사용은 1980년대와 90
년대에 이 소재가 얼마나 사랑을 받았고
스포츠 및 레저웨어에서 큰 성공을
거뒀는지를 떠올리게 한다. 라이크라는
몸매를 딱 맞게 감싸는 부분(왼쪽 참조)에
잘 어울리며, 에르베 레제가 유행시킨
몸에 밀착되는 '밴디지(bandage)' 드레스를
연상시킨다.

레이 가와쿠보의 꼼 데 가르송 '범프' 드레스

1997년 봄/여름 컬렉션, 스코틀랜드 국립 박물관, 에든버러

◆

'콰지모도', '올해의 가장 못생긴 드레스', '기형적'이라는 수식어는
'바디 미츠 드레스, 드레스 미츠 바디(Body Meets Dress, Dress Meets Body)' 또는 '범프(Bump, 혹)' 컬렉션으로 널리 알려진
레이 가와쿠보(Rei Kawakubo)의 획기적인 꼼 데 가르송 디자인에 붙은 별명 중 일부에 불과하다.[33]
이것은 수백 년 전의 아름다움에 대한 관념에 도전하고 가와쿠보의 표현대로 '생각을 행동으로 옮기는'
의상을 제작하기 위해 전통적인 일본의 이상과 아방가르드를 결합한 시도였다.[34] 이 컬렉션은 1980년대 패딩을 사용하여
배와 엉덩이 그리고 몸의 뒷면을 강조하도록 디자인된 돌출부 등 매우 다른 강조점을 가진 실루엣을 만들어 냈다.
임신을 숨기는 대신 임신하지 않은 사람이 임신한 것처럼 보이게 만드는 옷이어서,
뿌리 깊은 두려움과 편견을 억누르고 패션계의 여성 표현에 대해 새롭게 논의할 수 있는 길을 열었다.

....

낮은 암홀은 어깨를 뒤로 당기는 효과가 있어 몸 앞면의 돌출을 강화하여 만삭 상태를 모방한 자세를 취하는 데 도움이 된다.

마리아 오버레인 반 슈터보스의 초상화
(코르넬리스 반 데어 부르트, 1622년, 암스테르담 국립 미술관)

패션 역사상 여성의 의상에서 복부가 과장된 경우는 거의 없었다. 주목할 만한 예외는 2장에서 간략히 설명한 것처럼 17세기 초 길고 둥근 스터머커가 유행했던 시기였는데 특히, 이 초상화가 그려진 네덜란드(국립미술관)에서 유행했다.

가와쿠보의 '범프' 드레스는 과도한 양의 원단을 이용해 만들었다. 원단을 모아 부피를 키우고 형태를 유지했다. 내부는 가벼운 충전물과 얇은 틀로 형태를 유지했다.

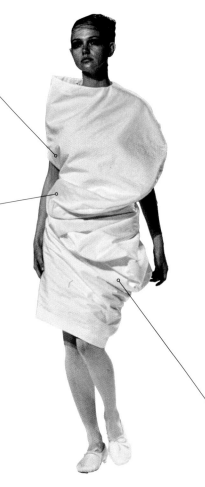

이 폴리에스테르 혼방은 가와쿠보 작품의 특징이 되었다. 그녀는 좋은 취향에 대한 전통적인 관념과 고급 의류에 대한 기대를 뒤집고자 했다. 단조로운 색조는 시선을 분산시키지 않고 특이한 형태와 움직임이 먼저 눈에 들어오게 해주기 때문에 이 디자인에 잘 어울린다. 가와쿠보가 무용복으로 개조한 '바디 미츠 드레스(Body Meets Dress)' 의상 특히, 안무가 머스 커닝엄의 1997년 작품 〈시나리오〉의 의상에 비슷한 색상들이 사용되었다. 무용을 위한 단색 원단은 패드를 넣은 돌출부를 강조하는 역할을 했다. 이 돌출부는 원단에 그림자를 드리우며 '윤곽선을 따라 빛과 음영의 단색 대비'를 만들어냈다.[35] 패션쇼 무대를 공연장으로 확장한 이 작업은 가와쿠보의 작품에 쿠튀르 영역을 넘어 생명을 불어넣었고, 논란이 된 '럼프 앤 범프(lumps and bumps)' 컬렉션에 대한 추가적인 논평을 불러일으켰다. 모든 것이 긍정적이지는 않았다. 뉴욕 매거진은 1997년에 무용수들이 이 의상으로 인해 '크고 둔한 몸통에 가는 팔과 다리가 불안하게 매달려있는 모습'으로 전락했다고 평했으며 심지어 이 의상을 '종양덩어리'라고 묘사하기도 했다.[36] 반응이 어떻든 이 의상을 계기로 무용수들이 옷을 다루는 방식이 바뀌고 무용복의 탈젠더화에 중요한 진전을 이룬 것은 확실하다.

엉덩이는 패션을 통해 종종 과장되는 여성 신체 부분 중 하나이다. 하지만 이 옷에서는 모래시계 실루엣의 우아한 곡선이 아니라 튀어나온 돌기로 표현되었다.

이세이 미야케의 드레스

2000년 봄/여름 컬렉션, 메트로폴리탄 미술관, 뉴욕

◀

이 드레스는 Y2K 시대의 미니멀하고 미래지향적인 패션을 흥미롭게 표현한 작품이다.
이 드레스의 슈미즈 재단은 단순한 드레스 구조와 기모노와 같은 기본적인 2D 형태를 자신의 창작 기반으로
사용하기 좋아하는 이세이 미야케의 취향에 부합한다. 동시에 드레스의 극적인 뒷모습은
과거 복식의 실루엣을 떠올리게 하며 그렇게 함으로써 여성의 신체를 표현하는 새로운 방식을 제안한다.
과거에 대한 향수와 기술적, 철학적 진보가 결합된 이 작품은 미야케의 작품 중에서 사람들의 사고를 자극하는 사례이다.

....

1880년대의 버슬 프레임은 혁신적인 '스프링 브레이스' 기술을 통해 착용자가 유행하는 라인을 유지하면서 앉고 설 수 있게 해준다. 이 시대에는 속옷에도 이전에는 볼 수 없었던 장식과 고급스러운 지위를 얻었다. 이런 특징이 미야케의 드레스에서 겉으로 완전히 드러난 버슬 프레임을 통해 다시 한 번 부각되었다.

미야케 디자인의 단순한 베이스는 1960년대의 시프트 드레스를 연상시킨다. 1960년대 초반에는 무릎 아래까지 내려오는 길이였으나 점점 길이가 짧아져 이 시기를 대표하는 미니 드레스가 되었다. 2000년대 드레스의 개념은 복잡하지만, 구조는 60년대 드레스와 마찬가지로 무척 단순하다. 시프트 드레스는 1965년까지 가슴과 팔 밑 또는 엉덩이 주변에 약간 모양이 잡힌 형태로 제작되었다. 그럼에도 불구하고 〈오스트레일리안 우먼스 위클리〉는 완성된 드레스가 여전히 상대적으로 '자루와 같은 모양'이고 '몸에 딱 맞는 것처럼 보이지 않는다'고 인정했다.[x] 이런 부분이 19세기 버슬과 결합된 모습을 더욱 어색해 보이게 만들었다.

이 드레스의 인위적인 후면 돌출부와 19세기의 버슬 사이의 유사점은 분명하면서도 모호하다. 아마도 위 사진에서 볼 수 있듯이, 돌출부가 뚜렷하게 분리되어 있다는 점이 19세기 버슬 구조를 가장 떠오르게 하는 것 같다.

스커트 자락, 목, 측면의 솔기, 진동을 장식한 펀치 구멍은 종이 패턴에 그려진 표시를 연상시킨다. 구멍과 프린지 등의 가장자리 장식은 이 드레스가 제작되기 1년 전인 1999년에 제작된 미야케의 A-POC(A Piece Of Cloth)의 의상에서도 볼 수 있었다. A-POC는 하나의 긴 직물로 되어 있어 원단의 낭비 없이 재단하고 만들 수 있었다.[x]

도나 프랭클린의 파이버 리액티브

웨스턴오스트레일리아, 2004년(작가 및 웨스턴오스트레일리아 대학교 아트 리서치 랩 제공)

◆

이 놀라운 '살아있는 패션' 작품은 작가의 표현을 빌리자면
'예술, 생명 과학, 상품 문화와 패션 산업의 맥락'을 탐색하는 작품이라고 설명할 수 있다.
오렌지색 브래킷 곰팡이의 균사체로 만든 이 작품은 '예술적 목적을 위해 비인간 생명체를 키우는 것'의 윤리적 의미에 대해
질문을 던지며, 관찰자가 의류를 생산하고 소비하는 방식을 바꿔야 한다는 필요성에 직면하게 만든다.
드레스로서 이 디자인은 여러 곳에서 영감을 얻었지만, 접근 방식과 구성의 참신함에 있어서
이 고대 의복 유형이 새로운 지평을 열고 '문화적 정체성 및 생활 세계와 관련된 사회적 소통의 한 형태로서의
역할과 유사점을 도출'하는 능력을 보여준다.[41] 마지막으로, 이 책에 실린 다른 어떤 의복과도 달리 이 드레스는
곰팡이가 성장하고 발달함에 따라 인간의 개입 없이도 모양이 미묘하게 바뀌는 '살아있는 패션'의 드문 예이다.

....

이 드레스는 조작과 자율성을 모두 고려한 독특한 사례로, 전통적인 디자이너라면 쉽게 접하지 못할 고려 사항이다. 프랭클린의 설명에 따르면, 인공적으로 재배되었지만 최적의 영양분과 조건을 제공받은 곰팡이와 '협업'하는 것이 목표였다.[42] 공생의 결과가 옷 한 벌로 나타났는데, 창작자만큼이나 옷 자체에 많은 공이 있는 결과이며, 이 옷의 최종 형태는 완전히 예측할 수 없었다.

멀리서 보면 이 곰팡이가 '외피'를 태피터나 벨벳과 같은 '구겨진' 천으로 착각할 수 있다. 이 외관은 통제가 되지 않는다. 프랭클린이 언급했듯이 곰팡이가 여전히 살아 있어서 착용자와 옷과의 관계를 변화시키기 때문이다. 그러나 이 거친 질감은 제1차 세계대전이 벌어지던 시기와 종전 이후에 (주로 색상의 대체품으로) 질감의 중요성이 커진 것과 관련이 있을 수 있다. 그 결과로 실크와 울 혼방 소재가 제조되었으며, 1930년대에는 이 소재들이 이브닝 드레스와 맞춤 의복뿐만 아니라 데이 드레스에도 채택되었다.[43]

곰팡이는 수세기 동안 섬유 생산에 사용되어 왔으며, 가장 일반적으로 매염제(염료의 결합과 수용을 돕기 위해 섬유에 도포하는 것)로 사용되었다. 곰팡이는 소변, 진흙, 과일 껍질과 같은 다른 자연 변종과 함께 염료의 완성된 색상에 기여하고 다양한 색조를 생성할 수 있다.[44]

페티코트 패널, 매염제 도장 및 레지스트 염색, 1750-75년경

실크 오간자의 사용은 패션을 위해 생명을 희생시키는 가장 오래된 방식인 누에를 직접적으로 언급하고 있다. 프랭클린은 '실크와 곰팡이 소재는 삶과 죽음, 부패, 변화 사이의 연관성을 강화한다'고 주장한다.[45] 스타일적으로 실크 오간자의 배합은 매우 현대적이며, 이 원단은 혼례복에 무게 없이 볼륨을 제공하기 위해 자주 사용된다.

투명한 어깨 끈이 이 데콜타주 네크라인을 지탱하고 있으며, 6개의 커다란 원형 곰팡이 모양이 배치되어 끈을 강조한다. 그 결과 이 옷은 이 장의 앞부분에서 설명한 1990년대 '슬립 드레스'를 떠올리게 하며 겉옷보다는 속옷 같아 보인다. 또한 1880년대 후반에서 1900년대 초반의 무도회 드레스(사전트의 마담 X와 1901년경 다나 깁슨의 이 그림에 묘사된 비슷한 디자인)에서 가끔 볼 수 있는 깊은 목선과 얇은 어깨와도 유사성이 있다. 프랭클린은 아르누보 운동(1889-1900)과 시대적 스타일의 '고루한 공식'을 거부하면서 자연의 유동성으로의 회귀를 강조하는 아르누보 운동의 특징에 영감을 받았다.[46] 이 드레스는 실제로 새로운 스타일과 새로운 과정을 대표하지만, 여기서 논의한 역사적 연관성은 그 생산 방식이 아무리 독특하더라도 패션이 영원히 순환할 것임을 보여준다.

레나 호셰크의 '프레리' 드레스,

2019년 가을/겨울 컬렉션, 스테판 크나우어/게티 이미지 제공

◆

오스트리아 출신의 디자이너 레나 호셰크(Lena Hoschek)는 2019년 베를린 패션위크에서 이 드레스를 처음 선보였다. 그녀는 '여성성의 홍보대사'로 불리며 자신의 작품 대부분에 역사적 레퍼런스와 '복고풍'을 자주 도입하는데, 이 드레스에서도 그런 빈티지적 요소를 확실히 찾아볼 수 있다. 이 드레스는 1970년대 로라 애슐리가 주도한 스타일인 '프레리(prairie)'가 21세기에 부흥한 좋은 예로, 1980년대 당시 '프레리'는 남성적인 느낌의 여성 파워 슈트에 대응하는 스타일로 큰 반향을 일으켰다(이전 장 참조). 미국에서는 '프레리', 영국에서는 '밀크메이드(milkmaid)'라는 명칭으로 알려진 이 특정 향수에 대한 수용은 수많은 19세기와 20세기 드레스에서 영향을 받았으며 거기에 낭만주의와 더욱 친환경적인 의류 생산 방식에 대한 열망이 더해졌다. 이러한 고민은 1970년대에 만연했으며, 패스트 패션에 대한 현재의 우려로 인해 이 트렌드가 다시 부상하는 것은 이해할 만하다. '빠른' 제조업체와 '윤리적' 제조업체가 모두 그 인기를 이용하고 있지만 말이다.

....

프레리 스타일의 핵심은 전원생활에 대한 이상화, 드넓은 공간, '더 단순한' 생활에 적합한 드레스이다. 목가주의는 19세기 후반의 에스테틱 의복에 참조되었고, 천연 직물과 부드러운 프린트를 통해 표현되었으며, 월터 크레인과 케이트 그리너웨이의 기발한 예술 작품을 통해 대중화되었다. 1974년 로라 잉걸스 와일더의 『초원의 집(Little House on the Prairie)』을 각색한 TV 드라마가 인기리에 방영되면서 19세기 후반 노동자 계급의 의상을 재창조한 이 스타일에 이름을 지어주었다.

1865년 이후 스커트의 앞면은 일반적으로 중앙 전면부에 완전히 평평한 패널이 쓰여서 매끈했다. 호셰크의 드레스에서 볼 수 있듯이, 드레스의 볼륨은 19세기 중반 스타일에 따라 뒤쪽과 골반 부위에 볼륨을 넣었다(뉴욕 메트로폴리탄 미술관).

'프레리' 스타일의 특징은 허리에 플리츠나 스모크 주름을 넣은 긴 스커트 또는 중간 길이의 스커트에, 밑단은 플라운스로 마감하는 것이다. 플라운스는 19세기와 20세기 초 겉옷에 인기가 많았고, 이 옷을 보니 1960년대와 70년대 스타일의 부흥을 뒷받침하는 에드워디안 스타일이 떠오른다.

프릴이 달린 스탠딩 칼라(종종 가장자리가 프릴로 장식된 요크가 딸린)는 프레리 드레스의 일반적인 필수 요소이다. 1980년대에 특히 유행했으며 종종 '파이 크러스트(pie crust)' 칼라로 묘사되기도 했다. 이 칼라의 기원은 일상복의 보디스에 흔히 쓰였던 1880년대(6장 참조)로 거슬러 올라간다. 특히 상단 가장자리에 '우아한 프릴'을 달면 실용적이고 '깔끔한' 마감이라고 묘사되었다. 여성스러움과 실용성의 만남은 1880년대를 정의하는 특징이었으며 프레리 스타일에서 그런 점이 항상 잘 표현되었다.

퍼프 슬리브는 20세기 재유행에서도 볼 수 있는 역사적인 디테일이다. 하지만 어깨에서 아래로 내려오는 소매를 캐주얼한 유니섹스 트렌드에 어울리게 걷어 올린 형태는 현대적이다. 디자이너 알렉세이 헤이가 2018년에 인정한 것처럼, 이는 프레리 스타일을 유머러스하게 표현한 것이다. '이 옷에는 30세 이상의 여성들이 공감할 수 있는 로라 애슐리와 〈초원의 집〉에 대한 진정한 향수가 있어요. 그리고 전형적인 여성스러운 실루엣과 스타일에 대한 일종의 '재전유(再專有, Re-appropriation)'와 패러디'도 담겨있다.

뾰족하게 떨어지는 허리선은 패션 역사 전반에 걸쳐 다양하게 유행해 왔는데, 1830년대, 40년대, 70년대, 90년대, 그리고 1970년대와 80년대의 프레리/밀크메이드 스타일에서 두드러지게 나타났다. 19세기 후반에 등장한 애스테틱 드레스와 복식 개혁으로 등장한 의상에서도 볼 수 있다.

이와 같이 반복되는 큰 꽃무늬 패턴은 1970년대의 재현에 더 가깝다. 19세기에는 단순한 디자인(물방울무늬와 같은)이나 어두운 단색 원단이 더 일반적이었다. 엘리자 우드 판햄의 『대초원의 삶(Life in Prairie Land)』(1846)에는 단색이나 프린트가 찍힌 색 바랜 옥양목 드레스에 유행 지난 모자와 액세서리를 함께 착용한 여성들의 모습이 묘사되어 있다. 이러한 초기의 스타일 부족은 의도된 것이 아니라 대초원 생활의 어려움과 궁핍함을 대변하는 것이다. 판햄은 '이렇게 우스꽝스러운 옷차림은 무궁무진했다'며 '풍부한 관찰의 장을 제공했다'고 썼다. 호셰크의 디자인이 선택한 원단은 여성성과 낭만주의에 대한 전통적인 관념을 강조하는 동시에 대담함을 통해 현재는 그러한 비유가 무의미하다는 점을 언급한다.

드레스와 히잡,

뉴욕 패션 위크의 스트리트 스타일, 2019년

◆

이 의상은 다양한 세계적, 문화적, 종교적 드레스 스타일의 흥미로운 혼합을 보여준다.
뉴욕 패션 위크에서 발견된 이 인물이 연분홍색 헤드 스카프와 체크 셔츠를 매치하여 노란색과 연분홍색 드레스
위에 착용한 모습이 사진에 담기기도 했다. 여기에 보이는 앙상블은 '우아한 재단 방식'과 함께
'2019년 가을의 가장 큰 트렌드'를 구성하는 '로맨틱 드레스' 스타일을 선보인다.[50]
이전 항목에 이어 이 드레스는 자각적으로 현대적인 틀 안에 역사적 영향을 통합하고 있는데,
이 경우에는 일본에서 가장 잘 알려진 하위문화에서 영감을 얻었다.

....

최근 수십 년 동안 오사카와 도쿄로 대표되는 일본의 스트리트 스타일이 유명세를 탔는데 특히, 도쿄의 시부야와 하라주쿠를 중심으로 한 인근 지역이 대표적이다. 하라주쿠 주변은 시부야의 거친 스타일과 정반대인 '로리타' 패션의 본거지이다. 프릴, 레이스, 퍼프 소매, 풍성한 치마를 곁들인 '여성스럽고', '공주 같은' 드레스를 입는 것이 특징이다.[51] 여기에 어울리는 액세서리를 매치하여 완성시킨 스타일은 빅토리아 시대 인형의 이미지를 떠올리게 하지만, 이 사랑스럽고 전형적인 여성스러운 룩은 '고딕' 스타일에서도 찾아볼 수 있으며 특히 1990년대 '비주얼계' 록 밴드 멤버와 1980년대 영국 고딕 록의 영향을 받았다.

검은색은 이 스타일에서 '고딕'에 대한 서양의 해석을 보여주는 유일한 부분이다. 일본에서는 이 단어가 금욕, 순수, 순결에 대한 생각에 더 가깝기 때문에 원래의 로리타 이미지와 완벽하게 일치한다. 마찬가지로 '로리타'라는 이름은 1955년 블라디미르 나보코프의 작품 속 여주인공으로 인해 서구 문화에서는 성적인 의미가 있지만 일본에서는 '사랑스럽고, 우아하며, 얌전한' 이미지와 연결된다.[52]

마나/모아멤므 모아티에가 디자인한 '고딕 로리타' 앙상블, 2011, 빅토리아& 앨버트 박물관, 런던.

헤드 스카프(또는 히잡)를 패셔너블한 의상과 함께 입기를 선택하는 종교적 여성을 신앙에 기반한 정숙함과 서양 패션을 결합한 패셔니스타라는 의미로 히자비스타(hijabistas)라고 부른다. 이런 옷차림은 여성과 이슬람에 대한 고정관념에 도전하지만, 눈에 띄는 옷차림으로 시선을 끌면서 정숙함(얼굴과 손만 드러내는)을 유지하는 것이 과연 히잡의 '본질'을 지키고 있는지에 대한 논쟁을 불러일으키기도 했다.[53]

불필요한 피부 노출을 피하기 위해 드레스 안에 목에 단추가 달린 긴팔 셔츠를 입는다. 이렇게 겹쳐 입는 방식은 특히 이슬람과 유대교 정교회 여성들 사이에서 복장의 '정숙함'을 유지하는 일반적인 방법이다. 다른 방식으로 승인을 받은 옷은 무시할 필요가 없다는 뜻이다. 현대의 한 정통 유대인 여성은 자신의 의상 선택에 대해 인터뷰하면서 어떤 옷을 입을지 결정할 때 다음과 같은 것을 살펴본다고 말했다. '(나는) 거울을 보고 (1)내 자신의 기준에 맞는지 (2)내 의견을 존중하는 프룸(frum, 관찰자)이 어떻게 생각할지 (3)시타치(shitach, 배우자)가 어떻게 생각할지 평가한다.'[54]

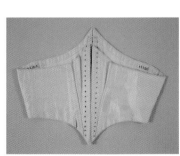
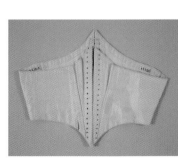

블랙 벨벳 가운과 턱시도 재킷

크리스티안 시리아노, 2019년

◆

배우 빌리 포터(Billy Porter)는 수백 년 동안 이어져 온 관습을 깨고 크리스티안 시리아노(Christian Siriano)의
맞춤 앙상블을 입고 레드카펫에 등장했다. 그는 그해 초 골든 글로브 시상식에서 입은 밝은 핑크색 케이프가
사람들에게 충격을 주는 것을 보고 이 옷을 입기로 결정했다. 아카데미 시상식에서 포터와 시리아노는
한 단계 더 나아간 혁신을 시도했다. 전통적으로 오스카 시상식에서 남성이 선택할 수 있는 패션은 턱시도에
국한되어 있었기 때문에 포터는 턱시도에 화려한 볼 가운(ball gown)을 매치함으로써 단순히 여성복을 입은 것이 아니라
남성적인 비유와 여성적인 비유를 결합하여 자신의 퀴어 정체성을 독특하게 표현했다. 패션 역사를 보면 많은 디자이너들이
턱시도(예: 생 로랑의 르 스모킹, 1966년)를 비롯해 여러 남성복을 여성용으로 변형하는 시도를 해왔지만 그 반대의 시도는
거의 없었다. '드랙(drag, 성별의 정의에서 벗어나 겉모습을 꾸미는 것) 같은 스타일이 아니었기 때문에 흥미로웠어요.
나는 드랙 퀸이 아니라 드레스를 입은 남자이다.' 포터는 <보그>지와의 인터뷰에서 이렇게 말했다.
'여자들은 매일 바지를 입고 나타나지만 남자가 드레스를 입는 순간 바다가 갈라지고 길이 열린다.'[55]
시리아노의 작품은 '드레스'를 탐구하는 이 책이 소개하는 마지막 작품으로 이분법이 점점 통하지 않는
사회에서 성별 구분 없이 모든 사람을 평등하게 만드는 의복의 잠재력에 대한 신랄한 고찰을 담고 있다.

....

나비넥타이는 19세기 이후 여성스러운
스타일 변형에 맞춰 크기가 과장되었다.

재킷은 실크 소재의
피크트 라펠(peaked
lapel)과 조화를 이루는
다른 소재로 만든
단추가 특징이다.
전통적인 턱시도
디자인과 마감을 따른
것이다.

스커트의 평평한 측면은
1860년대 중반 볼
가운 스커트의
실루엣을 떠올리게
하는데 1865년쯤
에는 둥근 종 모양이
사라지고 주로 옆면과
뒷면에만 풍성함이 더해졌다.
포터는 시리아노에게 항상
'볼 가운'을 입고 싶었다고
말했는데 그 결과 탄생한
스커트의 모양은 1864년에
제작된 피냐(Emile Pingat)의
가운(메트로폴리탄 미술관)과 매우
유사하다.

이 재킷은 1880년대 뉴욕에서 시작된 꼬리가 없는 전통적인
이브닝 재킷과는 달리 몸에 꼭 맞게 재단되었다. 포터는 재킷
안에 데미 지고 슬리브(demi gigot sleeve)와 프릴 장식의 소맷동이
달린 하이넥 블라우스를 입었다. 이 블라우스에 끈이 없는
보디스를 같이 입은 결과 15~16세기 카미치아(camicia)를
연상시킨다(위 사진 참조). 이 언더 가운 또는 '블라우스'는 그
위에 입는 모든 의복의 트임 부분에서 볼 수 있어서 포터가
입은 셔츠의 프릴 소맷동과 하이넥 스타일의 목 부분도 잘
보였다.

이 앙상블의 극적인 효과는 밝은 색상과 패턴(지금까지 포터가 선택한 다른 레드카펫 의상들과는 달리)으로 달성된 것이 아니라
품위 있고 눈에 띄는 검은색을 통해 완성되었다. 19세기 초부터 남성의 진지함과 존경심을 상징하던 검은색은 20
세기에 들어와서야 여성에게도 매력적이고 패셔너블한 선택지가 되었다. 따라서 이 옷에 검은색을 사용한 것은
여러 가지 기능을 수행한다. 여성복의 동시대성과 연결하고, 남성 이브닝 웨어와의 역사적 연관성을 유지하며,
현대적인 남성성을 매우 개인적이고 정치적으로 강력하게 표현하는 데 중후함을 부여한다.

여인의 초상(베르나르디노 루이니,
1520/1525년 앤드류 W. 멜론 소장)

여성 라디오 봉사단, 1919, 워싱턴 D.C. 의회 도서관.

용어 해설
(알파벳순)

에스테틱 드레스(Aesthetic dress/19, 20세기)
'아티스틱 드레스(artistic dress)'라고도 불리었다. 신체를 구속하지 않는 자연스러운 실루엣을 추구한 드레스. 윌리엄 모리스와 리버티 오브 런던의 디자인에서 영향을 받은 이후, 오스카 와일드와 그의 에스테틱 드레스 운동에 의해 촉진되었다. 오스카 와일드에 따르면 '드레스의 가치란 (중략) 단순히 각 부분이 모두 하나의 법칙을 표현하는' 것으로 지나치게 구조화되지 않은 의복을 만들 때는 부드러운 벨벳과 느슨한 주름 장식과 같은 역사상의 예를 중시해야 한다고 했다.

에이프런 드레스(Apron dress/20세기)
신체에 밀착된 **보디스**가 딸린 가벼운 코튼 드레스로, 가볍게 주름을 잡은 스커트 앞쪽 중앙에 긴 장방형의 천을 늘어뜨렸다. 이 천은 보통 레이스나 주름 장식을 넣어 앞치마처럼 허리에 두르고 장식적인 끈을 곁들였다.

방도(Bandeau/20세기)
이마에 감는 천으로 만든 띠로, 1920년대에 야회용 의상과 함께 착용했던 액세서리.

바스크(Basque/17세기)
몸통의 형태를 만들 때 도움이 되는 **보디스**의 **탭** 부분.

베르제르 햇(Bergère hat/18세기)
크고 둥근 형태의 모자로, 챙이 넓고 크라운(crown, 모자의 산 부분)이 낮다. 전원풍 스타일에서 발전한 것으로, 1750~70년경에 특히 인기가 있었다.

버사(Bertha/19-20세기)
어깨 주변에 둘러 착용하는 넓은 옷깃.

바이어스 컷(Bias cut/20세기)
솔기와 대각선 방향으로 재단한 원단. 신축성이 있는 합성 섬유가 널리 사용되기 전까지 신체에 밀착된 실루엣을 만들기 위해 사용되었다. 지금도 인기 있는 재단 기법이다.

비숍 슬리브(Bishop sleeve/19세기)
1840년대에 유행한 긴 소매. 팔의 윗부분은 밀착되고 소맷동으로 내려갈수록 퍼지는

형태로 소맷동에는 주름을 잡았다.

봄배스트(Bombast/17세기)
양모가 주로 사용된 충전재 또는 의복에 충전재를 채우는 방식.

브런즈윅(Brunswick/18세기)
평상복으로(보통 지지대를 넣지 않는다) 사용된 7부 길이 재킷으로 **페티코트**와 함께 착용했다. 바닥까지 내려오는 길이의 재킷은 '제수이트(Jesuit)'라고도 불리었다.

버스크(Busk/17세기)
고래수염이나 나무 또는 금속으로 만든 길고 납작한 막대 형태로, **보디스**의 강도를 높이고 착용자의 자세를 개선하기 위해 삽입했다.

버터플라이 슬리브(Butterfly sleeves/20세기)
짧고 넉넉한 소매. 소맷동이 넓고 진동에는 주름을 넣었다.

카라코(Caraco/18세기)
드레스(특히, 로브 아 랑글레즈)의 **보디스**를 모방한 여성용 재킷으로, **페티코트**와 함께 투피스 형태로 착용했다. 몸통에 밀착되는 스타일로 페티코트와 같은 원단으로 만드는 경우가 많다.

카트휠 러프(Cartwheel ruff/16·17세기)
1580년부터 1610년 사이에 등장해 착용되었던 극단적으로 넓은 수레바퀴 모양의 주름 칼라. 지름이 18인치에 이르는 종류도 있어 옷깃 아래쪽에 지지대를 넣을 필요가 있었다.

슈미즈(Chemise/20세기)
18세기부터 19세기 초에 유행한 신고전주의의 영향을 받은 심플한 드레스. 본래는 속옷을 가리키는 말이다. 20세기에는 1950년대 새로운 미학을 창조하고자 한 발렌시아가나 디오르 등의 디자이너의 영향을 받은 '신체에 밀착되지 않는' 드레스를 가리켰다. 계속해서 '60년대 패션'에 큰 영향을 미쳤지만 50년대 말까지는 크게 유행하지 못했다.

초핀(Chopines/17세기)
도로의 흙과 오물을 피하기 위해 나무로 된 '두꺼운 굽'을 댄 신발. 과거의 '패튼(pattens)'에서 유래되었으며, 아마도 초기 나막신의 형태에서 영감을 얻었을 것이다.

클로슈(Cloche/20세기)
주로 펠트 소재로 만들어진 머리에 딱 맞는 형태의 모자로, 챙이 없는 것도 많았다. 1920년대의 보브 헤어와 함께 유행했다.

코트 드레스(Coat dress/20세기)
제1차 세계대전 말기에 인기를 누린 가볍고 몸에 밀착되는 드레스로, 보통 벨트가 딸려 있는 하이 넥 스타일이다. 실용성과 우아함을 겸비한 여성 노동자들에게 적합한 의상이었다.

코이프(Coif/16·17세기)
얼굴을 감싸듯 두른 천 소재의 두건.

코르사주(Corsage/19·20세기)
드레스 전면에 핀으로 고정하거나 손목에 두른 꽃 장식.

코르셋(Corset/19세기 이후)
고래수염을 넣어 빳빳하게 만든 속옷으로, 몸통에 착용해 허리를 잘록하게 만든다. 유행 드레스에 체형을 맞추기 위해 사용했다. **스테이스**를 참조.

크레이프 드 신(Crêpe de chine/20세기)
1930년대에 인기 있던 원단으로, 씨실과 날실 모두 견사를 사용해 광택이 돋보인다.

크리놀린(Crinoline/19세기)
원래는 **페티코트**를 빳빳하게 만들기 위해 사용했던 호스헤어 소재의 직물을 가리키는 말이었다. 1850~60년대에는 등나무로 형태를 만든 **페티코트**를 가리키는 말로 쓰이게 되었다. 금속 고리를 연결해 반구 형태로 만들었다.

다마스크(Damask)
동식물 문양이 특징인 견직물.

드롭 프론트 드레스(Drop-front dress/19세기)
에이프런 프론트 드레스라고도 불린다. 탈부착 가능한 천 또는 자유롭게 늘어뜨린 천을 **보디스** 전면의 어깨 끈에 단추나 핀으로 고정한 드레스. 이런 방식에 의해 드레스 뒤판은 흐르듯 부드럽게 떨어진다.

앙가장트(Engageantes/18세기)
소매처럼 보이는 **러플**. 1700년대 다양한 스타일의 드레스에 사용되었다. 가장 공들여 만든 풍성한 앙가장트는 색 가운(로브 아 라 프랑세즈)에서 많이 볼 수 있다.

폴링 밴드(Falling band/17세기)
러프 대신 목 주변에 부착한 부드러운 칼라로, 가슴까지 길게 늘어뜨리는 것이 특징이다.

플래퍼(Flapper/20세기)
관습을 무시하고, 새롭고 현대적인 모든 것을 시도하고, 즐기는 유행에 민감한 젊은 여성. 짧은 스커트, 낮은 네크라인과 같은 화려한 최신 유행 의상과 대담한 행동으로 눈길을 끌었다.

퐁탕주(Fontange/17세기)
금속 뼈대로 형태를 만들고 거즈나 레이스로 장식해 높게 쌓은 머리 장식을 가리키며, 1600년대의 마지막 20년간 인기가 있었다. 코모드(commode)라고도 불리었는데, 이는 본래 퐁탕주를 지지하는 금속 뼈대를 가리키는 말이었다.

포어파트(Forepart/16세기)
화려하게 장식한 언더 스커트를 가리킨다. 위에 겹쳐 입은 오픈 스커트 사이로 드러나기 때문에 대조적인 원단을 사용하는 경우가 많다.

파딩게일(프랑스식. French farthingale/16·17세기)
휠(wheel) 또는 드럼(drum) 파딩게일이라고도 불린 **페티코트**의 일종으로, 1500년대 말경 이전과는 다른 실루엣으로 탄생했다. 허리부터 바닥까지 같은 너비로 겹쳐진 고리가 지면까지 곧게 떨어지는 스커트의 넓은 판자 형태의 구조를 만들어냈다.

퍼빌로(Furbelow/17세기)
의복을 장식하는 **러플** 또는 **플라운스** 장식.

갤런트(Gallants/17세기)
보디스와 스커트의 다양한 장소에 다는 리본 장식. 소맷동이나 어깨 또는 네크라인을

강조한다. 17세기 후반에는 새롭게 유행한 스커트의 고리로 펜 드레이프 장식을 가리켰다.

가리발디 블라우스(Garibaldi blouse/17세기)
장식이 없는 주간용 스커트와 착용하도록 디자인된 블라우스로, 19세기에 등장한 여성용 '세퍼레이츠'의 하나이다. 본래 군복에서 유래된 것으로, 하이 넥 라인과 낮은 위치에 달린 풍성한 소매 그리고 손목에는 주름 장식을 했다. 재킷이나 **보디스** 또는 소매의 특징을 가리키는 말로 쓰이기도 했다.

골(Gaulle/18세기)
슈미즈 아 라 렌느(chemise à la reine)라고도 불리었다. 이름에서도 알 수 있듯, 여성의 주요한 속옷 **슈미즈**에서 탄생한 모슬린 **가운**. 허리 주변에 띠를 둘러 개더를 만들고 형태를 고정했다. 주름을 잡은 소매(비제 르 브룅의 '마리 앙투아네트' 참조)와 네크라인에 가벼운 소재를 사용해 프릴 장식을 넣는 경우가 많다.

거들(Girdle/20세기)
몸통 아래쪽과 엉덩이 둘레에 착용하는 보정 속옷. 1920~30년대 최초에는 보이시한 실루엣을 만들기 위해 사용했으나 신체의 곡선을 살린 **바이어스 컷** 가운이 등장하면서 늘씬한 체형을 만들기 위해 사용했다. 16세기에는 허리에 두르는 벨트를 가리키며 앞쪽 중앙에 긴 사슬을 늘어뜨려 끝부분에는 세밀 초상화나 지갑 등을 매달았다.

고 고 부츠(Go-go boots/20세기)
1960년대에 미니 스커트나 미니 드레스에 착용해 인기를 끈 굽이 낮고 정강이까지 오는 길이의 부츠.

하프 부츠(Half boots/19세기)
실내에서 이브닝용 의상에 곁들이는 호화로운 슬리퍼의 실용적인 대체품. 종아리까지 오는 길이의 가죽 소재.

행잉 슬리브(Hanging sleeves/16세기)
가운의 어깨부터 손목까지 또는 바닥까지 늘어뜨린 트임이 있는 장식 소매. 가장자리를 리본으로 고정하기도 했다.

호블 스커트(Hobble skirt/20세기)
1910~14년 무렵의 아래로 내려갈수록 폭이 극도로 좁아지는 스커트. 절뚝거리듯(hobbling) 걷는 걸음걸이에서 이런 이름이 붙여졌다.

하우스 드레스/코트(House dress/coat/20세기)
집안일이나 쇼핑할 때 입는 심플한 코튼 드레스.

앙디앵느(Indienne/18세기)
'인도의'라는 뜻을 가진 프랑스 어로, 본래는 인도산 면직물을 가리키지만 동방에서 수입된 거의 모든 프린트 직물을 가리키는 용어로 사용되었다.

자포니즘(Japonisme/19세기)
일본의 직물, 회화, 가구, 인테리어, 디자인을 선호하는 현상을 가리키며 19세기 말 영국에서 미국으로 전파되었다. 1854년 일본과 유럽의 교역로가 개통되면서 널리 전개되었다.

커틀(Kirtle/16세기)
단순히 언더 스커트를 가리키기도 하지만 보온을 위해 입는 **보디스**가 딸린 **페티코트**를 가리키기도 한다.

'키티 포일' 드레스('Kitty Foyle' dress/20세기)
1940년 진저 로저스(Ginger Rogers) 주연의 영화 '키티 포일'의 주인공 이름에서 유래된 주간용 드레스. 어두운 색상의 무늬가 없는 원단으로 만들었으며 대조적인 흰색 칼라를 달았다. 흰색 소맷동과 단추 등을 달기도 한다.

라메(Lamé/20세기)
이브닝용 의상으로 인기가 있던 금속 실로 짠 원단.

레그 오브 머튼 슬리브(Leg-of mutton sleeve/19세기)
폭이 매우 넓고 풍성한 벌룬 형태의 소매로, 팔꿈치부터 아래로 갈수록 좁아진다. 지고 슬리브라고도 불린다.

만투아(Mantua/17세기)
처음에는 여유 있는 실루엣에 소매가 달린 원피스 형태로 만들어진 일상복이었다. 어깨의 플리츠를 허리까지 늘어뜨려 끈과 핀으로 고정했다. 18세기 초기에 '색 가운'으로 발전했다.

미니 드레스(Mini dress/20세기)
무릎 위 길이의 짧은 드레스. 보통은 시프트 드레스와 같이 직선으로 재단되었으며 소매는 달기도 하고 달지 않을 때도 있었다. 대부분 높고 둥근 네크라인이 특징으로, 칼라를 달기도 했다.

모드(Mod/20세기)
1960년대 특히, 의복에 관해 '새로운"유행하는'이라는 의미로 쓰였다.

파고다 슬리브(Pagoda sleeve/19세기)
폭이 넓은 종 모양의 소매. 흔히, 폴스 슬리브(false sleeve) 위에 달았으며 솔기를 일부 터놓은 스타일도 있다. 장식적인 밴드나 리본으로 묶어 고정했다.

펠토(Paltot/19세기)
크리놀린 후에는 **버슬** 스타일과 함께 착용한 길고 몸에 밀착된 재킷.

페인드 슬리브(Paned sleeve/16·17세기)
여러 겹의 가늘고 긴 천으로 구성된 소매. 트임을 넣어 안에 입은 의상의 호화로운(때로는 대조적인) 원단이 드러나 보였다.

파니에(Paniers/18세기)
스커트 양옆의 볼륨이 직각이 되도록 설계된 후프 스커트(hoop skirt, 이후에는 한 쌍의 작은 '포켓 후프[pocket hoop]'). 19세기 후반, 18세기의 패션이 재유행했을 때 풍성한 오버 스커트나 오픈형 오버 스커트를 '파니에' 형태라고도 했다.

파틀렛(Partlet/16세기)
긴 소매가 달린 목과 가슴을 덮는 커버.

페이스트(Paste/1930년대)
장신구에 사용된 귀석(貴石)처럼 보이는 유리. 디아망테나 라인스톤으로도 알려져 있다.

패튼(Pattens/17세기)
초핀과 유사한 신발.

페그 스커트(Peg skirt/20세기)
구성은 **호블 스커트**와 비슷하며, 엉덩이 부분이 여유 있게 재단되어 발목으로 갈수록 좁아진다. 목제 빨래집게와 비슷하다고 하여 붙여진 이름이다.

페그 탑 드레스(Peg-top dress/20세기)
제1차 세계대전 시기의 스타일에서 영감을 얻은 유행 드레스. 1950~60년대 당시 유행을 선도하던 10대보다 오히려 성숙한 여성들에게 인기가 있었다. 엉덩이 부분은 넉넉하게 재단되고 발목으로 갈수록 **호블 스커트**처럼 좁아진다. 무릎까지 오는 길이도 있어 칵테일 드레스로 인기가 있었다.

펠레린(Pelerine/19세기)
어깨를 덮는 케이프로, 모피로 장식하는 경우가 많다. 벨벳 등의 광택이 있는 두꺼운 소재로 만들었다.

펠리스(Pelisse/19세기)
추운 계절에 착용하는 하이 웨이스트 스타일의 긴 재킷.

페 탕 레아(Pet-en-l'air/18세기)
기능적으로는 **카라코**와 유사하며, **로브 아라 프랑세즈**나 색 가운 스타일의 재킷이다. 와토 플리츠와 7부 길이의 소매를 달았다.

페티코트(Petticoat/16-20세기)
18세기에는 스커트를 '페티코트'라고 불렀다. '언더 페티코트'는 보온과 볼륨을 위해 안에 착용한 스커트. 19세기에는 속치마를 가리키는 말로 사용되었다.

피에로(Pierrot/18세기)
18세기 후반에 착용한 긴 소매 재킷으로, 뒤판의 넓은 **러플**이 특징이다. 몸에 밀착되는 짧은 재킷인 **카자캥**(casaquin)과 비슷하다. 카자캥에는 **러플** 대신 플레어 플리츠를 넣었다.

피전(파우터 또는 피전 프론트) **보디스**(Pigeon-pouter or pigeon fronted-bodice/20세기)
주름을 잡아 부풀린 블라우스 앞판이 허리 위쪽에 살짝 드리워진 **보디스**. 20세기 초기에 유행한 '모노 보솜'을 탄생시켰다.

필박스 햇(Pillbox hat/20세기)
챙이 없는 작은 모자. 모자 산이 평평하고 측면은 수직으로 가파르게 떨어진다. 재클린 케네디가 착용해 인기를 끌었다.

플레이슈트(Playsuit/20세기)
미국의 디자이너 클레어 맥카델(Claire McCardell, 1905~58년)이 만든 롬퍼스(rompers)와 '플레이슈트'는 여름용 캐주얼웨어로, 허리 아래쪽이 바지로 된 짧은 원피스이다. 여가용으로 만들어진 스포티하고 편안한 의상으로, 미국 대중 시장에서 언제든 입기 편하고 재미있는 의상의 전형이 된 패션이다.

푸들 스커트(Poodle skirt/20세기)
1950년대 미국에서 탄생한, 심플한 구성의 서클 스커트(circle skirt)로 1950년대를 상징하는 인기 아이템이 되었다. 주로 펠트 소재로 만들어졌으며 밑단에 수놓아진 푸들 모티브로 인해 이런 이름이 붙여졌다. '바비삭서(bobby soxer)'라는 표현은 이 푸들 스커트에 스웨터와 짧은 양말을 신은 소녀를 대상으로 주로 사용되었다.

레이온(Rayon/20세기)
인견으로 알려진, 재생 셀룰로오스로 만들어진 합성 섬유.

레바토(Rebato/17세기)
러프에서 파생된 스탠딩 칼라로 **보디스** 또는 **가운**의 네크라인에 부착했다. 1580년경 ~1630년대.

레티큘(Reticule/19세기)
작은 지갑으로, 주로 끈을 조여 여닫는 방식이다. 돈이나 열쇠 또는 손수건 등을 넣는 용도로 쓰였다.

로브 드 스틸(Robe de style/20세기)
로 웨이스트의 **플래퍼** 스타일의 대안으로, 주로 중후한 스타일을 원하는 중년 여성들을 위해 만들어진 드레스.

로브 아 랑글레즈(Robe à l'anglaise/18세기)
몸통 부분이 밀착되고 긴 스커트는 풍성하게 부풀린 **가운**. 일반적으로 **파니에**는 착용하지 않았다. 스커트는 주로 폴로네즈풍이었다. 잉글리시 베드 가운(English bed gown), 나이트 가운(night gown), 클로즈 보디드 가운(close bodied gown)으로도 불린다.

로브 아 라 시르카시엔느(Robe à la circassienne/18세기)
로브 아 라 폴로네즈의 변화형으로, 동양적인 장식이 특징이다.

로브 아 라 프랑세즈(Robe à la française/18세기)
원피스 형태의 **가운**. 보통 앞쪽이 트여 있고 **스터머커**와 장식이 있는 **페티코트**를 착용한다. 스커트 양옆을 부풀리기 위해 안에는 **파니에**와 **코르셋**을 착용했다.

로브 아 라 폴로네즈(Robe à la polonaise/18세기)
커터웨이 보디스가 딸린 **가운**. 스커트에는 드레이프 장식을 하고 보통은 안에 입은 대조적인 원단의 **페티코트**가 드러나 보였다.

로브 아 트랜스포마시옹(Robe à transformation/19세기)
주간용 또는 야회용으로도 착용 가능한 **보디스**와 스커트로 구성된 이 혁신적인 아이디어는 당시 큰 인기를 누렸다(1890년대의 예는 제7장을 참조). 긴 소매를 달고 슈미제트나 네크커버를 떼어내면 간소한 애프터눈 드레스가 매력적인 이브닝 앙상블로 변신한다. 실용성의 관점에서만 생각하면, 의복의 수명이 훨씬 길어질 가능성을 보여준다.

로브 아 라 튀르크(Robe à la turque/18세기)
중동 또는 이른바 오리엔탈 패션에서 영감을 얻은 드레스. 여유 있는 스타일의 드레스로 짧은 오버 슬리브, 허리에 두른 다채로운 색상의 띠, 전체적으로 선명한 색상이 특징이다.

라운드 가운(Round gown/18세기)
보디스와 스커트가 일체화된 하이 웨이스트 스타일의 슬림하고 긴 의상으로, 18세기 말부터 19세기 초기에 인기를 끌었다.

색 드레스(Sack dress/20세기)
짧고, 여유 있고, 허리선이 없는 드레스로 크리스토발 발렌시아가에 의해 처음 소개되었다. 또한 18세기의 색 백(sack back)을 가리키기도 한다.

S자 곡선 코르셋(S-bend corset/20세기)
스트레이트 프런트 코르셋(straight-fronted corset)이라고도 불린다. 이름에서도 알 수 있듯 가슴은 앞으로, 엉덩이는 뒤쪽으로 돌출시켜 여성의 몸통을 S자 형태로 만든다. 만화가 찰스 다나 깁슨(1867-1944)의 풍자화에 등장하는 이상적인 여성상, 깁슨 걸 스타일로 인기를 얻었다.

스쿱 네크라인(Scoop neckline/20세기)
드레스나 세퍼레이츠에 이용된 넓고 둥근 형태의 낮은 네크라인.

셔링(Shirring/19·20세기)
장식과 성형을 목적으로 촘촘한 주름을 잡는 기법.

셔츠웨이스트(Shirtwaist/19세기)
여성의 맞춤 블라우스(미국식 용어).

쇼트 스테이스(Short stays/19세기)
하프 스테이스라고도 불린다. 허리와 엉덩이를 구속하지 않는 유행 스타일을 위해 가슴과 흉곽 부분만을 감싸서 지지하는 **코르셋** 또는 '페어 오브 스테이스(pair of stays)' 길이가 더 긴 변화형도 사용되었다.

슬래시(Slash/16·17세기)
다게스(dagges)라고도 한다. 장식을 위해 옷감에 칼로 벤 것 같은 트림―톱니 모양 또는 단순한 '슬래시'―을 넣는 기법.

스모킹(Smocking/16세기 이후)
셔링과 비슷한 자수 기법으로, 원단에 신축성을 더하기 위해 사용한다. 지금도 아동복에는 인기 있는 기법이다.

파딩게일(스페인식, Spanish farthingale/16세기)
여러 개의 원형 고리를 겹쳐서 만든 **페티코트**로, 엉덩이 부분의 고리는 작고 아래로 내려갈수록 점점 커지며 원뿔 모양을 만든다. 튜더 왕조 시대부터 약간의 변형을 거치며 16세기의 마지막 10년까지 볼 수 있었다. 처음 등장한 것은 15세기 말 경이었다.

스펜서(Spencer/19세기)
하이 웨이스트의 **보디스**를 덮는 길이가 짧은 긴 소매 재킷으로, 주간용 또는 이브닝용 드레스 위에도 착용했다. 코트 자락을 떼어내 비슷한 스타일을 시도한 스펜서 백작(1758~1834)의 이름에서 유래했다.

스푼 보닛(Spoon bonnet/19세기)
보닛 앞쪽이 위로 들려 있어 착용자의 얼굴이 고스란히 드러나는 모자. 보통 챙 안쪽은 리본, 꽃, 레이스 등으로(얼굴을 감싸듯) 장식했다.

스테이스(Stays/16~19세기)
지지대를 넣은 **코르셋**으로, **가운** 안에 착용했다. 체형을 보정해 당시 유행하던 라인을 만들었다. 동시기에 '페어 오브 보디스(pair of bodies)'로도 알려졌지만 이 표현은 드레스의 **보디스**를 가리키기도 했다. **코르셋**이라는 말은 19세기까지는 일반적으로 쓰이지 않았다.

서플리스 보디스(Surplice bodice/19·20세기)
앞섶이 V자형으로 교차하는 네크라인이 특징이다.

스위스 웨이스트(Swiss waist/19세기)
지지대를 넣은 언더 바스트용(코르셋이 아니다) 부속으로, 주로 블라우스와 스커트와 같은 주간용 의상에 착용했다.

티핏(Tippet/16세기 이후)
어깨에 걸치는 길이가 짧은 케이프.

트라페즈 드레스(Trapeze dress/20세기)
사다리꼴 형태의 드레스로, 어깨는 좁고 허리부터 엉덩이로 내려갈수록 퍼지는 실루엣. 1958년 디오르의 디자이너 이브 생 로

랑이 만들었다.

트윈 세트(Twin set/20세기)
1950~60년대 몸에 밀착되는 카디건과 슬림한 스커트로 구성된 세련된 스타일. 진주 목걸이를 곁들이는 경우가 많았다.

유틸리티 클로징(Utility clothing/20세기)
멋지고 기능적인 의복의 생산과 원단의 절약을 목적으로 한 전시 영국 국민을 대상으로 한 국가 정책. 미국의 L-85 규제와 유사한 정책으로 미국에서는 유틸리티 슈트를 빅토리 슈트(victory suit)라고도 불렀다.

비라고 슬리브(Virago sleeve/17세기)
폭이 넓은 **페인드 슬리브**로 풍성하게 부풀린 부분을 리본으로 묶었다(앤서니 반 다이크의 '부채를 쥔 여성'참조).

위글 드레스(Wigle dress/20세기)
1950년대 시스 드레스의 다른 이름. 엉덩이 둘레보다 밑단의 너비가 좁고 몸에 밀착되는 슬림한 라인. 40년 전의 **호블 스커트**와 같이 착용자는 좁은 보폭으로 엉덩이를 씰룩거리며(wiggling) 걸을 수밖에 없었다.

래퍼(Wrapper/19세기)
가정에서 보통 하루 중 가장 이른 시간에 입는 실내복(하우스 드레스). 앞에서 여미는 스타일로 **코르셋**은 착용하지 않았다. 공공장소에는 적합지 않은 의상이었다.

지벨리니(Zibellini/16세기)
티핏에 사용된 호화로운 모피. 담비의 모피로, 동물의 얼굴을 모방해 금이나 보석으로 장식하기도 했다(엘리자베스 1세의 사치 금지령에 있는 '흑담비 모피'가 바로 이것이다).

주아브 재킷(Zouave jacket/19세기)
볼레로 스타일의 짧은 재킷으로 1860년대에 유행했다. 곡선 형태의 앞자락은 허리로 내려갈수록 좁아져 열린 상태로 착용했다.

출처

머리말

[1] Elsa Schiaparelli in Kahm, Harold S., "How to be Chic On a Small Income," *Photoplay Magazine*, Aug. 1936, p. 60.

[2] Luther Hilman, Betty, *Dressing for the Culture Wars: Style and the Politics of Self-Presentation in the 1960s and 1970s*, The Board of Regents of the University of Nebraska, 2015 (eBook).

[3] Reed, Paula, *Fifty Fashion looks that changed the 1970s*, London: Conran Octopus, 2012, np.

서장

[1] ed. Schlachter, Trudy and Wolf, Roberta, *Millennium Mode: fashion forecasts from 40 top designers*, NY: Rizzoli, 1999, p.xvii.

[2] Schlachter & Wolf, p.xv.

[3] Stevenson, Egbert Burton, *The Macmillan Book of Proverbs, Maxims, and Famous Phrases, Part 1*, London: Macmillan, 1948, p.626.

[4] McCartney, Paul, 'Vintage Clothes', *Memory Almost Full*, Hear Music, 2007.

[5] Bell, Quentin, *On Human Finery*, Berlin: Schocken Books, 1978, p.234.

[6] Green, Ruth M., *The Wearing of Costume: The Changing Techniques of Wearing Clothes and How to Move in Them, from Roman Britain to the Second World War*, London: Pitman, 1966, p.151.

Chapter 1

[1] Fagan, Brian, *The Little Ice Age: How Climate Made History*, New York: Basic Books, 2000, p. 53.

[2] Aughterson, Kate, *The English Renaissance: An Anthology of Sources and Documents*, London: Routledge, 1998, pp. 164–67.

[3] Ashelford, Jane, *A Visual History of Costume: The Sixteenth Century*, New York: Drama Book Publishers, 1983.

[4] Cotton, Charles, *Essays of Michel Seigneur de Montaigne: The First Volume* (facsimile), London: Daniel Brown, J. Nicholson, R. Wellington, B. Tooke, B. Barker, G. Straban, R. Smith, and G. Harris, 1711, p. 409.

[5] Köhler, Carl, *A History of Costume*, New York: Dover, 1963, p. 237.

[6] Wace, A.J., *English Domestic Embroidery—Elizabeth to Anne*, Vol. 17 (1933) *The Bulletin of the Needle and Bobbin Club*.

[7] Latteier, Carolyn, *Breasts: The Women's Perspective on an American Obsession*, New York: Routledge, 2010, p. 32.

[8] Landini, Roberta Orsi, and Niccoli, Bruna, *Moda a Firenze, 1540–1580: lo stile di Eleonora di Toledo e la sua influenza*, Oakville: David Brown Book Company, 2005, p. 21.

[9] Mikhaila, Ninya, and Malcolm-Davies, Jane, *The Tudor Tailor: Reconstructing 16th-Century Dress*, London: Batsford, 2006, p. 22.

[10] Yarwood, Doreen, *Outline of English Costume*, London: Batsford, 1977, p. 13.

[11] Davenport, Millia, *The Book of Costume: Vol. I*, New York: Crown Publishers, 1948, p. 446.

[12] Cumming, Valerie, Cunnington, C.W., and Cunnington, P.E., *The Dictionary of Fashion History*, Oxford: Berg, 2010, p. 88.

[13] Yarwood, Doreen, *European Costume: 4000 Years of Fashion*, Paris: Larousse, 1975, p. 124.

[14] James, Sara N., *Art in England: The Saxons to the Tudors: 600-1600*, Oxford: Oxbow Books, 2016, p.312.

[15] Ashelford, Jane, *A Visual History of Costume: The Sixteenth Century*, London: Batsford, 1983, p.138.

[16] Sherrow, Victoria, *For Appearance' Sake: The Historical Encyclopedia of Good Looks, Beauty, and Grooming*, CT: The Oryx Press, 2001, p.107.

[17] Eade, Jane in ed. French, Anna, *Early Modern Childhood: An Introduction*, London: Routledge, 2019, np.

[18] Prak, Maarten, *The Dutch Republic in the Seventeenth Century: The Golden Age*, Cambridge: Cambridge University Press, 2005, p.139.

[19] Prak, 2005, p.140.

[20] Griffiths, Elizabeth and Whittle, Jane, *Consumption and Gender in the Early Seventeenth-Century Household: The World of Alice Le Strange*, Oxford: Oxford University Press, 2012, p.124.

Chapter 2

[1] Waugh, Norah, *The Cut of Women's Clothes, 1600–1930*, London: Faber & Faber, 1968, p. 28.

[2] Cunnington, C. Willett, and Cunnington, Phyllis, *Handbook of English Costume in the Seventeenth Century*, London: Faber & Faber, 1972, p. 97.

[3] *The Needle's Excellency: A Travelling Exhibition by the Victoria & Albert Museum—Catalogue*, London: Crown, 1973, p. 2.

[4] Pepys, Samuel, and Wheatly, Benjamin (eds.), *The Diary of Samuel Pepys*, 1666, New York: George E. Croscup, 1895, p. 305.

[5] Otavská, Vendulka, Ke konzervování pohřebního roucha Markéty Františky Lobkowiczové, Mikulov: Regionální muzeum v Mikulově, 2006, s. 114–20.

[6] Ibid.

[7] Ibid.

[8] Ibid.

[9] Pietsch, Johannes, "The Burial Clothes of Margaretha Franziska de Lobkowitz 1617," *Costume*, vol. 42, 2008, pp. 30–49.

[10] Cunnington, C. Willett, and Cunnington, Phyllis, *Handbook of English Costume in the Seventeenth Century*, London: Faber & Faber (proof copy), p. 97.

[11] Waugh, Norah, *The Cut of Women's Clothes: 1600–1930*, London: Faber & Faber, 2011 (1968) p. 45.

[12] Eubank, Keith, and Tortora, Phyllis G., *Survey of Historic Costume*, New York: Fairchild, 2010, p. 261.

[13] Mikhaila, Ninya, and Malcolm-Davies, Jane, *The Tudor Tailor: Reconstructing 16th-Century Dress*, London: Batsford, 2006, p. 18

[14] Eubank. Keith, and Tortora, Phyllis G., *Survey of Historic Costume*, New York: Fairchild, 2010, p. 241.

[15] Powys, Marian, *Lace and Lace Making*, New York: Dover, 2002, p. 5.

[16] Rothstein, Natalie, *Four Hundred Years of Fashion*, London: V&A Publications, 1984, p. 18.

[17] De La Haye, Amy, and Wilson, Elizabeth, *Defining Dress: Dress as Meaning, Object and Identity*, Manchester: Manchester University Press, 1999, p. 97.

[18] "Mantua [English]" (1991.6.1a,b), in *Heilbrunn Timeline of Art History*. New York: The Metropolitan Museum of Art, 2000–. http://www.metmuseum.org/toah/works-of-art/1991.6.1a,b (October 2006)

[19] Cunnington, C. Willett, and Cunnington, Phyllis, *Handbook of English Costume in the Seventeenth Century*, London: Faber & Faber (proof copy), p. 181.

[20] Cumming, Valerie, *A Visual History of Costume: The Seventeenth Century*, London: Batsford, 1984, pp. 102–22.

[21] Cavallo, Adolph S., "The Kimberley Gown," *The Metropolitan Museum Journal*, vol. 3, 1970, pp.202–05.

[22] Waugh, Norah, *The Cut of Women's Clothes: 1600–1930*, London: Faber & Faber, 2011 (1968) p. 111.

Chapter 3

[1] Ribeiro, Aileen, *Dress in Eighteenth-Century Europe, 1715–1789*, New Haven/London: Yale University Press, 2002, p. 4.

[2] Fukai, Akiko, *Fashion: The Collection of the Kyoto Costume Institute: A History from the 18th to the 20th Century*, London: Taschen, p. 78.

[3] Nunn, Joan, *Fashion in Costume, 1200–2000*, Chicago: New Amsterdam Books, 2000 (1984), p. 93.

[4] Thornton, Peter, *Baroque and Rococo Silks*, London: Faber & Faber, 1965, p. 95.

[5] Anderson, Karen, Deese, Martha, and Tarapor, Mahrukh, "Recent Acquisitions: A Selection, 1990–1991," *The Metropolitan Museum of Art Bulletin*, vol. 9, no. 2, Autumn 1991, p. 54.

[6] Waugh, Norah, *The Cut of Women's Clothes, 1600–1930*, London: Faber & Faber, 2011 (1968), p. 68.

[7] Mackrell, Alice, *An Illustrated History of Fashion: 500 Years of Fashion Illustration*, LA: Costume & Fashion Press, 1997, p.55.

[8] ed. Blanco & Doering, *Clothing and Fashion: American Fashion from Head to Toe, Volume One*, CA: ABC-CLIO, 2016, p.202.

[9] Ibid.

[10] Watt, James C.Y., and Wardwell, Anne E., *When Silk was Gold: Central Asian and Chinese Textiles*, New York: Metropolitan Museum of Art, 1997, p. 213.

[11] Powerhouse Museum item descriptions and provenance, registration number: H7981. http://from.ph/249639

[12] Schoeser, Mary, *Silk*, New Haven: Yale University Press, 2007, p. 248.

[13] Waugh, Norah, *The Cut of Women's Clothes, 1600–1930*, London: Faber & Faber, 2011 (1968), p. 76.

[14] Van Cleave, Kendra, and Brooke Welborn. "'Very Much the Taste and Various are the Makes': Reconsidering the Late-Eighteenth-Century Robe à la Polonaise." *Dress* 39, no. 1 (May 2013): 1-24.

[15] ed. Condra, Jill, The Greenwood Encyclopedia of Clothing Through World History, Volume 2: 1501-1800, CT: Greenwood Press, 2008, p.117.

[16] ed. Blum, Stella, *Eighteenth-Century French Fashion Plates in Full Color*, NY: Dover Publications, 1982, p.xv.

[17] Waugh, Norah, *The Cut of Women's Clothes: 1600-1930*, Oxon: Routledge, 1968, p.73.

[18] Cavallo Adolph S., and Lawrence, Elizabeth N., "Sleuthing at the Seams", *The Costume Institute: The Metropolitan Museum of Art Bulletin*, vol. 30, no. 1, August/September 1971, p. 26.

[19] Ribeiro, Aileen, *A Visual History of Costume: The Eighteenth Century*, London: Batsford, 1983, pp.128–30.

[20] Fukai, Akiko, *Fashion: The Collection of the Kyoto Costume Institute: A History from the 18th to the 20th Century*, London: Taschen, p. 83.

[21] Lewandowski, Elizabeth J., *The Complete Costume Dictionary*, Plymouth: Scarecrow Press, 2011, p. 41.

[22] Naik, Shailaja D., and Wilson, Jacquie, *Surface Designing of Textile Fabrics*, New Delhi: New Age International Pvt Ltd Publishers, 2006, p. 8.

[23] Feinberg, Larry J. and Wise, Susan, *French and British paintings from 1600 to 1800 in the Art Institute of Chicago: a catalogue of the collection, NJ:* Princeton University Press, 1996, p.50.

[24] Fukai, Akiko, *Fashion: The Collection of the Kyoto Costume Institute: A History from the 18th to the 20th Century*, London: Taschen 2002, p. 202.

[25] Lewandowski, Elizabeth J., *The Complete Costume Dictionary*, Plymouth: Scarecrow Press, 2011, p. 253.

Chapter 4

[1] Le Bourhis, Katell (ed.), *The Age of Napoleon: Costume from Revolution to Empire, 1789–1815*, New York: The Metropolitan Museum of Art/Harry N. Abrams, 1989, p. 95.

[2] "Miscellany, Original and Select," *Hobart Town Gazette* (Tas.: 1825-27), April 5, 1826: 4. Web. April 16, 2015. http://nla.gov.au/nla.news-article8791181

[3] Curtis, Oswald, and Norris, Herbert, *Nineteenth-Century Costume and Fashion, Vol. 6*, New York: Dover, 1998 (1933), p. 188.

[4] Austen, Jane, *Northanger Abbey*, 1818, Cambridge: Cambridge University Press, 2013, p. 22.

[5] Brooke, Iris, and Laver, James, *English Costume from the Seventeenth through the Nineteenth Centuries*, New York: Dover, 2000, p. 178.

[6] McCord Museum item catalogue and provenance, M982.20.1.

[7] Ibid.

[8] Bradfield, Nancy, *Historical Costumes of England, From 11th Century to 20th*, White Press (2016), np.

[9] Richmond, Vivienne, Clothing Poor in Nineteenth-Century England, Cambridge: Cambridge University Press, 2013, p.22.

[10] Cumming, Valerie, Cumming, C.W., and Cunnington, P.E., *The Dictionary of Fashion History*, Oxford: Berg, 2010, p. 97.

[11] Starobinski, Jean, *Revolution in Fashion: European Clothing, 1715–1815*, New York: Abbeville Press, 1989, p. 151.

[12] McCord Museum item catalogue and provenance, M990.96.1.

[13] Yarwood, Doreen, *Illustrated Encyclopedia of World Costume*, New York: Dover, 1978, p. 268.

[14] Nunn, Joan, *Fashion in Costume: 1200–2000*, Chicago: New Amsterdam Books, 2000, p. 121.

[15] McCord Museum item catalogue and provenance, M982.20.1.

[16] Steele, Valerie, *Encyclopedia of Clothing and Fashion*, New York: Charles Scribner's Sons, 2005, p. 392.

[17] Bradfield, Nancy, *Costume in Detail: 1730–1930*, Hawkhurst: Eric Dobby, 2007 (1968), pp. 121–35.

[18] Cumming, Valerie, Cunnington, C.W., and Cunnington, P.E., *The Dictionary of Fashion History*, Oxford: Berg, 2010 (1960), p. 279.

[19] Object data: BK-VII-N, Rijksmuseum, Amsterdam.

[20] Ibid.

[21] Cumming, Valerie, *Exploring Costume History: 1500–1900*, London: Batsford, 1981, p. 67.

[22] Powerhouse Museum item catalogue and provenance, 87/533.

[23] Byrde, Penelope, *Nineteenth Century Fashion*, London: Batsford, 1992, p. 48.

[24] *La Belle Assemblée, or, Bell's Court and Fashionable Magazine—A Facsimile*, London: Whitaker, Treacher and Co., 1831, p.187.

[25] Waugh, Norah, *The Cut of Women's Clothes: 1600–1930*, London: Faber & Faber, 2011 (1968), p. 149.

[26] Powerhouse Museum item catalogue and provenance, A10017.

[27] Ibid.

Chapter 5

[1] Raverat, Gwen, *Period Piece: A Victorian Childhood*, London: Faber & Faber, 1960, p. 260.

[2] *The Workwoman's Guide by a Lady*, London: Simkin, Marshall and Co., 1840, pp. 108–112.

[3] Ibid.

[4] *A Hand-Book of Etiquette for Ladies, by an American Lady*, New York: Leavitt and Allen, 1847.

[5] Waugh, Norah, *Corsets and Crinolines*, London: Routledge, 2015 (1954), p. 79.

[6] Bloomer, Amelia, in *The Lily*, March 1850, p. 21, quoted in Solomon, W.S., and McChesney, R.W., *Ruthless Criticsm: New Perspectives in U.S. Communication History*, Minneapolis: University of Minnesota Press, p. 74.

[7] Dickens, Charles, *The Mystery of Edwin Drood*, London: Chapman & Hall, 1870, p. 177.

[8] "The Dressing Room," *Godey's Lady's Book*, 1851.

[9] Miller, Brandon Marie, *Dressed for the Occasion: What Americans Wore*, Minneapolis, MN: Lerner Publications, 1999, pp. 36–38.

[10] Waugh, Norah, *Corsets and Crinolines*, London: Routledge, 2015 (1954), p. 93.

[11] McCord Museum item description and provenance, M976.2.3.

[12] Bradfield, Nancy, *Costume in Detail: 1730–1930*, Hawkhurst: Eric Dobby, 1968 (2007), p. 141.

[13] *A Sense of Style: Shippensburg University Fashion Archives & Museum Newsletter*, no. 49, Spring 2013, pp. 4–6.

[14] *The Workwoman's Guide by a Lady*, London: Simkin, Marshall and Co., 1840, pp. 108–112.

[15] Watts, D.C., *Dictionary of Plant Lore*, Atlanta, GA: Elsevier, 2007, p. 2.

[16] *The New Monthly Belle Assemblée: A Magazine of Literature and Fashion*, January to June 1853, London: Rogerson & Tuxford, p. 334.

[17] Reeder, Jan Glier, *High Style: Masterworks from the Brooklyn Museum Costume Collection at The Metropolitan Museum of Art*, New York: The Metropolitan Museum of Art, 2010, p. 22.

[18] Foster, Vanda, and Walkley, Christina, *Crinolines and Crimping Irons: Victorian Clothes: How They Were Cleaned and Cared For*, London: Peter Owen Publishers, 1978, p. 19.

[19] Yarwood, Doreen, *Outline of English Costume*, London: Batsford, 1967, p. 31.

[20] Museum catalogue item and provenance, Swan Guildford Historical Society.

[21] Waugh, Norah, *The Cut of Women's Clothes, 1600–1930*, New York: Routledge, 2011 (1968), p. 139.

[22] Powerhouse Museum item catalogue and provenance, A9659.

[23] Ibid.

[24] *Marysville Daily Appeal*, no. 135, December 5, 1869, p. 1.

[25] McCord Museum item catalogue and provenance, M969.1.11.1-4.

[26] Condra, Jill, and Stamper, Anita A., *Clothing through American History: The Civil War through the Gilded Age, 1861–1899*, Santa Barbara: Greenwood, 2011, p. 96.

[27] Waugh, Norah, *The Cut of Women's Clothes: 1600–1930*, New York: Routledge, 1968 (2011), p. 149.

[28] Item catalogue and provenance, Swan Guildford Historical Society.

Chapter 6

[1] Brevik-Zender, Heidi, *Fashioning Spaces: Mode and Modernity in Late-Nineteenth Century Paris*, Toronto: University of Toronto Press, p. 10.

[2] "The Ladies Column," Alexandra and Yea Standard, Gobur, Thornton and Acheron Express (Vic.: 1877-1908), August 5, 1887: 5. Web. December 3, 2015. http://nla.gov.au/nla.news-article57170466

[3] Haweis, Mary, *The Art of Beauty*, New York: Garland Publishing, 1883 (1978), p.120.

[4] "Letters to the Editor: Various Subjects Discussed: A Lady's Views on Fashionable Costume," *New York Times*, August 8, 1877.

[5] Waugh, Norah, *Corsets and Crinolines*, Oxford; Routledge, 2015, p. 83.

[6] Author unnamed, "Bustles," *The Evening World* (New York), December 26, 1888, p.2. www.loc.gov.

[7] Author unnamed, "The Fashions," *The New York Tribune*, June 20, 1871, quoted in the *Sacramento Daily Union*, June 28, 1871 (California Digital Newspaper Collection, Center for Bibliographic Studies and Research, University of California, Riverside, http://cdnc.ucr.edu).

[8] Author unnamed, "New York Fashions," *Sacramento Daily Union*, March 13, 1872 (California Digital Newspaper Collection, Center for Bibliographic Studies and Research, University of California, Riverside, http://cdnc.ucr.edu).

[9] McCord Museum item catalogue and provenance, M971.105.6.1-3.

[10] Powerhouse Museum item catalogue and provenance, A8437.

[11] Author unnamed, "Fashion Notes," *Otago Witness*, Issue 1296,

September 1876, p. 19. National Library of New Zealand, viewed August 26, 2014. http://paperspast. natlib.govt.nz/.

[12] Powerhouse Museum item catalogue and provenance, A8437

[13] Sherrow, Victoria, *Encyclopedia of Hair: A Cultural History*, London: Greenwood Press, 2006, p. 387

[14] "The Ladies," *The Sydney Mail and New South Wales Advertiser* (NSW: 1871-1912), January 24, 1880: 156. Web. June 7, 2015. http://nla.gov.au/nla. news-article161877917

[15] Cumming, Valerie, Cunnington, C.W., and Cunningham, P.E, *The Dictionary of Fashion History*, Oxford: Berg, 2010, p. 11.

[16] Amneus, Cynthia, *A Separate Sphere: Dressmakers in Cincinnati's Golden Age, 1877–1922*, Costume Society of America Series, Cincinnati Art Museum/Texas Tech University Press, 2003, pp. 86–102.

[17] "Paris Fall and Winter Fashions," *Sacramento Daily Union*, October 26, 1878, vol. 7, no. 211 (California Digital Newspaper Collection, Center for Bibliographic Studies and Research, University of California, Riverside, http://cdnc.ucr. edu).

[18] *The Queen*, 1883, quoted in Buck, Anne, *Victorian Costume and Costume Accessories*, London: Herbert Jenkins, 1961, p. 72.

[19] Haweis, Mary, *The Art of Beauty*, 1883, New York: Garland Publishing, 1978, p. 120.

[20] *Sacramento Daily Union*, Volume 17, Number 92, 8 June 1883, p.3.

[21] Maternity Dress [Brown] (Profile View), MoMu – Fashion Museum Antwerp, Belgium, object data via http://artsandculture.google.com/

[22] Inder, Pam, *Dresses and Dressmaking: From the Late Georgians to the Edwardians*, Stroud: Amberley Publishing, 2018, np.

[23] Powerhouse Museum item catalogue and provenance, A8070.

[24] Ibid.

[25] Maynard, Margaret, *Fashioned from Penury: Dress as Cultural Practice in Colonial Australia*, Cambridge: Cambridge University Press, 1994, p. 127.

[26] "Ladies' Page," *Australian Town and Country Journal* (Sydney, NSW: 1870-1907), November 4, 1882: 28. Web. June 7, 2015. http://nla.gov.au/nla. news-article70992507

[27] "Ladies Column," *South Australian Weekly Chronicle* (Adelaide, SA: 1881-89), March 1, 1884: 15. Web. December 16, 2015. http://nla.gov.au/ nla.news-article93151399

[28] "Feminine Fashions and Fancies," *The South Australian Advertiser* (Adelaide, SA : 1858-89), July 23, 1883: 10 Supplement: Unknown. Web. December 16, 2015. http://nla.gov.au/ nla.news-article33766418

[29] "The Ungraceful, Wobbling Hoops Again," *The Courier-Journal* (Louisville, Kentucky), July 5, 1885, p. 14.

[30] "The Ladies," *The Sydney Mail and New South Wales Advertiser* (NSW: 1871-12), January 15, 1881: 90. Web. December 17, 2015. http://nla.gov.au/ nla.news-article161883913

[31] "The Fashions," *Daily Alta California*, April 3, 1887 (California Digital Newspaper Collection, Center for Bibliographic Studies and Research, University of California, Riverside, http://cdnc.ucr.edu).

[32] *Demorest*, New York, 1887 April pp. 374–377.

[33] Bloomingdale Brothers,

Bloomingdale's Illustrated 1886 Catalogue: Fashions, Dry Goods and Housewares, New York: Dover Publications, 1988, pp. 51–56.

Chapter 7

[1] Condra, Jill (ed.), *The Greenwood Encyclopedia of Clothing through World History, Vol. 3: 1801 to the Present*, Westport: Greenwood, 2008, p. 75.

[2] *Birmingham Daily Post*, 1899, University of Bristol Theatre Collection: HBT/TB/000022.

[3] Nunn, Joan, *Fashion in Costume, 1200–2000*, Chicago: New Amsterdam Books, p. 185.

[4] "By Gladys: Boudoir Gossip on Frocks AND Fashions," *Observer*, vol. XI, no. 756, June 24,1893, p. 14, National Library of New Zealand, viewed December 15, 2015, http://paperspast.natlib.govt.nz/

[5] "Traveling Gowns and Notions," *The New York Times*, April 16, 1893.

[6] Object provenance catalogue, Swan Guildford Historical Society, WA.

[7] Ibid.

[8] "Spring Novelties," *Australian Town and Country Journal* (Sydney, NSW: 1870-1907), August 15, 1896: 34. Web. December 16, 2015. http://nla.gov.au/ nla.news-article71297069

[9] "World of Fashion," *Bairnsdale Advertiser and Tambo and Omeo Chronicle* (Vic.: 1882-1918), January 12, 1895: 2 Edition: morning., Supplement: Supplement to the Bairnsdale Advertiser. Web. December 16, 2015. http://nla.gov.au/nla. news-article86387500

[10] "Paris Gowns and Capes," *The New York Times*, March 26, 1893, p. 16.

[11] Takeda, Sharon Sadako,

Fashioning Fashion: European Dress in Detail, 1700–1915, Los Angeles: Los Angeles County Museum of Art, 2010, p. 113.

[12] "Our English Letter," *The Queenslander* (Brisbane, Qld : 1866-1939), December 7, 1901: 1095. Web. June 22, 2015. http://nla .gov.au/nla.news-article21269013

[13] Olsen, Kirstin, *Daily Life in 18th-century England*, p.108

[14] Taylor, Lou, *Mourning Dress: A Costume and Social History*, London: Routledge, 2009, np.

[15] *Blade Tribune*, Volume VII, Number 29, 20 July 1895.

[16] *Los Angeles Herald*, Volume 34, Number 237, 26 May 1907.

[17] Australian Dress Register: Wedding Dress of Mrs. Rebecca Irvine, 1905, Manning Valley Historical Society, ID: 415.

[18] Ibid.

[19] Nunn, Joan, *Fashion in Costume: 1200–2000*, Chicago: New Amsterdam Books, 2000, p. 184.

[20] McCord Museum item catalogue and provenance, M984.150.34.1-2.

[21] Adam, Robert, *Classical Architecture: A Complete Handbook*, New York: Harry Abrams, 1991, p. 280.

[22] Australian Dress Register: Hilda Smith's black silk satin and lace dress, 1908–1912, Griffith Pioneer Park Museum, ID: 232.

[23] "The Importance of a Sash," *The Brisbane Courier* (QLD: 1864-1933), December 27, 1911: 15 Supplement: Courier Home Circle. Web. September 3, 2015. http://nla.gov.au/nla. news-article19743295

[24] Powerhouse Museum item catalogue and provenance, 86/610.

[25] *Delineator*, New York, November 1908, p. 670.

[26] Powerhouse Museum item catalogue and provenance, 86/610.

[27] "Fashion Notes," *Examiner* (Launceston, Tas.: 1900-54), September 9, 1911: 2 Edition: DAILY. Web. December 16, 2015. http://nla.gov.au/nla. news-article50492419

[28] "A Lady's Letter from London," *The Sydney Mail*, September 3, 1898, p. 12.

[29] "Ladies' Column," *Bendigo Advertiser* (Vic.: 1855-1918), May 20, 1899: 7. Web. December 16, 2015. http:// nla.gov.au/nla.news-article89820861

[30] 1900 "Dress and Fashion," *The Queenslander* (Brisbane, Qld.: 1866-1939), 7 April 7, p. 654, Supplement: The Queenslander, viewed September 2, 2014. http://nla.gov.au/nla. news-article18544394.

[31] "The Autumn Girl and Her Autumn Coat," *The Chicago Tribune*, August 26, 1900, p. 55.

[32] McCord Museum item catalogue and provenance, M976.35.2.1-2.

[33] *Delineator*, New York, September 1911, pp. 160–169.

[34] McCord Museum item catalogue and provenance, M976.35.2.1-2.

[35] Ibid.

[36] De La Haye, Amy, and Mendes, Valerie, *Fashion Since 1900*, London: Thames & Hudson, 2010, p. 20.

[37] "Age of Sloppy Dress," *Maryborough Chronicle, Wide Bay and Burnett Advertiser* (Qld.: 1860-1947), May 12, 1914: 5. Web. December 16, 2015. http://nla.gov.au/nla. news-article150875205

[38] McCord Museum item catalogue and provenance, M983.130.3.1-3.

[39] Ibid.

[40] Ibid.

Chapter 8

[1] "The New Costume: Eking out the Paris Cloth Ration—From Our Own Correspondent," The Daily Mail, August 18, 1917, from the Digital Archive: Gale–Cengage Learning, The Daily Mail, 2015.

[2] "Fashion: Dressing on a War Income," *Vogue*, vol. 51, no. 5, March 1, 1918, pp. 54, 55, and 126.

[3] Waugh, Evelyn, *Brideshead Revisited: The Sacred and Profane Memories of Captain Charles Ryder*, London: Penguin, 1945 (1982) p. 172.

[4] Roe, Dorothy, "The Picture Frock is Back Again," *Milwaukee Sentinel*, October 14, 1934, p. 8.

[5] de Montebello, Philippe, "Foreword," in Koda, Harold, and Bolton, Andrew, *Chanel: The Metropolitan Museum of Art*, New Haven: Yale University Press, 2005, p. 12.

[6] Lowe, Corrine, "Fashion's Blue Book," *The Chicago Daily Tribune*, May 21, 1918, p. 14.

[7] Donnelly, Antoinette, "Short Skirts or Long—Heels Must Be Invulnerable," *The Chicago Sunday Tribune*, October 16, 1918, p. 2.

[8] Tortora, Phyllis G., *Dress, Fashion and Technology: From Prehistory to the Present*, London: Bloomsbury, 2015, p. 136.

[9] Koda, Harold, *Goddess: The Classical Mode*, New York: The Metropolitan Museum of Art, 2003, p. 219.

[10] "Mariano Fortuny: Evening Ensemble (1979.344.11a,b)," in Heilbrunn, *Timeline of Art History*, New York: The Metropolitan Museum of Art, 2000– http://www.metmuseum.org/ toah/works-of-art/1979.344.11a,b

(December 2013)

[11] Item catalogue and provenance, North Carolina Museum of History, H.1978.17.1.

[12] "A Frock For Seven Shillings." *Sydney Mail* (NSW: 1912-38), November 2, 1921: 22. Web. December 17, 2015. http://nla.gov.au/nla.news-article162034166

[13] Item catalogue and provenance, Swan Guildford Historical Society, WA.

[14] Wells, Margery, "Gay Embroideries Sound the Season's High Note," *The Evening World*, September 25, 1923.

[15] "For Australian Women," *Table Talk* (Melbourne, Vic.: 1885-1939) July 20, 1922: 4. Web. December 7, 2015. http://nla.gov.au/nla.news-article147420574

[16] Dr. Jasmine Day, Curtin University, December 2015.

[17] Powerhouse Museum item catalogue and provenance, 2008/8/1.

[18] "Dress Decorations," *The Queenslander* (Brisbane, Qld.: 1866-1939), November 28, 1929: 52. Web. December 17, 2015. http://nla.gov.au/nla.news-article2292174.

[19] "The Vogue for Beige," *Sunday Times* (Perth, WA: 1902-54), November 10, 1929: 39 Section: First Section. Web. December 17, 2015. http://nla.gov.au/nla.news-article58366337

[20] Item catalogue and provenance, Swan Guildford Historical Society, WA.

[21] "Dress Hints," *Albury Banner and Wodonga Express* (NSW: 1896-1938), February 15, 1924: 15. Web. December 17, 2015. http://nla.gov.au/nla.news-article101523864

[22] "The Uncertain Waist-Line," *Queensland Figaro* (Brisbane, Qld.: 1901-36), January 19, 1929: 6. Web. December 17, 2015. http://nla.gov.

au/nla.news-article84904764

[23] "Paris Tells Its Beads," *Truth* (Brisbane, Qld.: 1900-54), February 5, 1928: 18. Web. 17 December 17, 2015. http://nla.gov.au/nla.news-article206147705

[24] Goldman Rubin, Susan, *Coco Chanel: Pearls, Perfume, and the Little Black Dress*, NY: Abrams, 2018, np.

[25] *San Pedro News Pilot*, Volume 2, Number 78, 4 June 1929.

[26] *Coronado Eagle and Journal*, Volume XVI, Number 18, 1 May 1928, p.3.

[27] *San Pedro Daily News*, Volume XXV, Number 21, 3 March 1927, p.2.

[28] Bolton, Andrew and Koda, Harold, *Chanel*, CT: Yale University Press/Metropolitan Museum of Art, 2005, p.31.

[29] Drowne, Kathleen Morgan and Huber, Patrick, *The 1920s*, CT: Greenwood Press, 2004, p.110.

[30] Steele, Valerie, *Fifty Years of Fashion: New Look to Now*, CT: Yale University Press, 1997, p.120.

[31] "TIMESTYLE FASHION PATTERNS It must be fun, says the 'fashion computer'" *The Canberra Times* (ACT : 1926 - 1995) 6 February 1983: 14. Web. 11 Nov 2019 <http://nla.gov.au/nla.news-article116448127>.

[32] Goldman Rubin, Susan, *Coco Chanel: Pearls, Perfume, and the Little Black Dress*, NY: Abrams, 2018, np.

[33] ed. Palmer, Alexandra, *A Cultural History of Dress and Fashion in the Modern Age*, London: Bloomsbury, 2017, pp.23-24.

[34] Bolton, Andrew and Koda, Harold, *Chanel*, CT: Yale University Press/Metropolitan Museum of Art, 2005, p.28.

[35] Anderson, Fiona, *Tweed*,

London: Bloomsbury, 2017, p.120.

[36] "FASHION'S LAST WORD, THE GODET" *Sunday Times* (Sydney, NSW : 1895 - 1930)12 July 1925: 13. Web. 11 Nov 2019 <http://nla.gov.au/nla.news-article128168851>.

[37] Ibid.

[38] *Coronado Eagle and Journal*, Volume XVII, Number 18, 1 May 1929, p.3.

[39] "Evening Modes," *Sunday Times* (Perth, WA: 1902-54), 6 November 6, 1927: 36. Web. December 17, 2015. http://nla.gov.au/nla.news-article60300520

Chapter 9

[1] "Feminine Garb more Romantic and Expensive: Luxury New Keynote of Fashion," *Chicago Sunday Tribune*, August 17, 1930, p. 17.

[2] Polan, Brenda, and Tredre, Roger, *The Great Fashion Designers*, Oxford: Berg, 2009, p. 59.

[3] "Daily Mail Atlantic Edition," July 22, 1931, "Spruce Up! Is Dame Fashion's Warning," from the Digital Archive: Gale–Cengage Learning, The Daily Mail, 2015.

[4] De la Haye, Amy, *The Cutting Edge: 50 Years of British Fashion, 1947–1997*, London: V&A Publications, 1996, p. 16.

[5] Anderson, David, "British to Add Cut in Living Standard; Dalton Says It Will Take More Than Year to Reach Strict War Economy Level," *The New York Times*, March 4, 1942.

[6] McEuen, Melissa, *Making War, Making Women: Femininity and Duty on the American Home Front, 1941–1945*, Athens: University of Georgia Press, 2010, p. 138.

[7] Bedwell, Bettina, "Saving Clothes Is Fashionable in England: Ration

System Abroad Makes It Imperative," *Chicago Sunday Tribune*, October 11, 1942.

[8] Drew, Ruth, "The Housewife in War Time." *Listener* [London, England], March 11, 1943: 314. *The Listener Historical Archive 1929–1991*. Web. May 26, 2014.

[9] Chase, Joanna, *Sew and Save*, Glasgow: The Literary Press, 1941—HarperPress, 2009, pp. 1–2

[10] *San Bernardino Sun*, Volume 40, 24 September 1933

[11] Kunz, William M., *Culture Conglomerates: Consolidation in the Motion Picture and Television Industries*, NY: Rowman & Littlefield Publishers, 2007, p.20 and https://www.ngv.vic.gov.au/explore/collection/work/50710/

[12] "FASHIONS" *Glen Innes Examiner* (NSW : 1908 - 1954) 21 July 1934: 7. Web. 14 Nov 2019 <http://nla.gov.au/nla.news-article183583061>.

[13] "THE CULT OF THE "BACKLESS GOWN"" *Glen Innes Examiner* (NSW : 1908 - 1954) 7 May 1932: 7. Web. 14 Nov 2019 <http://nla.gov.au/nla.news-article184591622>.

[14] "WHITE GLOVES FOR MEN" *News* (Adelaide, SA : 1923 - 1954) 25 June 1932: 2. Web. 14 Nov 2019 <http://nla.gov.au/nla.news-article129050673>.

[15] Hill, Daniel Delis, *As Seen in Vogue: A Century of American Fashion in Advertising*, Lubbock: Texas Tech University Press, 2007, p.51.

[16] Harden, Rosemary and Turney, Jo, *Floral Frocks: A Celebration of the Floral Printed Dress from 1900 to the Present Day*, NY:Antique Collectors Club, 2007, p.27.

[17] "GLASS OF FASHION" *The Beaudesert Times* (Qld. : 1908 - 1954) 15 December 1939: 8. Web. 14

Nov 2019 <http://nla.gov.au/nla.news-article216085549>.

[18] "Black Velvet Gown," *The Times and Northern Advertiser*, Peterborough, South Australia (SA : 1919 - 1950) 30 Jan 1931: 4. Web. 17 Dec 2015 http://nla.gov.au/nla.news-article110541726

[19] Delafield, E.M., *The Diary of a Provincial Lady* (eBook), e-artnow, 2015.

[20] "Evening Glory," *The Inverell Times* (NSW: 1899-1954) May 2, 1938: 6. Web. December 17, 2015. http://nla.gov.au/nla.news-article185833902

[21] 'Dresses that flatter figure', *Piru News*, Volume XI, Number 26, 14 April 1938, p.3.

[22] ed. Cohen, Robert, *Dear Mrs. Roosevelt: Letters from Children of the Great Depression*, NC: University of North Carolina Press, 2002, np.

[23] *The New York Times Biographical Service*, Volume 28, p.1966.

[24] *San Pedro News Pilot*, Volume 9, Number 257, 30 December 1936, p.11.

[25] Emery, *Joy, A History of the Paper Pattern Industry: The Home Dress-making Fashion Revolution*, London: Bloomsbury, 2014, np.

[26] Item catalogue and provenance, Swan Guildford, Historical Society, WA.

[27] "The Daily Mail," February 6, 1941, "Forget War Modes," from the Digital Archive: Gale–Cengage Learning, The Daily Mail, 2015.

[28] *The British Colour Council Dictionary of Colour Standards: A List of Colour Names Referring to the Colours Shown in the Companion Volume*, London: The British Colour Council, 1934.

[29] Leshner, Leigh, *Vintage Jewelry 1920–1940s: An Identification and Price Guide*, Iola, WI: Krause Publications, p. 10.

[30] "Novelties in Designs for Evening Dress," *The Courier-Mail* (Brisbane, Qld.: 1933-54), December 31, 1945: 5. Web. December 3, 2015. http://nla.gov.au/nla.news-article50255268

[31] "Greek Influence," *Daily Mercury* (MacKay, Qld.: 1906-54), 5 March 5, 1945: p. 6. Web. 2November 29, 2015. http://nla.gov.au/nla.news-article170980779

[32] "The Housewife in War Time," March 11, 1943, "The Listener," from the Digital Archive: Gale–Cengage Learning, The Listener, 2015.

[33] Imperial War Museum object data (UN 11461).

[34] Alexander, Melanie K., *Muscatine's Pearl Button Industry*, CA: Arcadia Publishing, 2007, p.8.

[35] ed. Schneiderman, SL and Pentlin, Susan Lee, *The Diary of Mary Berg: Growing up in the Warsaw Ghetto*, London: Oneworld, 2013, np.

[36] *Madera Tribune*, Volume LXXV, Number 87, 14 February 1940.

Chapter 10

[1] Pochna, Marie France, *Christian Dior: The Man Who Made the World Look New*, New York: Arcade Publishing, 1994, p.178.

[2] "Woman's World," *Alexandra Herald and Central Otago Gazette*, November 19, 1947, p. 3.

[3] Dior, Christian, *Christian Dior: The Autobiography*, London: Weidenfeld and Nicolson, 1957, p. 41.

[4] Ibid.

[5] *The Sunday Times* (April 6, 1952), "Transatlantic Fashion Trend," from the Digital Archive: Gale–Cengage Learning, The Sunday Times, 2015.

[6] "Women's Suits for Easter in Wide Choice of Colours," March 17,

1948, *The Bend Bulletin*, Oregon, Bend, p. 14.

[7] Nunn, Joan, *Fashion in Costume, 1200–2000*, Chicago: New Amsterdam Books, 2000, p. 226.

[8] *San Bernardino Sun*, Volume 54, Number 194, 13 April 1948.

[9] Martin, Richard and Koda, Harold, *Christian Dior*, NY: Harry N. Abrams/The Metropolitan Museum of Art, 1996, np.

[10] Hill, Daniel Delis, 2007, p.76.

[11] Tzvetkova, Juliana, *Pop Culture in Europe*, CA: ABC-CLIO, 2017, p.343.

[12] Moosnick, Nora Rose, *Arab and Jewish Women in Kentucky: Stories of Accommodation and Audacity*, KT: The University Press of Kentucky, 2012, p.43.

[13] Amies, Hardy, *Just So Far*, London: Collins, 1954, p. 88.

[14] "Woman's World," *The Mail* (Adelaide, SA: 1912-54), January 9, 1943: 10. Web. 17 December 17, 2015. http:// nla.gov.au/nla .news-article55869851

[15] *The Indiana Teacher*, Volume 87, 1942: Indiana State Teachers Association, p.196.

[16] Koda, Martin & Sinderbrand in *Three Women: Madeleine Vionnet, Claire McCardell, and Rei Kawakubo* (catalogue, 1987) in Martin, Richard Harrison, *American Ingenuity: Sportswear, 1930s-1970s*, Metropolitan Museum of Art: NY, 1998, p.91.

[17] "DRESS SENSE" *The Australian Women's Weekly* (1933 - 1982) 21 August 1957: 30. Web. 15 Aug 2020 <http://nla.gov.au/nla. news-article48530104>.

[18] '2 Ways To Wear a Skirt', *Life*, December 4, 1950, p.119.

[19] *San Bernardino Sun*, Volume 8,

Number 43, 30 January 1955 p.34.

[20] *San Bernardino Sun*, Volume 9, Number 51, 25 March 1956 p.47.

[21] *San Bernardino Sun*, Volume 9, Number 36, 11 December 1955, p.74.

[22] Pastoureau, Michel, *The Devil's Cloth: A History of Stripes*, NY: Washington Square Press, 1991, p.5.

[23] Seaman, Margo in Harrison Martin, Richard, *Contemporary Fashion*, MI: St James Press, 1995, p.353.

[24] Powerhouse Museum item catalogue and provenance, 2003/59/1.

[25] "Wedding Bells," *The Central Queensland Herald* (Rockhampton, Qld.: 1930-56), June 25, 1953: 29. Web. December 17, 2015. http://nla.gov.au/ nla.news-article77228054

[26] English, Bonnie, and Pomazan, Liliana, *Australian Fashion Unstitched: The Last 60 Years*, New York: Cambridge University Press, 2010, p. 50.

[27] Powerhouse Museum item catalogue and provenance, 2003/59/1.

[28] Catalogue, Fashion Archives and Museum, Shippensburg University, Pennsylvania: #S1984-48-012 Lineweaver.

[29] "New Patterns Feature Classic and High Style," *The Spokesman-Review*, October 1, 1953, p. 5.

[30] Hampton, Mary, "Coat Dress Is Alternate for Suit, Materials, Styles Vary," *The Fresno Bee/The Republican* (Fresno, California), March 27, 1952, p. 28.

[31] *The Sydney Morning Herald*, July 20, 1952, p. 8.

[32] "Chasnoff pre-Thanksgiving Clearance: Dresses," *The Kansas City Times* (Kansas, Missouri), November 21, 1952, p. 13.

[33] Mitchell, Louise, and Ward,

Lindie, *Stepping Out: Three Centuries of Shoes*, Sydney: Powerhouse, 1997, p. 56.

[34] Item catalogue and provenance, Swan Guildford Historical Society, WA.

[35] "Spring Issues a Call to Colors— and a Pretty Look!" *The Van Nuys News* (Van Nuys, California), March 17, 1952, p. 24.

[36] "They Won't Be Crushed," *The West Australian* (Perth, WA: 1879-1954), November 8, 1951: 9. Web. December 17, 2015. http://nla.gov.au/nla. news-article48998780

[37] "Dress Sense," *The Australian Women's Weekly* (1933-82), November 17, 1954: 43. Web. December 17, 2015. http://nla.gov.au /nla.news-article41491009

[38] "BRACELET-LENGTH SLEEVES." *The Sydney Morning Herald* (NSW : 1842 - 1954) 30 November 1939: 26. Web. 15 Nov 2019 <http://nla.gov.au/nla. news-article17643780>.

[39] Powerhouse Museum item catalogue and provenance, 89/250.

[40] Powerhouse Museum item catalogue and provenance, 89/250.

[41] "Fine Wools Featured for Summer Wear in Paris and London," *The Mercury* (Hobart, Tas.: 1860-1954), June 20, 1950: 14. Web. December 17, 2015. http://nla.gov.au /nla.news-article26710285

[42] Ibid.

Chapter 11

[1] Lester, Richard, and Owen, Alun, *A Hard Day's Night*, United Artists, 1964.

[2] Cochrane, Lauren, *Fifty Fashion Designers That Changed the World*, London: Conran Octopus: 2015, p. 34.

[3] English, Bonnie, *A Cultural*

History of Fashion in the 20th and 21st Centuries: From Catwalk to Sidewalk, London: Bloomsbury, 2013, p. 2.

[4] *The Daily Mail* (Friday October 28, 1960), "Unstoppable . . . This March of Women in Trousers," from the Digital Archive: Gale–Cengage Learning, Illustrated London News, 2015.

[5] Evans, Caroline and Thornton, Minna, *Women & Fashion: A New Look*, London: Quartet Books, 1989, p.8.

[6] Reed, Paula, *Fifty Fashion looks that changed the 1970s*, London: Conran Octopus, 2012, np.

[7] *A Sense of Style: Shippensburg University Fashion Archives & Museum Newsletter*, no. 51, Spring 2015, p. 8.

[8] "Women's Club Tea Spiced With Talk By Local Fashion Adviser," *The Daily Mail* (Hagerstown, Maryland), April 14, 1966, p. 8.

[9] "Total Look in Fashions Is Varied," *Statesville Record and Landmark* (Statesville, North Carolina), 28 July 28, 1969, p. 3.

[10] *Mill Valley Record*, Volume 61, 7 January 1960, p.11.

[11] Miller, Mary Sue, "Strapless Gowns Must Fit Nicely," *Denton Record-Chronicle* (Denton, Texas), November 22, 1965, p. 5.

[12] Miller, Mary Sue, "The Now Dress Is the Softest," *The Daily Journal* (Fergys Falls, Minnesota), February 18, 1968, p. 6.

[13] Pitkin, Melanie (Assistant Curator), "Design & Society," Powerhouse Museum, Statement of Significance: 89/250.

[14] Ibid.

[15] Item catalogue and provenance, Swan Guildford Historical Society, WA.

[16] Ibid.

[17] "Paris Says . . . Look Ultra-Feminine This Spring Season," *The Australian Women's Weekly* (1933-82), September 1, 1965: 21. Web. December 17, 2015. http://nla.gov.au/nla.news-article46239642

[18] Wilson Trower, Valerie, "Cheongsam: Chinese One-Piece Dress," *Berg Encyclopedia of World Dress and Fashion, Vol. 6: East Asia*, http://dx.doi.org/10.2752/BEWDF/EDch6023.

[19] Condra, Jill (ed.), *Encyclopedia of National Dress: Traditional Clothing Around the World: Vol. I*, Santa Barbara: ABC-CLIO, 2013, p. 571.

[20] Item catalogue and provenance, Fashion Archives and Museum, Shippensburg University, #S1979-01-002.

[21] "Fashion Tips," *The Indiana Gazette* (Indiana, Pennsylvania), September 7, 1966, p. 8.

[22] "Fashion designer Ann Lowe Dies". *Daytona Beach Morning Journal*. February 28, 1981. p. 4D.

[23] McKean, Erin, *The Hundred Dresses: The Most Iconic Styles of Our Time*, Bloomsbury: London, 2013, p.53.

[24] Davis, Nancy, 'Sewing for joy: Ann Lowe', March 12, 2018, https://americanhistory.si.edu/blog/lowe

[25] Major, Gerri, 'Dean of American Designers', *Ebony*, December 1966, p.138.

[26] "DRESS SENSE" The Australian \Women's Weekly (1933-1982) 30 November 1960: 38. Web. 2 Aug 2020 <http://nla.gov.au/nla.news-article52251129>.

[27] Item catalogue and provenance, Swan Guildford Historical Society, WA.

[28] "Dress Sense," *The Australian Women's Weekly* (1933-82), November 26, 1969: 68. Web. December 17, 2015. http://nla.gov.au/nla.news-article44027834

[29] Item catalogue and provenance, Fashion Archives and Museum, Shippensburg University: #S1981-45-001.

[30] Smith, Kelly, "Spring Fashion Is a 1920's Flapper," *Standard-Speaker* (Hazleton, Pennsylvania), January 14, 1966, p. 15.

[31] "Happiness comes by design" *The Australian Women's Weekly* (1933 - 1982) 11 September 1974: 15. Web. 9 Nov 2019 <http://nla.gov.au/nla.news-article45654352>.

[32] "Fashion Reflects Youth Outlook", *San Bernardino Sun*, 19 December 1971, p.42.

[33] Quant, Mary, *Mary Quant: Autobiography*, London: Headline, 2012, np.

[34] Amoroso Leslie, Catherine, *Needlework Through History: An Encyclopedia*, CT: Greenwood Press, 2007, p.53.

[35] Ibid.

[36] Smith, Dina C. in (ed). Bianco & Doering, *Clothing and Fashion: American Fashion from Head to Toe*, CA: ABC-CLIO, LLC, 2016, p.243.

[37] (ed) Leggott, James and Taddeo, Julie, *Upstairs and Downstairs: British Costume Drama Television*, NY: Rowman & Littlefield, 2015, p.11.

[38] von Furstenberg, Diane, *Diane: A Signature Life*, London: Simon & Schuster, 2009, np.

[39] von Furstenberg, Diane, *The Woman I Wanted to Be*, London: Simon & Schuster, 2014, p.159.

[40] Steele, Valerie, *Encyclopedia of Clothing and Fashion: Volume 1*, NY: Charles Scribners & Sons, p.60.

[41] von Furstenberg, Diane, 2014, p.159.

[42] "Mini, Midi or Maxi: That's the question" *The Biz* (Fairfield, NSW : 1928 - 1972) 11 March 1971: 6. Web. 9 Nov 2019 <http://nla.gov.au/nla.news-article195859342>.

[43] Riefe, Jordan, *Interview: Zandra Rhodes: 'Any real punk would have had nothing to do with me'*, Wed 7 Oct 2015, https://www.theguardian.com/artanddesign/2015/oct/06/zandra-rhodes-art-fashion-designer

[44] Kelly, Ian and Westwood, Vivienne, *Vivienne Westwood*, London: Pan Macmillan, 2014, np.

[45] Ibid.

[46] Fox, Chloe, *Vogue Essentials: Little Black Dress,* London: Hachette, 2018, p.116.

[47] *The V&A Album 4*, IL: Templegate Publishing, 1985, p.86.

[48] Bolton, Andrew, Hell, Richard, Lydon, John & Savage, John, *Punk: Chaos to Couture*, New York: Metropolitan Museum of Art 2013, p.12.

[49] Victoria & Albert Museum object data: T.66-1978 [1983-84].

[50] Von Brandenstein, Patrizia in *New York Magazine*, 14 January 1985, p.20.

[51] "The return of the dress" *The Canberra Times* (ACT : 1926 - 1995) 1 August 1972: 10. Web. 15 Nov 2019 <http://nla.gov.au/nla.news-article101997046>.

[52] "LIFE SYTLE Some imports to woo away inhibitions FASHION Try that touch of adventure" *The Canberra Times* (ACT : 1926 - 1995) 3 December 1978: 15. Web. 15 Nov 2019 <http://nla.gov.au/nla.news-article110926854>.

Chapter 12

[1] Jennings, Terry Catasus, *Women's Liberation Movement, 1960-1990*, PA: Mason Crest, 2013, np.

[2] 'Dear Abby', *Desert Sun*, 14 January 1988, p.2.

[3] Arnold, Rebecca, *Fashion, Desire and Anxiety: Image and Morality in the 20th Century*, London: I.B. Tauris, 2001, p.20.

[4] Hand, Di and Middleditch, Steve, *Design for Media*, Oxon: Routledge, 2014, p.8.

[5] Granata, Francesca, *Experimental Fashion: Performance Art, Carnival and the Grotesque Body*, London: I.B Tauris, 2017, p.77.

[6] "Nothing exceeds like excess" *The Canberra Times* (ACT : 1926 - 1995) 26 September 1989: 11. Web. 5 Nov 2019 <http://nla.gov.au/nla.news-article120855571>.

[7] "Keep it simple and soft" *The Canberra Times* (ACT : 1926 - 1995) 6 September 1994: 17. Web. 16 Nov 2019 <http://nla.gov.au/nla.news-article118136016>.

[8] Blond, Simon, *The West Australian Arts Review*, 25 September 2004.

[9] https://www.vogue.com/vogueworld/article/billy-porter-new-york-pride-christian-siriano February 24, 2019

[10] ed. Reilly, Andrew and Barry, Ben, *Crossing Gender Boundaries: Fashion to Create, Disrupt and Transcend*, Bristol: Intellect, 2020, np.

[11] Guldager, Susanne, 'Irreplaceable luxury garments' in ed. Gardetti MA, & Muthu, SS., *Handbook of sustainable luxury textiles and fashion, Volume 2*, Singapore: Springer, 2015, pp. 73-79.

[12] Skafidas, Michael, 'Fabricating Greekness: from fustanella to the glossy page' in ed. Paulicelli, Eugenia and Clark, Hazel, *The Fabric of Cultures: Fashion, Identity, and Globalization*, Oxford: Routledge, 2009, np.

[13] Lodi, Hafsa, *Modesty: A Fashion Paradox: Uncovering the Causes, Controversies and Key Players Behind the Global Trend to Conceal, Rather than Reveal*, London: Neem Tree Press, 2020, pp.7-12.

[14] "A wardrobe for professionals" *The Canberra Times* (ACT : 1926 - 1995) 6 November 1987: 7 (SUPPLEMENT TO THE CANBERRA TIMES). Web. 13 Nov 2019 <http://nla.gov.au/nla.news-article122113049>.

[15] Dirix, Emmanuelle, *Dressing the Decades: Twentieth-century Vintage Style*, CT: Yale University Press/Quid, 2016, p.195.

[16] ed. Blanco & Doering, *Clothing and Fashion: American Fashion from Head to Toe, Volume One*, CA: ABC-CLIO, 2016, p.43.

[17] ed. Jones, McCarthy & Murphy, *It Came From the 1950s!: Popular Culture, Popular Anxieties*, Berlin: Springer, 2011, p.147.

[18] Koda, Harold, *Extreme Beauty: The Body Transformed*, NY: Metropolitan Museum of Art, 2004, p.60.

[19] Moore, Suzanne, *Looking for Trouble: On Shopping, Gender and the Cinema*, London: Serpent's Tail, 1991, p.47.

[20] Bullfinch, Thomas, *The Golden Age of Myth & Legend*, London: Wordsworth Editions, 1993, p.97.

[21] *The Illustrated London News*, Volume 280, 1992, p.150.

[22] Baumgold, Julie, 'Dancing on the Lip of the Volcano: Christian Lacroix's Crash Chic', *New York Magazine*, 30 November 1987, p.36.

[23] "Arts and Entertainment" *The Canberra Times* (ACT : 1926 - 1995) 8

August 1987: 2 (SECTION C). Web. 14 Nov 2019 <http://nla.gov.au/nla.news-article132151830>.

[24] Steele, Valerie, *Fifty Years of Fashion: New Look to Now*, CT: Yale University Press, 1997, p.109.

[25] Gershman, Suzy, *Born to Shop Great Britain: The Ultimate Guide for Travelers Who Love to Shop*, NJ: John Wiley & Sons, 1996, p.70.

[26] "IMAGE Fashion marking time in classic chic" *The Canberra Times* (ACT : 1926 - 1995) 9 January 1990: 12. Web. 14 Nov 2019 <http://nla.gov.au/nla.news-article120871299>.

[27] Salley-Schoen, Gwen, 'Spring revival Retro dressing brings back beads, full skirts, hats . . .', *Desert Sun*, 17 March 1989, p.1.

[28] Kihara, Shigeyuki in Mallon, Sean, *Samoan Art and Artists*, HI: University of Hawaii Press, 2002, p.189.

[29] ed. Barnett, Michael, *Rastafari in the New Millennium: A Rastafari Reader,* NY: Syracuse University Press, 2014, p.35.

[30] Loomis, Terrance, *Pacific migrant labour, class, and racism in New Zealand: fresh off the boat,* Surrey: Avebury, 1990, p.xii.

[31] ed. Donnell, Alison, *Companion to Contemporary Black British Culture*, Oxon: Routledge, 2002, p.260.

[32] D'Alleva, Anne, *Methods and Theories of Art History,* London: Laurence King Publishing, 2005, p.14.

[33] Bolton, Andrew, *Rei Kawakubo Comme des Garçons: Art of the In-Between*, NY: Metropolitan Museum of Art, 2017, p.140.

[34] Bolton, 2017, p.14.

[35] ed. Petican, Laura, *Fashion and Contemporaneity: Realms of the Visible*, Leiden: Brill Rodopi, 2019, p.180.

[36] Tobias, Tobi, 'No Fashion Victim', *New York Magazine*, 3 November 1997, p.89.

[37] 'Bump dress fact file', National Museums Scotland: https://www.nms.ac.uk/explore-our-collections/stories/art-and-design/comme-des-garcons-bump-dress/

[38] Miyake, Sato & Chandés, *Issey Miyake making things*, Fondation Cartier pour l'art contemporain, 1999, p.60.

[39] "Dress Sense" *The Australian Women's Weekly* (1933 - 1982) 1 December 1965: 23. Web. 14 Nov 2019 <http://nla.gov.au/nla.news-article48078341>.

[40] Franklin, Donna, *Meaningful Encounters: Creating a multi-method site for interacting with nonhuman life through bioarts praxis* (doctoral thesis, 2014), Edith Cowan University, Western Australia.

[41] Personal communication, April 2020.

[42] Ed. Palmer, Alexandra, *A Cultural History of Dress and Fashion in the Modern Age*, London: Bloomsbury, 2017, p.23.

[43] Udale, Jenny, *Basics Fashion Design 02: Textiles and Fashion*, Lausanne: AVA, 2008, p.58.

[44] Personal communication, April 2020.

[45] Silverman, Debora, *Art Nouveau in Fin-de-siècle France: Politics, Psychology, and Style*, Berkeley: University of California Press, 1989, p.1.

[46] Personal communication, April 2020.

[47] 'Fashion Notes' in *Pacific Rural Press*, Volume 37, Number 23, 8 June 1889, p.554, https://cdnc.ucr.edu/.

[48] Malle, Chloe, 'Pioneer Women Are Roaming the City', *The New York Times*, September 12, 2018, https://www.nytimes.com.

[49] Farnham, Eliza Wood Burhans, *Life in Prairie Land*, New York: Harper & Brothers, 1855, p.22.

[50] 'Phil Oh's Best Street-Style Photos From New York Fashion Week Spring 2020', September 12, 2019, Vogue World: https://www.vogue.com/vogueworld/slideshow/new-york-fashion-week-spring-2020-street-style.

[51] Kawamura, Yuniya, *Fashioning Japanese Subcultures*, London: Berg, 2012, p.46.

[52] 'Lolita Fashion: Japanese Street Style', Victoria & Albert Museum, London: https://www.vam.ac.uk/articles/lolita-fashion-japanese-street-style.

[53] Ed. by Zeiss Strange, Mary, Oyster, Carol K. and Sloan, Jane E., *The Multimedia Encyclopedia of Women in Today's World*, CA: Sage Publishing, 2011, p.391.

[54] Marion, Jonathan S. in ed. Valman, Nadia and Roth, Laurence, *The Routledge Handbook of Contemporary Jewish Cultures*, Oxford: Routledge, 2017, p.302.

[55] Allaire, Christian, 'Billy Porter on Why He Wore a Gown, Not a Tuxedo, to the Oscars', *Vogue*, February 24, 2019: https://www.vogue.com/article/billy-porter-oscars-red-carpet-gown-christian-siriano.

참고문헌

Adam, Robert, *Classical Architecture: A Complete Handbook*, New York: Harry Abrams, 1991.

Amies, Hardy, *Just So Far*, London: Collins, 1954.

Amneus, Cynthia, *A Separate Sphere: Dressmakers in Cincinnati's Golden Age, 1877–1922*, Costume Society of America Series, Cincinnati Art Museum/Texas Tech University Press, 2003.

Anderson, Karen, Deese, Martha, and Tarapor, Mahrukh, "Recent Acquisitions: A Selection, 1990–1991," *The Metropolitan Museum of Art Bulletin*, vol. 9, no. 2, Autumn 1991.

Arnold, Janet, *Patterns of Fashion: 1660–1860: Vol. 1, Englishwomen's Dresses and Their Construction*, London: Macmillan, 1985.

Arnold, Janet, *Patterns of Fashion: 1860–1930: Vol. 2, Englishwomen's Dresses and Their Construction*, London: Macmillan, 1985.

Arnold, Janet, *Patterns of Fashion: 1560–1620: Vol. 3, The Cut and Construction of Clothes for Men and Women*, London: Macmillan, 1985.

Ashelford, Jane, *A Visual History of Costume: The Sixteenth Century*, New York: Drama Book Publishers, 1983.

Austen, Jane, *Northanger Abbey*, 1818, Cambridge: Cambridge University Press, 2013.

Arnold, Rebecca, *Fashion, Desire and Anxiety: Image and Morality in the 20th Century*, London: I.B. Tauris, 2001.

Aughterson, Kate, *The English Renaissance: An Anthology of Sources and Documents*, London: Routledge, 1998.

Barnett, Michael, *Rastafari in the New Millennium: A Rastafari Reader*, NY: Syracuse University Press, 2014.

Bell, Quentin, *On Human Finery*, Berlin: Schocken Books, 1978.

ed. Bianco & Doering, *Clothing and Fashion: American Fashion from Head to Toe*, CA: ABC-CLIO, LLC, 2016.

Bolton, Andrew, *Rei Kawakubo Comme des Garçons: Art of the In-Between*, NY: Metropolitan Museum of Art, 2017.

Bolton, Andrew, Hell, Richard, Lydon, John & Savage, John, *Punk: Chaos to Couture*, New York: Metropolitan Museum of Art 2013.

Boucher, François, and Deslandres, Yvonne, *A History of Costume in the West*, London: Thames & Hudson, 1987.

Bradfield, Nancy, *Costume in Detail: 1730–1930*, Hawkhurst: Eric Dobby, 2007 (1968).

Brevik-Zender, Heidi, *Fashioning Spaces: Mode and Modernity in Late-Nineteenth Century Paris*, Toronto: University of Toronto Press.

Brooke, Iris, *English Costume of the Seventeenth Century*, London: Adam & Charles Black, 1964.

Byrde, Penelope, *Nineteenth Century Fashion*, London: Batsford, 1992.

Byrde, Penelope, *Jane Austen Fashion: Fashion and Needlework in the Works of Jane Austen*, Los Angeles: Moonrise Press, 2008.

Cavallo, Adolph S., "The Kimberley Gown," *Metropolitan Museum Journal*, vol. 3, 1970.

Chase, Joanna, *Sew and Save*, Glasgow: The Literary Press, 1941; HarperPress, 2009.

Cochrane, Lauren, *Fifty Fashion Designers That Changed the World*, London: Conran Octopus, 2015.

Cohen, Robert, *Dear Mrs. Roosevelt: Letters from Children of the Great Depression*, NC: University of North Carolina Press, 2002.

Conan Doyle, Arthur, *The Adventures of Sherlock Holmes: The Copper Beeches* (1892), in *The Original Illustrated Strand Sherlock Holmes*, Collingdale, PA: Diane Publishing, 1989.

Condra, Jill, *The Greenwood Encyclopedia of Clothing Through World History: 1501–1800*, Westport, CA: Greenwood Publishing Group, 2008.

Condra, Jill (ed.), *Encyclopedia of National Dress: Traditional Clothing Around the World: Vol. I*, Santa Barbara: ABC-CLIO, 2013.

Cotton, Charles, *Essays of Michel Seigneur de Montaigne: The First Volume* (facsimile), London: Daniel Brown, J. Nicholson, R. Wellington, B. Tooke, B. Barker, G. Straban, R. Smith, and G. Harris, 1711, p. 409.

Cumming, Valerie, *A Visual History of Costume: The Seventeenth Century*, London: Batsford, 1984.

Cumming, Valerie, Cunnington, Willett C., and Cunnington, P.E., *The Dictionary of Fashion History*, Oxford: Berg, 2010.

Cumming, Valerie, *Exploring Costume History: 1500–1900*, London: Batsford, 1981.

Cunnginton, Willett, C., *English Women's Clothing in the Nineteenth Century: A Comprehensive Guide with 1,117 Illustrations*, New York: Dover, 1990.

Cunnington, Phyllis, and Willett, C., *Handbook of English Costume in the Seventeenth Century*, London: Faber & Faber (proof copy).

Curtis, Oswald, and Norris, Herbert, *Nineteenth-Century Costume and Fashion, Vol. 6*, New York: Dover, 1998 (1933).

D'Alleva, Anne, *Methods and Theories of Art History*, London: Laurence King Publishing, 2005.

Davenport, Millia, *The Book of Costume: Vol. I*, New York: Crown Publishers, 1948.

Delafield, E.M., *The Diary of a Provincial Lady*, e-artnow, 2015 (e-Book).

De La Haye, Amy, and Mendes, Valerie, *Fashion Since 1900*, London: Thames & Hudson, 2010.

De La Haye, Amy, and Wilson, Elizabeth,

Defining Dress: Dress as Meaning, Object and Identity, Manchester: Manchester University Press, 1999.

De Winkel, Marieke, *Fashion and Fancy: Dress and Meaning in Rembrandt's Paintings*, Amsterdam: Amsterdam University Press, 2006.

Dior, Christian, *Christian Dior: The Autobiography*, London: Weidenfeld and Nicolson, 1957.

Dirix, Emmanuelle, *Dressing the Decades: Twentieth-century Vintage Style*, CT: Yale University Press/Quid, 2016.

ed. Donnell, Alison, *Companion to Contemporary Black British Culture*, Oxon: Routledge, 2002.

Druesedow, Jean L., "In Style: Celebrating Fifty Years of the Costume Institute," *The Metropolitan Museum of Art Bulletin*, vol. XLV, no. 2, 1987.

English, Bonnie, *A Cultural History of Fashion in the 20th and 21st Centuries: From Catwalk to Sidewalk*, London: Bloomsbury, 2013.

English, Bonnie, and Pomazan, Liliana, *Australian Fashion Unstitched: The Last 60 Years*, New York: Cambridge University Press, 2010.

Emery, Joy, *A History of the Paper Pattern Industry: The Home Dressmaking Fashion Revolution*, London: Bloomsbury, 2014.

Eubank, Keith, and Tortora, Phyllis G., *Survey of Historic Costume*, New York: Fairchild, 2010.

Fagan, Brian, *The Little Ice Age: How Climate Made History*, New York: Basic Books, 2000.

Farnham, Eliza Wood Burhans, *Life in Prairie Land*, New York: Harper & Brothers, 1855.

Fox, Chloe, *Vogue Essentials: Little Black Dress*, London: Hachette, 2018.

Fukai, Akiko, *Fashion: The Collection of the Kyoto Costume Institute: A History from the 18th to the 20th Century*, London: Taschen, 2002.

Gardetti MA, & Muthu, SS., *Handbook of sustainable luxury textiles and fashion, Volume 2*, Singapore: Springer, 2015.

Geddes, Elizabeth, and McNeill, Moyra,

Blackwork Embroidery, New York: Dover, 1976.

Gershman, Suzy, *Born to Shop Great Britain: The Ultimate Guide for Travelers Who Love to Shop*, NJ: John Wiley & Sons, 1996.

Goldman Rubin, Susan, *Coco Chanel: Pearls, Perfume, and the Little Black Dress*, NY: Abrams, 2018.

Granata, Francesca, *Experimental Fashion: Performance Art, Carnival and the Grotesque Body*, London: I.B Tauris, 2017.

Green, Ruth M., *The Wearing of Costume: The Changing Techniques of Wearing Clothes and How to Move in Them, from Roman Britain to the Second World War*, London: Pitman, 1966.

Griffiths, Elizabeth and Whittle, Jane, *Consumption and Gender in the Early Seventeenth-Century Household: The World of Alice Le Strange*, Oxford: Oxford University Press, 2012.

Harden, Rosemary and Turney, Jo, *Floral Frocks: A Celebration of the Floral Printed Dress from 1900 to the Present Day*, NY:Antique Collectors Club, 2007.

Hart, Avril, and North, Susan, *Historical Fashion in Detail: The 17th and 18th Centuries*, London: V&A Publications, 1998.

Haweis, Mary, *The Art of Beauty*, New York: Garland Publishing, 1883 (1978).

Hill, John (ed.), *The Diary of Samuel Pepys*, 1666 (Project Gutenberg, e-book).

Jennings, Terry Catasus, *Women's Liberation Movement, 1960–1990*, PA: Mason Crest, 2013.

ed. Jones, McCarthy & Murphy, *It Came From the 1950s!: Popular Culture, Popular Anxieties*, Berlin: Springer, 2011

Kawamura, Yuniya, *Fashioning Japanese Subcultures*, London: Berg, 2012.

Koda, Harold, *Goddess: The Classical Mode*, New York: The Metropolitan Museum of Art, 2003.

Koda, Harold, and Bolton, Andrew, *Chanel: The Metropolitan Museum of Art*, New Haven: Yale University Press, 2005.

Köhler, Carl, *A History of Costume*, New York: Dover, 1963.

Kunz, William M., *Culture Conglomerates:*

Consolidation in the Motion Picture and Television Industries, NY: Rowman & Littlefield Publishers, 2007.

Landini, Roberta Orsi, and Niccoli, Bruna, *Moda a Firenze, 1540–1580: lo stile di Eleonora di Toledo e la sua influenza*, Oakville: David Brown Book Company, 2005.

Latteier, Carolyn, *Breasts: The Women's Perspective on an American Obsession*, New York: Routledge, 2010.

Le Bourhis, Katell (ed.), *The Age of Napoleon: Costume from Revolution to Empire, 1789–1815*, New York: The Metropolitan Museum of Art/Harry N. Abrams, 1989.

Lee, Carol, *Ballet in Western Culture: A History of Its Origins and Evolution*, New York: Routledge, 2002.

Leggott, James and Taddeo, Julie, *Upstairs and Downstairs: British Costume Drama Television*, NY: Rowman & Littlefield, 2015.

Leshner, Leigh, *Vintage Jewelry 1920–1940s: An Identification and Price Guide: 1920–1940s*, Iola, WI: Krause Publications, 2002.

Leslie, Catherine Amoroso, *Needlework through History: An Encyclopedia*, Westport, CA: Greenwood Press, 2007.

Lewandowski, Elizabeth J., *The Complete Costume Dictionary*, Plymouth: Scarecrow Press, 2011.

Lodi, Hafsa, *Modesty: A Fashion Paradox*, London: Neem Tree Press, 2020.

Loomis, Terrance, *Pacific migrant labour, class, and racism in New Zealand: fresh off the boat*, Surrey: Avebury, 1990.

Luther Hilman, Betty, *Dressing for the Culture Wars: Style and the Politics of Self-Presentation in the 1960s and 1970s*, The Board of Regents of the University of Nebraska, 2015 (e-Book).

Ed. Lynch, Annette and Strauss, Mitchell D., *Ethnic Dress in the United States: A Cultural Encyclopedia*, MD: Rowman & Littlefield, 2015.

Mackrell, Alice, *An Illustrated History of Fashion: 500 Years of Fashion Illustration*, LA: Costume & Fashion Press, 1997.

Mallon, Sean, *Samoan Art and Artists*, HI: University of Hawaii Press, 2002.

McEuen, Melissa, *Making War, Making*

Women: Femininity and Duty on the American Home Front, 1941–1945, Athens: University of Georgia Press, 2010.

Mikhaila, Ninya, and Malcolm-Davies, Jane, The Tudor Tailor: Reconstructing Sixteenth-Century Dress, London: Batsford, 2006.

Mitchell, Louise, and Ward, Lindie, Stepping Out: Three Centuries of Shoes, Sydney: Powerhouse, 1997.

Moore, Suzanne, Looking for Trouble: On Shopping, Gender and the Cinema, London: Serpent's Tail, 1991.

Naik, Shailaja D., and Wilson, Jacquie, Surface Designing of Textile Fabrics, New Delhi: New Age International Pvt Ltd Publishers, 2006.

The Needle's Excellency: A Travelling Exhibition by the Victoria & Albert Museum—Catalogue, London: Crown, 1973.

The New Monthly Belle Assemblée: A magazine of literature and fashion, January to June 1853, London: Rogerson & Tuxford, 1853.

Nunn, Joan, Fashion in Costume, 1200–2000, Chicago: New Amsterdam Books, 2000.

Otavská, Vendulka, Ke konzervování pohřebního roucha Markéty Františky Lobkowiczové, Mikulov: Regionální muzeum v Mikulově, 2006, s. 114–120.

ed. Palmer, Alexandra, A Cultural History of Dress and Fashion in the Modern Age, London: Bloomsbury, 2017.

Peacock, John, Fashion Sourcebooks: The 1940s, London: Thames & Hudson, 1998.

Pepys, Samuel, and Wheatly, Benjamin (eds.), The Diary of Samuel Pepys, 1666, New York: George E. Croscup, 1895, p. 305.

Petican, Laura, Fashion and Contemporaneity: Realms of the Visible, Leiden: Brill Rodopi, 2019

Pick, Michael, Be Dazzled!: Norman Hartnell: Sixty Years of Glamour and Fashion, New York: Pointed Leaf Press, 2007.

Pietsch, Johannes, The Burial Clothes of Margaretha Franziska de Lobkowitz 1617, Costume 42, 2008, S. 30–49.

Polan, Brenda, and Tredre, Roger, The Great Fashion Designers, Oxford: Berg, 2009.

Powys, Marian, Lace and Lace Making, New York: Dover, 2002.

Randle Holme, The Third Book of the Academy of Armory and Blazon, c.1688, pp. 94–96.

Reeder, Jan Glier, High Style: Masterworks from the Brooklyn Museum Costume Collection at The Metropolitan Museum of Art, New York: The Metropolitan Museum of Art, 2010. Ribeiro, Aileen, A Visual History of Costume: The Eighteenth Century, London: Batsford, 1983.

ed. Reilly, Andrew and Barry, Ben, Crossing Gender Boundaries: Fashion to Create, Disrupt and Transcend, Bristol: Intellect, 2020.

Ribeiro, Aileen, Dress in Eighteenth-Century Europe, 1715–1789, New Haven/London: Yale University Press, 2002.

Ribeiro, Aileen, Dress and Morality, Oxford: Berg, 2003. Rothstein, Natalie, Four Hundred Years of Fashion, London: V&A Publications, 1984.

Sherrow, Victoria, Encyclopedia of Hair: A Cultural History, London: Greenwood Press, 2006.

Silverman, Debora, Art Nouveau in Fin-de-siècle France: Politics, Psychology, and Style, Berkeley: University of California Press, 1989.

Steele, Valerie, Encyclopedia of Clothing and Fashion, New York: Charles Scribner's Sons, 2005.

Stevens, Rebecca A.T., and Wada, Iwamoto Yoshiko, The Kimono Inspiration: Art and Art-to-Wear in America, San Francisco: Pomegranate, 1996.

Stevenson, Burton Egbert, The Macmillan Book of Proverbs, Maxims, and Famous Phrases, New York: Macmillan, 1948.

Tarrant, Naomi, The Development of Costume, Edinburgh: Routledge/National Museums of Scotland, 1994.

Thornton, Peter, Baroque and Rococo Silks, London: Faber & Faber, 1965.

Tortora, Phyllis G., Dress, Fashion and Technology: From Prehistory to the Present, London: Bloomsbury, 2015.

Udale, Jenny, Basics Fashion Design 02: Textiles and Fashion, Lausanne: AVA, 2008.

Ed. Valman, Nadia and Roth, Laurence, The Routledge Handbook of Contemporary Jewish Cultures, London: Routledge, 2015.

Von Furstenberg, Diane, The Woman I Wanted to Be, London: Simon & Schuster, 2014.

Wace, A.J., English Domestic Embroidery—Elizabeth to Anne, Vol. 17 (1933) The Bulletin of the Needle and Bobbin Club.

Watt, James C.Y., and Wardwell, Anne E., When Silk was Gold: Central Asian and Chinese Textiles, New York: Metropolitan Museum of Art, 1997.

Watts, D.C., Dictionary of Plant Lore, Atlanta, GA: Elsevier, 2007.

Waugh, Evelyn, Brideshead Revisited: The Sacred and Profane Memories of Captain Charles Ryder, London: Penguin, 1982 (1945).

Waugh, Norah, The Cut of Women's Clothes, 1600–1930, London: Faber & Faber, 2011 (1968).

Waugh, Norah, Corsets and Crinolines, Oxford; Routledge, 2015.

The Workwoman's Guide by a Lady, London: Simkin, Marshall and Co., 1840.

Yarwood, Doreen, English Costume from the Second Century B.C. to 1967, London: Batsford, 1967.

Yarwood, Doreen, European Costume: 4000 Years of Fashion, Paris: Larousse, 1975.

Yarwood, Doreen, Outline of English Costume, London: Batsford, 1977.

Yarwood, Doreen, Illustrated Encyclopedia of World Costume, New York: Dover, 1978.

Ed. by Zeiss Strange, Mary, Oyster, Carol K. and Sloan, Jane E., The Multimedia Encyclopedia of Women in Today's World, CA: Sage Publishing, 2011.

사진 일람

Actress Ina Claire modeling a Chanel suit in an advertisement c.1924, Edward Steichen/Getty Images, p.171, 오른쪽

A dress with a wide sailor collar, c.1917–18, author's collection. p.153, top 왼쪽

Agnolo Bronzino, *A Young Woman and Her Little Boy*, c.1540. Courtesy National Gallery of Art, Washington, D.C., p.82

American actors John Travolta and Karen Lynn Gorney disco dance in a still from the film, 'Saturday Night Fever,' directed by John Badham, 1977. Photo by Fotos International/Courtesy Getty Images, p.229

Ann Lowe adjusting the bodice of a gown she designed, 10 December 1962, (Photo by Bettmann Archive/Getty Images), p.212

Anthony van Dyck, *Lady with a Fan*, c.1628. Courtesy National Gallery of Art, Washington, D.C. p.41

Anthony van Dyck, Queen Henrietta Maria with Sir Jeffrey Hudson (detail), 1633. Courtesy National Gallery of Art, Washington, p.41

Anthony van Dyck, Queen Henrietta Maria with Sir Jeffrey Hudson (close-up detail), 1633. Courtesy National Gallery of Art, Washington, p.42, 왼쪽

Antoine Trouvain, Seconde chambre des apartemens, c.1690–1708, J. Paul Getty Museum, Los Angeles, p.56, 왼쪽

Appliquéd robe de style, c.1924, Vintage Textile, New Hampshire, p.162

Aqua linen day dress, early 1940s, Swan Guildford Historical Society, Australia. Photo: Aaron Robotham, p.184, full

Aqua linen day dress, early 1940s (detail: buttonhole), Swan Guildford Historical Society, Australia. Photo: Aaron Robotham, p.184, 왼쪽

Aqua linen day dress, early 1940s (detail: embroidery), Swan Guildford Historical Society, Australia. Photo: Aaron Robotham, p.184, 오른쪽

A sleeveless day dress worn with brown fringed shawl in Wales, mid-1920s, author's collection, p.166, 오른쪽

Attic Geometric Lidded Pyxis, detail, Athens, Greece, courtesy Los Angeles County Museum of Art online Public Access, p.147, 왼쪽

Auguste Renoir, Mademoiselle Sicot, 1865. Courtesy National Gallery of Art, Washington, D.C., p.103, 오른쪽

Australian division uniform of the Women's Auxiliary Air Force (WAAF), 1943–45 (detail), Evans Head Living History Society, New South Wales, p.198, 오른쪽

Ball gown by Emile Pingat, c.1864, Gift of Mary Pierrepont Beckwith, 1969, Metropolitan Museum of Art, New York, p.249, bottom 왼쪽

'Bar' suit by House of Dior, Spring/summer 1947, Metropolitan Museum of Art, New York, Gift of Mrs. John Chambers Hughes, 1958, p.197, full

Bernardino Luini, *Portrait of a Lady*, 1520/1525, oil on panel, Andrew W. Mellon Collection, 1937.1.37: National Gallery of Art, Washington, p.249, near 오른쪽; p.250

Billy Porter attends the 91st Annual Academy Awards at Hollywood and Highland on February 24, 2019 in Hollywood, California. (Photo by Dan MacMedan/Getty Images), p.249, full

Billy Porter prepares for the 91st Academy Awards at Lowes Hollywood Hotel on February 24, 2019 in Hollywood, California. (Photo by Santiago Felipe/Getty Images), p.249, top 오른쪽

Black crêpe bonnet, c.1880–1900, Author's collection, p.142, 오른쪽

Black crêpe de chine day dress, c.1920–25, Photo: Aaron Robotham Guildford Historical Society, Australia, p.166

Black satin evening gown, c.1963–65, Fashion Archives and Museum, Shippensburg University, Pennsylvania, p.216

Black silk satin and lace dress, c.1908–12, Image Courtesy and Copy오른쪽 of Griffith Pioneer Park Museum, Costume Collection.

Photographer Gordon McCaw, p.148

Blonde Ambition Tour, Madonna, Feyenoord Stadion, De Kuip, Rotterdam, Holland, 24/07/1990. Photo by Gie Knaeps/Getty Images, p.240, 왼쪽

Blouse and skirt: portrait by Mathew Brady, USA, c.1865, U.S. National Archives and Records Administration, p.95

Bone linen day dress, early 1940s, Swan Guildford Historical Society, Australia. Photo: Aaron Robotham, p.186

Brassende bedelaars, Pieter Serwouters after David Vinckboons, c.1608, Rijksmuseum, Amsterdam, p.29, p.31

Brown silk moiré taffeta afternoon dress, c.1865. Collection: Powerhouse Museum, Sydney. Photo: Marinco Kojdanovski, p.103

'Bump' dress by Rei Kawakubo for Comme des Garçons, Spring/Summer 1997, Photo by Guy Marineau/Conde Nast via Getty Images, p.244, full

Bustle, England, 1885, courtesy Los Angeles County Museum of Art online Public Access, p.113, top 오른쪽

Bustle, 1880s, American or European, Metropolitan Museum of Art, New York, The Jacqueline Loewe Fowler Costume Collection, Gift of Jacqueline Loewe Fowler, 1988, p.245, top 왼쪽

Cage crinolette petticoats, 1872–75, courtesy Los Angeles County Museum of Art online Public Access. p.113, top 왼쪽

Cameo, 18th–19th centuries, Bequest of Eli Djeddah, J. Paul Getty Museum, Los Angeles, p.121, 왼쪽

Taffeta dress, c.1880, France, courtesy Los Angeles County Museum of Art online Public Access, p.122

Capri pants worn in Rhodes, Greece, late 1950s, private collection, p.213

Caraco jacket, 1760–80, courtesy Los Angeles County Museum of Art online Public Access, p.54, top

1990, Author's collection, p.242, full

Dress by Issey Miyake, spring/summer 2000, Gift of Nancy Stanton Talcott, 2001, Metropolitan Museum, of Art, NY, p.245, full

Dress, 1987, spring/summer, National Gallery of Victoria, Melbourne. Purchased NGV Foundation, 2006 © Jean Paul Gaultier. This digital record has been made available on NGV Collection Online through the generous support of Professor AGL Shaw AO Bequest, p.240, full

Dress, polyester and lace, designed by Mana at Moi-même Moitié, Japan, 21st century, Victoria & Albert Museum, London: FE.249-2011, p.248, bottom 왼쪽

Dress, c.1955, Christóbal Balenciaga, plain weave striped cotton, Gift of Mrs. William C. Ford, Mrs. John F. Ball and Mrs. William Leatherman, The Elizabeth Parke Firestone Collection 1992.067.7, Courtesy of the RISD Museum, Providence, RI., p.204, 왼쪽; p.207

Dress designed by Ann Lowe, c.1966–67, Collection of the Smithsonian National Museum of African American History and Culture, Gift of the Black Fashion Museum founded by Lois K. Alexander-Lane, p.221, full; p.231

Du Bois, W. E. B. , Collector, photograph by Askew, Thomas E., 1850?–1914. *Young African American woman, three-quarter length portrait, facing slightly* 오른쪽, *with hands folded on her lap.* [or 1900] Photograph. Retrieved from the Library of Congress, p.15

Elisabeth Vigée Le Brun, Marie-Antoinette, after 1783, National Gallery of Art, Washington D.C., p.54, below

Empire-line maxi dresses from the early to mid 1970s, England, author's collection, p.218, top 오른쪽

Empire-line maxi dresses from the early to mid 1970s, England, courtesy Elizabeth Herbert, p.218

'Ethnic' inspired waistcoat, London, c.1978-80, p.215

Evening coat of gray satin, Paris, c.1912, M21578, McCord Museum, Montreal, p.152

Evening dress, 1804–5, purchase, Gifts in memory of Elizabeth N. Lawrence, 1983, p.226, 오른쪽

Evening dress, c.1815, M990.96.1, McCord Museum, Montreal, p.83, full

Evening dress, 1868–69, M969.1.11.1-4, Paris, McCord Museum, Montreal, p.104

Evening dress, 1965–70, Swan Guildford Historical Society, Australia. Photo: Aaron Robotham, p.218

Evening dress, c.1873, M20277.1-2, Paris, McCord Museum, Montreal, p.118, full

Evening dress, 1881, Brooklyn Museum Costume Collection at The Metropolitan Museum of Art, Gift of the Brooklyn Museum, 2009; Gift of Dorothy B. Martin, 1967, p.225, 왼쪽

Evening dress, 1910–12. Collection: Powerhouse Museum, Sydney. Photo: Jane Townsend, p.149, full

Evening dress, c.1923. Collection: Powerhouse Museum, Sydney. Photo: Sotha Bourn, p.168, full

Evening dress, c.1925–29, Paris. Swan Guildford Historical Society, Australia. Photo: Aaron Robotham, p.169, full

Evening dress, c.1925–29 (back view), Paris. Swan Guildford Historical Society, Australia. Photo: Aaron Robotham, p.169, 오른쪽

Evening dress, c.1928, M20222, Paris, McCord Museum, Montreal, p.172 and p.173, full

Evening dress, c.1935–45. Collection: Powerhouse Museum, Sydney, p.182, full

Evening dress by Christian Lacroix, c. 1988, France, Museum at FIT, New York, p.241, full

Evening dress and jacket designed by Cristóbal Balenciaga, 1954, Paris. Collection: Powerhouse Museum Sydney. Photo: Sotha Bourn, p.204

Evening dress inspired by Poiret, Germany, c.1918–20, private collection, p.163, full

Evening dress 'Conceptual Chic' by Zandra Rhodes, 1977, Given by Zandra Rhodes, Victoria & Albert Museum, London, p.228, full

Fancy dress costume, c.1893, House of Worth, Metropolitan Museum of Art, New York, Gift of James A. and Mary Elizabeth Kingsland, 1994, p.241, 왼쪽

Fashion - Mary Quant - London - 1967. Photo by PA Images via Getty Images, p.226, 왼쪽

Fashion plate, *La Mode Pratique*, 1894, 3e année, No. 6: Robe de bal, Rijksmuseum, Purchased with the support of the F.G.

Waller-Fonds, p.142, 왼쪽; p.154

Fashion Plate (Ball Dress) by John Bell, England, April 1, 1821, Los Angeles County Museum of Art, Gift of Dr. and Mrs. Gerald Labiner (M.86.266.309), p.221, 왼쪽

Follower of Titian, Emilia di Spilimbergo, c.1560. Courtesy National Gallery of Art, Washington D.C., p.24, 오른쪽

For women still adjusting to postwar life, dress remained relatively conservative and feminine smartness was expected at all times. c. 1956, England, author's family archive, p.195, full

Francois Octavien, *Fashion and Elegance: French Fashions of the 1720s*, 1725, Rijksmuseum, Gift of Mr Claassen, p.58, p.70

Frans Hals, *Portrait of a Woman*, c.1650, Metropolitan Museum of Art, New York, p.43, 오른쪽

Frederick Randolph Spencer, *Portrait of Lady*, United States, 1835, courtesy Los Angeles County Museum of Art online Public Access, p.98, 오른쪽

Frederic, Lord Leighton, Figure Studies, c.1870–90 (detail). Courtesy National Gallery of Art, Washington D.C., p.185, 왼쪽

Gabrielle Réjane in a Doucet dinner gown (detail), c.1900–05, Les Modes, Bruikleen van de Collectie M.A. Ghering-van Ierlant, Rijksmuseum, Amsterdam, p. 229, 오른쪽

George Haugh, *The Countess of Effingham with Gun and Shooting Dogs*, 1787, Yale Center for British Art, Paul Mellon Collection, New Haven, Connecticut, p.150, 왼쪽

George Healy, *Roxana Atwater Wentworth* (detail), USA, 1876. Courtesy National Gallery of Art, Washington, D.C., p.119, 오른쪽

German family portrait, c.1915–16, Kästing family archive, p.153, bottom 왼쪽

Gibson, Charles Dana, Artist. Woman in Black Evening Dress. [?] Photograph. Retrieved from the Library of Congress, www. loc.gov/item/2010716159/, p.246, bottom 오른쪽.

Gilbert Stuart, Mary Barry, c.1803–05. Courtesy National Gallery of Art, Washington D.C., p.78, 오른쪽

"Going away" dress and jacket, 1966, Swan Guildford Historical Society, Australia. Photo: Aaron Robotham, p.219

"Munitions factory worker May Goodreid in belted coat, trousers and long boots. Wales, c.1915–16, author's collection," p.135

Muslin dress, c.1800–05 (probably India), courtesy Los Angeles County Museum of Art online Public Access, p.79

Net and silk evening dress, 1918, North Carolina Museum of History, Raleigh. Photo: Eric Blevins, p.164

New Look variant, c.1947–49, author's collection, p.193, full

Nicolas Bonnart, Recuil des modes de la cour de France—La Sage Femme, c.1678–93, courtesy Los Angeles County Museum of Art online Public Access, p.45

Nicolas Bonnart, Recueil des modes de la cour de France—La Belle Plaideuse, c.1682–86, courtesy Los Angeles County Museum of Art online Public Access, p.46

Nicolas Dupin, Marie Antoinette: The Queen of Fashion, Gallerie des Modes et Costumes Francais, Rijksmuseum, Purchased with support of F.G. Waller-Fonds, p.67, 왼쪽; p.71

Open robe and underskirt, England or France, 1760–70. Collection: Powerhouse Museum, Sydney. Photo: Kate Pollard, p.60

Orange and teal silk print dress, mid to late 1960s, Fashion Archives and Museum, Shippensburg University, Pennsylvania, p.220

"Oxford" wedding shoes, USA, c.1890, courtesy Los Angeles County Museum of Art online Public Access, p.137, 오른쪽

Pale blue silk mantua gown, c.1710–20. © Victoria and Albert Museum, p.57, full

Parmigianino, Minerva or Bellona, c.1535–38, Metropolitan Museum of Art, p.240, top 오른쪽

Paul Gauguin, Two Women, c.1901-02, Oil on canvas, The Walter H. and Leonore Annenberg Collection, Gift of Walter H. and Leonore Annenberg, 1997, Bequest of Walter H. Annenberg, 2002, p.243, 오른쪽

Peignoir, 1812-14, Victoria & Albert Museum given by Messrs Harrods Ltd, p.224, 왼쪽

Peter Lely, Portrait of Louise de Keroualle, Duchess of Portsmouth, about 1671–74, Oil on canvas, 125.1 × 101.6 cm (49 1/4 × 40 in.) The J. Paul Getty Museum, Los Angeles, p.9, top

Pelisse, c.1820, Metropolitan Museum of Art.

Brooklyn Museum Costume Collection at The Metropolitan Museum of Art, Gift of the Brooklyn Museum, 2009; Gift of Annie M. Colson, 1929, p.86, 오른쪽

Pelisse, c.1825, Metropolitan Museum of Art. Purchase, Irene Lewisohn Bequest, 1972, p.86, 오른쪽

Peter Paul Rubens, Marchesa Brigida Spinola Doria, 1606, courtesy Samuel H. Kress Collection, National Gallery of Art, Washington D.C., p.40, 48, 오른쪽

Petit Courrier des Dames, 1824, No. 209, Schenking van de Collectie M.A. Ghering-van Ierl, Rijksmuseum, Amsterdam, p.86, 왼쪽

Petticoat panel, mordant painted and resist-dyed, c.1750–75, p.246, bottom 왼쪽

Petticoat panel, third quarter 18th century, Purchase, Friends of European Sculpture and Decorative Arts Gifts, 1992, Metropolitan Museum of Art, New York, p.224, bottom 왼쪽

Pierre-Auguste Renoir, La Promenade, 1870, J. Paul Getty Museum, Los Angeles, p.111

Plaid silk dress, 1878, England, courtesy Los Angeles County Museum of Art online Public Access, p.121

"Popover" Dress, ca.1956 by Claire McCardell, Gift of Mary L. Peterson in memory of Thora Magnussen Buckley, Conservator at The RISD Museum, 1950–1972 2006.82.7, p.199, far 왼쪽

Portrait, c.1909–12, author's family archive, p.148, 왼쪽

Portrait, c1945–48, author's collection, p.186, 오른쪽

"Prairie" dress by Lena Hoschek, Autumn/Winter 2019, Stefan Knauer/Getty Images, p.247, full

Real people photograph, c.1912–14, USA, Author's collection, p.151, 오른쪽

Red mini dress, c.1968–70, Swan Guildford Historical Society, Australia. Photo: Aaron Robotham, p.222

Riding habit, 1826, Rijksmuseum, Amsterdam, p.86, full; p.91

Riding habit, c.1890, Purchased with funds provided by Suzanne A. Saperstein and Michael and Ellen Michelson, with additional funding from the Costume Council,

the Edgerton Foundation, Gail and Gerald Oppenheimer, Maureen H. Shapiro, Grace Tsao, and Lenore and Richard Wayne (M.2007.211.879a–c), Los Angeles County Museum of Art, p.86, 왼쪽

Robe à l'anglaise, 1780–90 (detail: bodice front), courtesy Los Angeles County Museum of Art online Public Access, p.66, 오른쪽

Robe à l'anglaise, 1785–87, French, Metropolitan Museum of Art, New York. Image source: Art Resource, New York, p.64

Robe à la française, c.1765, courtesy Los Angeles County Museum of Art online Public Access, p.53

Robe à la française (detail), 1750–60, courtesy Los Angeles County Museum of Art online Public Access, p.120, 오른쪽

Robe à la française, c.1770–1780 (detail), Los Angeles County Museum of Art, p.60, 오른쪽

Robe and petticoat, 1770–80 (detail), courtesy Los Angeles County Museum of Art online Public Access, p.62, 오른쪽, and detail: trimming, p.149, 왼쪽

Robe à la Polonaise, c.1787, Metropolitan Museum of Art, New York, Purchase, Irene Lewisohn and Alice L. Crowley Bequests, 1983, p.63, full

Robe Volante, 1730, France, Metropolitan Museum of Art, New York, p.58

Robert Havell after George Walker, The Cranberry Girl (from The Costume of Yorkshire), 1814, Getty Images, p.81, full

Sack Gown, c.1770–80 (detail), courtesy Los Angeles County Museum of Art online Public Access, p.63, 오른쪽

Shot taffeta robe à la française, c.1725–45, courtesy Los Angeles County Museum of Art online Public Access, p.59

Shot taffeta robe à la française, c.1725–45 (detail: back bodice view), courtesy Los Angeles County Museum of Art online Public Access, p.59, 왼쪽

Shot taffeta robe à la française, c.1725–45 (detail: bodice front and stomacher), courtesy Los Angeles County Museum of Art online Public Access, p.59, 오른쪽; p.126, 오른쪽

Silk and satin reception dress, c. 1877–78, Britain, Charles Frederick Worth/Cincinnati Art Museum, Ohio, USA/Gift of Mrs. Murat Halstead Davidson/Bridgeman Images, p.120

The original owner of the dress and a friend, Perth, Australia, mid 1950s, Swan Guildford Historical Society, Australia, p.203, 오른쪽

The Women's Radio Corps. Photograph. Retrieved from the Library of Congress, www. loc.gov/item/90709801/, p.242, far 왼쪽; p.251

Thomas Gainsborough, Anne, Countess of Chesterfield, c.1777–78, J. Paul Getty Museum, Los Angeles, p.64, 왼쪽

Three-piece tailored costume, c.1895, courtesy Los Angeles County Museum of Art online Public Access, p.133, full

Tori Spelling (Photo by SGranitz/Wirelmage), Getty Images UK, p.227, 오른쪽

Très Parisien, 1921, ca.: GITANE / Je vaincrai ce soir, Bruikleen van de Collectie M.A. Ghering-van Ierlant, Rijksmuseum, Amsterdam, p.216, 왼쪽

Tsukioka Yoshitoshi (1839–92), Preparing to Take a Stroll: The Wife of a Nobleman of the Meiji Period, 1888, Los Angeles County Museum of Art, p.152, 왼쪽

Two-piece dress, c.1855, courtesy Los Angeles County Museum of Art online Public Access, p.101

Two-piece dress, c.1855 (detail: sleeve), courtesy Los Angeles County Museum of Art online Public Access, p.101, 왼쪽

Unknown, Portrait of a Woman, daguerreotype, 1851, J. Paul Getty Museum, Los Angeles, p.100, 오른쪽

Unknown, Portrait of a Young Woman, 1567, Yale Center for British Art, New Haven, Connecticut, p.25

Utagawa Kuniyoshi, Osatao and Gonta (detail), Japan, 19th century, courtesy Los Angeles County Museum of Art online Public Access, p.148, 오른쪽

Vogue pattern for Diane Furstenberg wrap dress, c.1970s, author's collection, p.227, 왼쪽

"Walking dress," 1815, France, from La Belle Assemblée, author's collection, p.82, 오른쪽

Wedding dress, c.1850-60, Swan Guildford Historical Society, Australia. Photo: Aaron Robotham, p.102

Wedding dress, 1884, M968.4.1.1-2, McCord Museum, Montreal, p.125

Wedding dress c.1890, M21717.1-2, McCord Museum, Montreal, p.137

Wedding dress, 1905, Manning Valley Historical Society, New South Wales, p.144

Wedding dress, 1905 (detail: side), Manning Valley Historical Society, New South Wales, p.144, 왼쪽

Wedding dress, 1905 (detail: bodice back), Manning Valley Historical Society, New South Wales, p.144, 오른쪽

Wedding dress, c.1907, M2001.76.1.1-3, McCord Museum, Montreal, p.145

Wedding dress, 1952. Collection: Powerhouse Museum, Sydney. Photo: Nitsa Yioupros, p.200

Wedding in Newport, Wales, 1950, author's collection, p.206

Wedding photograph, May 1950, author's collection, p.200, 왼쪽

Wenceslaus Hollar, Full figure of woman wearing ruffled collar and wide-brimmed hat, 1640, Library of Congress, Washington D.C., reproduction number: LC-USZ62-49999, p. 43

William Dobson, Portrait of a Family, c.1645, Yale Center for British Art, New Haven, Connecticut, p.35

Wool and leather day dress, c.1986–89, Australia, Author's collection, p.239, full

Wool "crochet" dress, c.1970–75, Kunstmuseum, The Hague, p.225, full

Wool mourning dress, c.1900, Author's collection, p.142, full

Wool mourning dress (bodice detail), c.1900, Author's collection, p.142, 오른쪽

Woman's Cage Crinoline. England, circa 1865, courtesy Los Angeles County Museum of Art online Public Access, p.97

Woman's corset, petticoat and sleeve plumpers, c.1830–40, courtesy Los Angeles County Museum of Art online Public Access, p.87, 왼쪽; p.90

Woman's Evening Dress, c.1933 (detail), Philadelphia Museum of Art, Gift of Mrs. Carroll S. Tyson, 1957, p.221, 오른쪽

Woman's Girdle (Sales Sample), 1960s, Philadelphia Museum of Art, p.240, bottom 오른쪽

Woman's Hat (Bergère), c.1760, purchased with funds provided by Mrs. H. Grant Theis and Nelly Llanos Kilroy, p.197, 왼쪽

Women's Versace trench coat, c. 1987, Philadelphia Museum of Art, p.242, near 왼쪽

Woman "Peplophoros," marble, 1st Century B.C. (Hellenistic), The Walters Art Museum, Baltimore, p.165, 오른쪽

Woman's Suit, 1912, M976.35.2.1-2, McCord Museum, Montreal, p.151

Woman's suit, wool, c.1898–1900, M977.44.2.1-2, McCord Museum, Montreal, p.150

Woman's three-piece costume, c.1915, M983.130.3.1-3, McCord Museum, Montreal, p.153, full

Wrap dress by Diane von Fürstenberg, 1973, USA, Museum at FIT, New York, p.199, near 왼쪽 and near 오른쪽; p.227, full

Yellow crepe dress, 1960s–early 1970s, Fashion Archives and Museum, Shippensburg University, Pennsylvania, p.223; p.230

색인

서양 드레스 도감

초판 1쇄 인쇄 2023년 12월 10일
초판 1쇄 발행 2023년 12월 15일

저자 : 리디아 에드워즈
번역 : 김효진, 이지은

펴낸이 : 이동섭
편집 : 이민규
디자인 : 조세연
영업 · 마케팅 : 송정환, 조정훈
e-BOOK : 홍인표, 최정수, 서찬웅, 김은혜, 정희철
관리 : 이윤미

㈜에이케이커뮤니케이션즈
등록 1996년 7월 9일(제302-1996-00026호)
주소 : 04002 서울 마포구 동교로 17안길 28, 2층
TEL : 02-702-7963~5 FAX : 02-702-7988
http://www.amusementkorea.co.kr

ISBN 979-11-274-6845-3 03900

창작을 위한 자료집

AK 트리비아 시리즈

-AK TRIVIA BOOK

-AK TRIVIA SPECIAL